幼儿园活动设计指导丛书

丛书主编　卓萍　金东波

幼儿园整合式主题活动设计案例

主编　熊伟

WUHAN UNIVERSITY PRESS
武汉大学出版社

图书在版编目(CIP)数据

幼儿园整合式主题活动设计案例/熊伟主编 . —武汉:武汉大学出版社,2018.10
幼儿园活动设计指导丛书/卓萍,金东波主编
ISBN 978-7-307-20579-6

Ⅰ.幼… Ⅱ.熊… Ⅲ. 活动课程—教学设计—学前教育 Ⅳ.G613.7

中国版本图书馆 CIP 数据核字(2018)第 229894 号

责任编辑:郭 静 责任校对:李孟潇 版式设计:汪冰滢

出版发行:**武汉大学出版社** (430072 武昌 珞珈山)
(电子邮件:cbs22@ whu. edu. cn 网址:www. wdp. com. cn)
印刷:湖北恒泰印务有限公司
开本:787 × 1092 1/16 印张:23.5 字数:529 千字 插页:1
版次:2018 年 10 月第 1 版 2018 年 10 月第 1 次印刷
ISBN 978-7-307-20579-6 定价:55.00 元

幼儿园活动设计指导丛书

丛书主编　卓萍　金东波

编委会名单

WUHAN UNIVERSITY PRESS
武汉大学出版社

序　言

高职高专学前教育专业培养的是适合幼儿园需要的“高素质、牢基础、强能力、有特长”的应用型专门化人才，应该构建“多形式、全过程、高质量、全覆盖”的实践教育体系，把学生的实践能力培养融于师范教育的全过程，把职场适应贯穿于整个专业学习的全过程，着力提升学前教育专业学生的学习能力、实践能力和创新能力。

我国《现代职业教育体系建设规划（2014—2020年）》（教发〔2014〕6号）明确提出“坚持产教融合发展推动专业设置与产业需求、课程内容与职业标准、教学过程与生产过程对接”，“将工学结合贯穿职业教育教学全过程，学生从入学开始就接受相应的动手和实践课程”。这就明确了实践教学是职业教育质量保障体系中非常重要的教学环节。

《幼儿园教师专业标准（试行）》（以下简称《专业标准》）在实施建议中明确指出“幼儿园教师要将《专业标准》作为自身专业发展的基本依据。制定自我专业发展规划，爱岗敬业，增强专业发展自觉性”。教师专业发展规划不但适用于在职教师，也适用于在校师范生。所谓专业发展，从教师个体角度理解，是指教师个体知能素质的完善和社会环境适应能力的增强。个体专业发展有两个维度，一是自身素质结构与工作岗位的要求相互磨合、不断适应，这是个体内在品质的完善过程；二是在职业生涯进程中个体不断适应社会环境和工作经验逐步丰富的过程，这是个体外在行为的规范过程。

专业发展规划对于学前教育专业毕业生来讲，实际上是一种职业生涯规划。《专业标准》对学前教育专业的独特性有着明确的“专业导向”，即：幼儿园教师必须具备综合性的教育支撑能力，包括创设和利用环境、安排和组织一日活动、支持和引导幼儿游戏、计划和实施教育活动四种职业核心能力，激励与评价、沟通与合作、反思与发展三种教育方法能力，观察、沟通、评价、合作四种专业行为能力，以及幼儿教师必备的为幼儿提供适宜教育的意识和能力。

《专业标准》具有鲜明的专业实践能力导向，而实践教学的目的就是有效提高学前教育专业学生理论与实践相结合、教育实践和反思的能力，使学生在毕业时能够适应幼儿园一线教育教学工作的实际需要，更是为学生入职指导、幼儿教师专业化成长和职业可持续发展奠定良好的基础。

《幼儿园教育活动设计与指导》是学前教育专业学生的核心课程，在学前教育专业课程中起到承上启下的作用，是学前教育理论和学前教育实践的中介和桥梁。幼儿园教育活动设计与指导能力是高职高专学前教育专业学生必须具备的核心能力。

幼儿园教育活动设计立足于学前卫生学、学前心理学、学前教育学、儿童行为观察与指导等专业理论知识，将课程理论与教学设计相结合，既是系统地对活动主题、目标、内容、活动过程以及评价进行科学的设计和有效的教学指导活动，又是在学生具备相应的专业技能，即说、弹、唱、跳、画的基础上，围绕某一活动主题进行设计并通过校内课堂理实一体化、校外教育见实习加以实施的实践活动。活动设计课程目标是：学习、了解基本概念和基本知识，掌握五大领域课程的理论体系和活动案例；学会利用多种途径收集、整理资料，运用案例分析、模拟试教、实境课堂、保教实习等方法，解决幼儿园教育活动实际的问题，凸显实践运用能力，这种能力必须在实践中经过持久淬砺才能获得。

《教育部关于大力推进教师教育课程改革的意见》提出“精选对培养优秀教师有重要价值的课程内容，将学科前沿知识、教育改革和教育研究最新成果充实到教学内容中，特别应及时吸收儿童研究、学习科学、心理科学、信息技术的新成果。要将优秀中小学教学案例作为教师教育课程的重要内容”。目前有些活动设计教材的理论观点滞后，难以反映学前教育的政策和发展动态信息，不能达到《教师教育课程标准（试行）》《幼儿园教师专业标准（试行）》《中小学和幼儿园教师资格考试标准（试行）》《3—6岁儿童学习与发展指南》对学前教育专业实践能力的新要求，有的活动设计教材理论知识描述太多，教学活动案例太少，无法提供优质的幼儿园实践的范例。

《幼儿园活动设计指导丛书》是按照职业教育发展的指导思想，根据国家颁布的《幼儿园教育指导纲要》《幼儿园教师专业标准》《3—6岁儿童学习与发展指南》等相关文件的要求，根据学前教育专业的人才培养目标和培养规格编写的符合学前教育专业特点和幼教岗位实际需求的核心课程——“幼儿园活动设计”的训练指导教材。力求比较全面地反映国家教师教育和职业教育发展倡导的教育教学改革的新理念和新要求，同时在吸收学前教育专业课程改革优秀成果的基础上，努力完善学前教育专业“幼儿园活动设计”课程的实践教学体系。

《幼儿园活动设计指导丛书》一共有六册，涵盖了五大领域的内容，以训练学前教育专业学生岗位职业能力为主线，力求实现“学前教育专业与幼儿园工作岗位、课程标准与幼儿园教师专业标准、教学过程与幼儿园工作过程”无缝对接。呈现出以下特点：

1. 结构合理，内容实用，可操作性强。

《幼儿园活动设计指导丛书》在内容上实现了整体性和分层性的统一，既可以作为学生学习“幼儿园活动设计”综合课程的案例，也可以作为学前教育专业分领域的教学内容。五大领域有很强的综合性，每个领域都有自身的领域核心要素和核心能力的训练，学生只要练就了比较扎实的领域教学指导的本领，再通过幼儿园教育实习的具体实践，加上入职后根据主题活动进行具体的活动设计，就能够迅速提高综合运用能力。学前教育专业学生“幼儿园活动设计”课程选择实用性突出的内容，学生在具体实施中具有很强的操作性。

2. 层次清晰，材料丰富，岗位性突出。

《专业标准》对幼儿园教师必须具备的教育教学能力提出了明确要求，特别强调幼儿园教师要具有观察了解幼儿、掌握不同年龄幼儿身心发展特点和个体差异的能力；要具有环境的创设与利用、一日生活的组织与保育、游戏的支持与引导、教育活动的计划与实施、对儿童的激励与评价等基本专业能力；能根据幼儿的特点和需要，给予适宜的指导，并能引发和支持幼儿的主动活动，引导幼儿在游戏活动中获得多方面的发展。《幼儿园活动设计指导丛书》按照幼教岗位科学保教的标准和要求，按照“幼儿园活动设计”这门课程在幼儿园集体教学活动中的地位，达到能够指导幼儿进行各领域集体活动顺利开展的实践运用能力。《幼儿园活动设计指导丛书》要成为学生从模仿到运用、从运用到反思、从反思到创造这样一个成长过程的“脚手架”和“桥梁”，案例材料内容丰富，教学环节设计合理，教学过程体现幼教岗位的教育思想和教学方法手段的合理利用，突出了学前教育专业职业性、岗位性的特点，力争实现教学内容和方法与幼儿园活动设计理念和方法的零对接。同时，我们不希望学生成为模仿的机器，希望借助于具有现代新的教育观念和实践性极强的活动方案，帮助准教师们深入理解学前教育领域和这个岗位的新观念，掌握与之相适应的教育实践的特征和方法，实现知识和能力的迁移，学会离开拐杖，树立现代教育观和育儿观，自己独立而富有创造性地开展活动设计。

3. “院园合作”，采用“双导师”指导实践，体现“产教融合”。

学前教育专业实践教学应该按照“产教融合、资源共享、优势互补、合作多赢、共同发展”的发展理念，与优质幼儿园和幼教机构建立“学前教育实践研究基地”，通过“院园合作”，建立教学实践岗位成长的“双导师”指导机制。《幼儿园活动设计指导丛书》的内容都是幼儿园非常实用的集体活动内容，也可以成为幼儿园教师的参考用书。通过“双导师”理论和实践相结合的配合指导，由高校专任教师和幼儿园骨干教师共同合作，根据学前教育职业岗位的实际需要和高职学生的能力要求，共同设计若干“全真”或“仿真”的工作情景和案例，进而转化为一系列学习项目，通过这些真实案例的分析和真实项目的演练，将理论课教学过程与实践操作紧密结合，以激发学生的学习兴趣、探究兴趣和职业兴趣，在一定程度上实现学生职业道德、教育理念、专业知识、能力培养的提升。

参加本套丛书编写的教师，都是来自高校教学一线有着理论和实践经验的“双师”型骨干教师，和来自幼儿园一线有着丰富实践经验的专家、名师，他们带着对培养高素质应用型学前教育专门人才的责任感和使命感，怀着提升幼儿园教师专业化成长质量的美好愿望，结合自身多年来对实践教学的指导经验，力求体现出新形势下学前教育专业教学改革特别是实践教学改革的新成果。

由于编写人员的学识与经验有限，本套丛书还存在许多不足和缺憾，恳请各位专家、老师和同学在使用的过程中，提出宝贵的意见和建议，帮助我们进一步改进和完善本套丛书的质量。

本套丛书在编写过程中，参考借鉴了相关的教材和资料，采纳和引用了许多研究者的观点，在此特向这些作者表示诚挚的敬意和衷心的感谢。

卓萍

2018 年 1 月

前　　言

当前，随着世界范围内学前教育改革与发展的深入推进，学前教育课程改革与发展问题也引起各方高度关注与热烈讨论，并逐步形成一系列重要共识，例如：推崇以儿童为中心的课程研究范式，重视儿童自主探究体验的课程发展取向，坚持促进儿童能力形成与发展过程的课程改革导向，强调课程情境化的课程改革主题，认同主题整合化的课程总体发展趋势，等等。从世界各国特别是我国幼儿园课程改革与实践来看，主题和区域活动课程已经成为主流化的课程实施方式，且正在继续创新发展之中。其中，主题活动课程日益强调促进儿童整体性发展的宽广视野、整合创造性的价值取向和实践情景化的组织导向，在具体主题活动课程组织方式上，已经从传统的单元主题组织方式向项目主题组织方式特别是区域单元主题组织方式深入拓展，显著加快了幼儿园各领域教育活动从领域交叉向整合优化的转型步伐，已经积累大量的研究成果与实践案例，特别强调整合式主题活动设计应该关注教育契机、经验基础、协同支架、动态调控和反思改进等关键问题，正在为大力提升学前教育质量提供坚强有力的支撑。

为了更好地服务我国高等学校人才培养模式改革特别是实践教学体系建设，同时为广大幼儿园深化课程改革与发展提供可资借鉴的实践经验，本书编写组自 2018 年初起面向全国各省的幼儿园园长和一线教师征集了单元、项目和区域等类型整合式主题活动设计案例 300 多个，从中精心遴选了在选题、学术和地域等方面有代表性的整合式案例约 90 个，并逐篇进行了细致的案例结构优化与文字表述修改。

全书宏观上按照单元主题、项目主题和区域主题三大部分编排案例，微观上按照所适用的幼儿园年龄段，分为小班、中班、大班和通用四个大类编排案例。每个案例均由设计意图、活动目的、基本结构、整合准备、活动过程和反思评价等六个部分构成，并在文末注明了案例原作者的姓名与工作单位，以及指导教师姓名。需要特别指出的是，在总体风格统一的大前提下，为了尽可能尊重各案例作者的思维方式、文本结构和语言习惯，特别是力图呈现多元化的案例撰写表达风格，我们适当保留了原案例作者略有差异化的具体表达方式。

本书既可以作为普通高等学校学前教育专业、中等师范学校和职业院校幼儿教育的教材配套书，又可以作为幼儿教师继续教育的培训教材，还可供广大幼教工作者参考利用。

本书由陕西学前师范学院学报编辑部主任兼执行副主编熊伟研究馆员主持全部案例征集和编写修改工作。广西幼儿高等专科师范学校学前教育系主任、副教授杨彦，福建省教育科学研究所学前教育研究室负责人、助理研究员陈建超，北京市延庆区延庆教育科研中心学前教育研究室主任、高级教师刘彩云，协助熊伟同志做了大量案例征集和修改校对工作。值此本书出版之际，特别感谢所有积极参加本书案例征集活动并向本书投赐案例的全国各地幼儿园园长、幼儿教师以及部分高等学校学前教育专业教师的大力支持和集体智慧贡献。

由于编写时间仓促，加之编者水平有限，书中难免有疏漏与不足，敬请广大读者指正，以便我们今后修改。

编者

2018 年 8 月

目　　录

第一篇　整合式单元主题活动

第二篇　整合式项目主题活动

第三篇　整合式区域主题活动

第一篇

整合式单元主题活动

第一章　小班单元主题案例

一、饭菜香喷喷

设计意图

小班幼儿入园一个月之后，其情绪通常会逐渐稳定下来。通过进餐环节对幼儿悉心观察，发现不少幼儿挑食的现象比较突出，需要幼儿教师与家长相互配合来解决此问题。为了让幼儿在长身体的年龄能够摄取各种食物中的营养，帮助幼儿养成不挑食的好习惯，特别设计组织本单元主题活动。

活动目标

1. 能说出几种常见食物的名称，感受食物的丰富多样。
2. 通过多种感官，知道常见食物的种类，并进行简单分类。
3. 了解一些常见食物的制作方法与烹饪方法。
4. 吃饭不用大人喂，引导幼儿尝试吃各种蔬菜，做到不挑食。
5. 知道进餐时要讲卫生，养成好习惯。
6. 通过认识蔬菜，引导幼儿认识几种简单的颜色。
7. 发展幼儿在美工区的动手能力。

基本结构

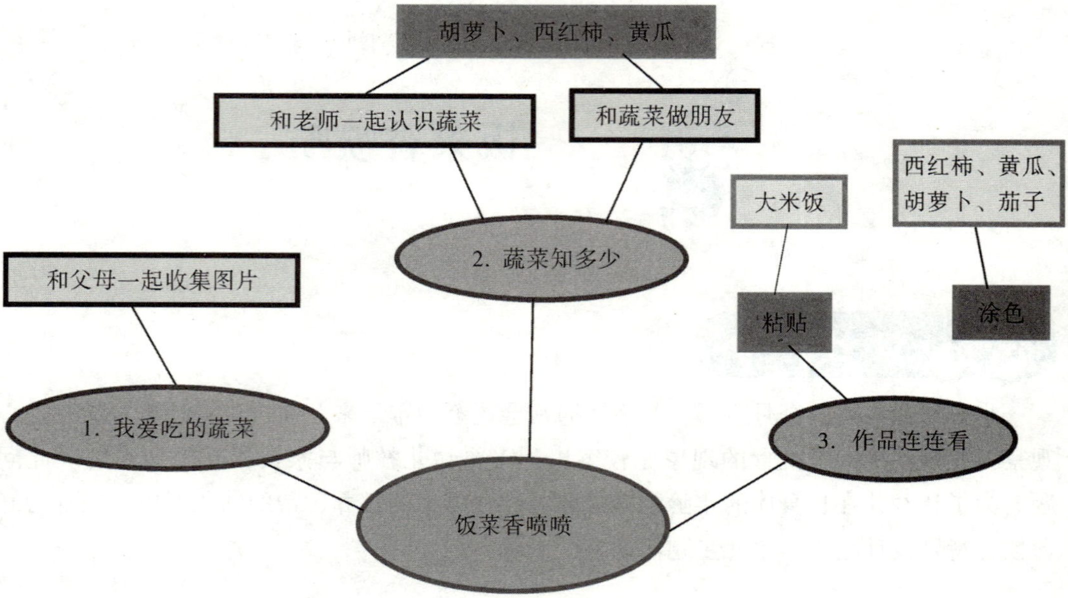

图 1-1-1　《饭菜香喷喷》主题活动基本结构设计示意图

整合准备

表 1-1-1　《饭菜香喷喷》教育领域整合与支持准备一览表

活动名称	领域类别	活动准备
体育游戏：1）小动物真爱玩；2）跳起来，摸蔬菜；3）拔萝卜 教育活动：1）我吃得真棒（故事）；2）我会洗手；3）小猫自己吃饭（操作）；4）样样菜都要吃；5）我会择菜	健康	1. 环境准备：主题墙饰。 2. 物质准备：1）家长帮助幼儿收集各种蔬菜的图片和实物；2）请幼儿从家带来一至两样自己喜欢吃的蔬菜；3）提供各种蔬菜水果的图片；4）提供蔬菜水果的小印章；5）提供小娃娃、拼图等玩具；6）提供蔬菜和水果等手指偶、图片以及有关图书
音乐活动：1）鸡蛋壳；2）大苹果；3）小蔬菜，你在哪里？4）小鸡吃米；5）数豆豆歌谣 美工活动：1）大米饭（粘贴）；2）红红的西红柿（涂色）；3）我爱吃的菜（涂色）；4）大萝卜（团球粘贴）；5）撕面条（粘贴）	艺术	
游戏活动：1）可爱的蔬菜宝宝；2）认识蔬菜宝宝； 感知活动：1）认识萝卜蔬菜（感知）；2）我的嘴巴本领大；3）鸡妈妈和蛋宝宝	科学	
1）好吃的饭菜哪里来？2）自己会收拾；3）大家一起来品尝	社会	
1）我不挑食；2）“青青”吃饭；3）我爱吃的东西	语言	

活动过程

1. 我爱吃的蔬菜

请家长帮助幼儿收集各种蔬菜的图片和实物。

2. 蔬菜知多少

(1)通过幼儿园系列教育活动帮助幼儿认识蔬菜。

(2)要求幼儿回家后帮助家里人择菜，体验劳动的乐趣。

3. 作品连连看

(1)指导幼儿通过给蔬菜涂色，一方面可以认识蔬菜的颜色，另一方面可以巩固幼儿对于蔬菜的认知，并且能够唤醒幼儿多吃蔬菜的兴趣。

(2)引导幼儿粘贴大米饭，体味每一粒大米饭都来之不易，要懂得节约，爱惜粮食。

(3)通过幼儿作品的展示，让幼儿体味成功的快乐，成为不挑食的好幼儿。

4. 组织区域活动

(1)在美工区的“开心小菜园”活动中，指导幼儿通过撕纸、团球等方式，促进幼儿小肌肉动作的协调发展并初步了解蔬菜水果的生长方式。

(2)在“娃娃家”开展“我会照顾小娃娃”活动，帮助幼儿发展手眼协调的能力，并使之通过照顾小娃娃，体验妈妈对自己不吃饭菜的担心。

(3)在益智区“动动小脑筋”活动中，鼓励幼儿动脑筋想办法并认识简单的颜色，会按颜色分类。

(4)在图书区“我来讲一讲”活动中，引导幼儿能用自己的话，解释画面内容，积极发展幼儿的语言表达能力。

反思评价

本次主题活动由幼儿日常生活的现象进行切入，从情感入手，将领域的纵向目标和横向目标有机结合，活动预设和活动生成有机结合，游戏、学习、运动、生活互相渗透，采用平行小组方式组织推进二级主题的探索活动，让幼儿在看一看、闻一闻、做一做、尝一尝的亲自经历过程中，萌发喜欢品食蔬菜的情感，在家里和幼儿园逐渐培养幼儿爱吃蔬菜的良好的饮食习惯。今后在开展主题活动过程中，教师应从幼儿的兴趣出发，依据幼儿活动中的表现不断反思调整自己的教育行为和策略，关注幼儿个别差异，促进每个幼儿富有个性的发展。分享交流阶段是幼儿向他人展示经验成果的关键阶段，可以邀请家长参观以了解幼儿成长过程。

（作者：高宇 单位：北京市延庆区第一幼儿园）

二、水果多又多

设计意图

水果是幼儿生长发育中不可缺少的食物，但并不是每个幼儿都爱吃水果，甚至个别幼儿对水果还很抵触。因此，在“水果多又多”这一单元主题活动中，帮助幼儿从吃水果的生活经验出发，认识各种各样的水果，通过摸一摸、闻一闻、看一看、切一切、种一种等活动，引导幼儿认识水果，了解水果的营养价值，从而帮助幼儿喜欢上吃水果。

活动目标

1. 观察和比较不同水果的颜色、外形和味道，知道常见水果的吃法。
2. 初步了解水果与人的健康关系，探索水果餐的不同做法，知道吃水果的好处。
3. 了解水果不同的生长方式，拓展相关经验和认识。
4. 观察、比较水果的不同存放方法，知道常见水果如何存放。

基本结构

主要包括认识水果、美味水果餐、水果的生长、水果的存放四个子主题。

整合准备

表 1-2-1 《水果多又多》教育领域整合与支持准备一览表

子主题名称	活动名称	领域类别	活动准备
认识水果	我知道的水果	语言	前期经验准备：幼儿对常见水果的名称、颜色、形状、味道等有初步的了解
	吃水果	语言、健康	几种常见的水果、儿歌《吃水果》
	我会吃水果	健康、科学	前期经验准备：知道常见水果的吃法
	碰碰乐	健康、科学	水果图片挂到幼儿跳一跳能够到的高度
	水果粘贴画	艺术	水果轮廓图、皱纹纸、即时贴、胶棒
	水果歌	语言、艺术	相关图片、儿歌《水果歌》
	切水果，大发现	语言、科学	各种常见水果、刀

续表

子主题名称	活动名称	领域类别	活动准备
美味水果餐	美味水果餐 1	语言	幼儿有吃水果餐的前期经验
	美味水果餐 2（亲子活动）	健康、科学	各种水果、刀、盘子、去皮刀、小便签（书写水果餐的制作过程）
	美食分享会	社会、语言	制作好的水果餐、叉子、勺子、小餐盘、餐巾纸
	《多吃水果，多健康》	语言、健康	挂图
	《多吃水果的牛》	语言、健康	故事《多吃水果的牛》
	《相生与相克》	语言、科学	水果与食物的相生相克表
水果的生长	《水果长在哪里》	语言、科学	水果生长的图片
	《种子变森林》	科学	苹果、柠檬、橘子、刀、花盆、水、记录表
	《苹果》	艺术、科学	苹果生长变化的图片（体现由少变多、由绿变红的过程）
	《七棵树上七样果》	艺术	与儿歌内容相匹配的图谱、儿歌《七棵树上七样果》
	《水果运动会》	社会、健康	呼啦圈、垫子、独木桥、各种水果、篮子
	《森林比美》	语言、社会	幼儿种植的植物、植物生长的观察记录表
水果的存放	《放在哪里好?》	科学、语言	同种水果五个、塑料袋、记录表
	《我的方法好》	语言	幼儿的观察水果存放的记录表
	《水果娃娃》	艺术、语言	记号笔、A4 纸、水彩笔、油画棒

活动过程

1. 认识水果

首先，教师和幼儿一起认识各种各样的水果，了解水果的特征。通过《我最爱吃的水果》活动，请幼儿从水果的颜色、形状、味道等几个方面，介绍自己最喜欢的水果，帮助幼儿了解水果的外部特征。接着通过《我会吃水果》的活动，请幼儿按照水果的吃法进行分类，并了解一些吃水果时应该注意的事情。在了解了水果的外部特征后，带领幼儿一起了解水果的内部特征，通过《水果切切切》带领幼儿观察水果切开后的剖面的形状、果肉的颜色以及种子的特点，在切水果的过程中，引导幼儿发现：同一水果采用不同的切法，剖面会呈现不同的形态。

2. 美味水果餐

首先，请幼儿说一说水果除了洗一洗、切一切直接吃以外，还有哪些吃法。然后，请家长配合，和幼儿进行亲子制作，并把自己的水果餐所用的材料及做法用文字说明。接着，请幼儿把自己参与制作的水果餐带来幼儿园，自己向同伴进行简单介绍后，与同伴进行分享。在分享的过程中，教师向幼儿提出：水果营养丰富，是不是任何水果都可以同时吃呢？水果不能和哪些食物同时吃呢？最后，自然延伸出“食物的相生与相克”活动，请家长配合搜集资料，向幼儿介绍，幼儿又在活动中把自己了解的内容讲给同伴听。

3. 水果的生长

教师带领幼儿了解水果的生长方式。通过《水果长在哪里》的活动，帮助幼儿了解水果不同的生长方式，激发幼儿探究自然现象的兴趣。为了让幼儿亲身体验水果的生长过程，请家长和幼儿一起种植水果树，观察并记录种子在发芽、成长过程中高度的变化以及叶子大小的变化。

4. 水果的存放

教师请幼儿通过同一水果的对比实验，了解水果适宜放在阳光下，还是阴凉处，或是冰箱里？水果是应该放在塑料袋内还是裸露在空气中？从而帮助幼儿总结出水果最佳的存放条件。

反思评价

在美味水果餐的分享中，幼儿不仅带来了自己参与制作的水果大餐，还带来了家长细心书写的制作水果餐所用的食材以及制作方法，有些家长还写上了功效。当把这些食谱的照片发到班级微信群里时，帮助了那些平时不爱吃水果的幼儿家长，通过变着方法给幼儿制作水果大餐，幼儿从此爱上了吃水果。在水果种子的种植过程中，鼓励和引导幼儿学习做简单的记录，记录种子发芽、生长的过程，虽然幼儿不会写字，画画能力有限，但是在家长的帮助下，大多数幼儿运用了拍照的方法进行记录，看到照片，幼儿会不厌其烦地介绍照片中的自己在做什么。幼儿会为自己的种子发芽而兴奋地大喊大叫，也会为自己的植物死掉而伤心落泪。重要的是通过这一体验，幼儿了解了水果的生长过程，不再因为自己不爱吃而随手把水果扔掉，每次吃水果都会努力把它吃得干干净净。但是，在亲子合作的过程中，部分家长参与过多，舍不得放手让幼儿去做，这是今后应该着力改进的。

（作者：马俊洁　单位：河北省高碑店市第二幼儿园）

三、美味的广州小吃

设计意图

广州小吃是岭南传统饮食文化中的一朵奇葩，其食材丰富，选料精细，技艺精良，清而不淡，鲜而不俗，嫩而不生，油而不腻，深受全国人民的认可和喜爱。针对汉堡、薯条、雪糕等西方垃圾小吃零食流行，而幼儿们对广州的传统饮食文化不够了解的实际情况，本次主题活动旨在积极引导幼儿了解、继承和发扬广州的传统饮食文化，了解广州，爱上广州。

活动目标

1. 通过开展“美味的广州小吃”主题活动，帮助幼儿认识广州的传统小吃的名称，初步了解常见广州小吃的制作方法和广州特色。

2. 通过制作、品尝和分享各种广州小吃，让幼儿拥有“吃在广州”的体验。

3. 初步感受广州饮食文化的丰富，激发幼儿爱广州的热情。

基本结构

美味的广州小吃

广州小吃有哪些？	广州小吃名字是怎么来的？	广州小吃是怎样制作的？
·参观活动：广州酒家利口福 ·语言活动：我吃过的广州小吃 ·体验活动：广州小吃美食日 ·体能活动：送小吃 ·泥工活动：做煎堆等 ·常识活动：广州小吃一条街 ·数学游戏：数一数（点数各种广州小吃的数量）	·语言活动：故事“沙河粉的传说”、鸡仔饼的来历、艇仔粥的来历等 ·延伸活动：广州方言中的广州小吃 ·体能活动：套小吃 ·角色游戏：小吃店 ·数学游戏：比多少(比比小吃的多少) ·分享活动：炒河粉、艇仔粥等	·体验活动：包油角、姜撞奶等 ·常识活动：肠粉、云吞面、萝卜糕等小吃的制作及其种类 ·体能活动：找小吃 ·常识活动：广州小吃常见的烹饪方式 ·分享活动：肠粉、包点、糕点等 ·数学游戏：按大小排序

图 1-3-1 《美味的广州小吃》主题活动基本结构设计示意图

整合准备

1. 物资准备：教师和幼儿在活动中所需要的广州小吃图片、照片及实物，广州小吃制作的视频和课件。幼儿、家长、教师一起体验"制作小吃"的场地。

2. 环境准备：在主题墙上面张贴了各种各样广州小吃的图片，幼儿吃小吃的照片。区域布置中增设与广州小吃有关的氛围，如：打造广州酒家及小吃店的场景让幼儿可以进行角色扮演。科学区投放相应的广州小吃图片让幼儿分类。美工区安排有幼儿完成的成品和半成品的广州小吃。数学区放置让幼儿进行点数、排序、比较等的广州小吃的操作图卡。

3. 家长工作：在主题教育活动开展前，教师组织家长会，首先向家长介绍此次主题活动的目的和活动计划，家长需要配合的方面。

表 1-3-1　《美味的广州小吃》教育领域整合与支持准备一览表

教育类别 课程安排	语　言	数　学	体验活动	美　术	常　识	体　育
第二周	谈话：我吃过的广州小吃	数一数（点数各种广州小吃的数量）	参观活动：广州酒家利口福	泥工：做煎堆	广州小吃一条街	送小吃
第四周	故事：《鸡仔饼的来历》	找一找（哪些是广州小吃）	体验活动：广州小吃美食日	涂色：鸡仔饼	小吃找影子	套小吃
第六周	故事：《沙河粉的传说》	比多少（比比小吃的多少）	分享活动：炒河粉	撕贴：沙河粉	肠粉种类和制作方法	找小吃
第八周	角色游戏：小吃店	哪个大（比比小吃的大小）	分享活动：各种糕点、包点	添画：云吞面	马蹄糕、萝卜糕的制作及糕点的种类	
	故事：《云吞面的由来》	按大小排序	体验活动：包油角	泥工：油角	云吞面制作	
第十周	故事：《艇仔粥的来历》	看看少了什么	分享活动：艇仔粥	添画：艇仔粥	艇仔粥制作方法及粥的种类	
第十二周	讨论活动"广州方言中的广州小吃"	分类（找出同类及不同类）	体验活动：姜撞奶	手工：制作包子	广州小吃的烹饪方式	

活动过程

1. 与幼儿真实生活紧密相连

（1）请每个家庭提供两种以上的广州小吃并且要求每个家庭带的广州小吃都不相同。

（2）结合广州小吃的一些有趣的故事和传说，如：《沙河粉的传说》《艇仔粥的来历》等，教师进一步调动了幼儿们去探索、去研究、去尝试各种广州小吃的兴趣。

2. 便于幼儿操作

（1）教师首先让幼儿介绍大人在家中怎样包油角。

（2）邀请八位家长与教师和幼儿们一起进行广州小吃的现场制作，幼儿们品尝自己参与制作的糯米糍、姜撞奶、叉烧酥、豆沙包、木瓜糖水等。

3. 营造主题环境

（1）在主题墙“各种各样的广州小吃”的块面，张贴许多色彩丰富、外观鲜美的，常见的广州小吃的图片，让幼儿们从视觉上感知广州小吃的多样化。

（2）在“我吃过的广州小吃”块面上展示幼儿与家长吃广州小吃的照片。从环境的角度引发幼儿了解广州小吃的兴趣。

（3）在区域活动中创设出很多与广州小吃有关的内容。在“娃娃家”区域，教师引导幼儿们体验“喝早茶”的乐趣；在“美工区”区域，引导幼儿尝试运用搓、卷、粘贴等技能制作泥工“广州小吃”，提供云吞面、艇仔粥、叉烧包等一些简单的小吃手工成品、半成品供幼儿添画；在“数学区”区域，利用广州小吃的图片帮助幼儿学会点数、分类和统计等；在“生活区”区域，教师提供多种多样的广州小吃让幼儿们品尝。鉴于幼儿在与周围环境及材料的相互作用中保持学习的积极性和表现欲望，同时在活动中积累了经验，从而教师由幼儿的经验生成新的主题的内容：“广州方言中的广州小吃”。

4. 家园合作拓展“美味的广州小吃”主题内容

从前期各种材料的收集，到亲子活动的开展，教师引导家长们以各种方式予以大力支持。除了八位家长自愿轮流现场制作，没空到现场献艺的家长，会在家中做好带到幼儿园来分享。

反思评价

爱一个城市，可能是从爱这里的美食开始，对于家乡的留恋，往往包含对所熟悉味道的难忘回忆。“美味的广州小吃”这个主题可以让幼儿们加深对广州味道的记忆，让幼儿们更加爱这个城市，建立“家乡”的感觉。通过各种方式，比如带幼儿品尝各种广州小吃，艇仔粥、双皮奶、肠粉、萝卜糕等，然后给他们讲其中的故事；通过游戏让幼儿们领悟广州小吃的特色和多样；让幼儿们参与制作一些广州小吃的过程……因为参与了，将给幼儿留下一个个难忘的回忆。相信长大以后，这应该是幼儿们对于“广州小吃”的一份独特回忆。“食在广州”将深深印在幼儿们心里，岭南文化的传承将从这里出发。

（作者：颜惠清　单位：广东省委机关幼儿园）

四、我是好宝宝

设计意图

具备良好的身体、愉快的情绪、强健的体质、协调的动作、良好的生活习惯和基本的生活能力，是幼儿身心健康的重要标志。幼儿园应帮助幼儿养成良好的生活与卫生习惯，引导幼儿学习人际交往，喜欢并适应群体，形成使其终身受益的生活能力和文明生活方式。大多数幼儿从家庭步入幼儿园，会有很多的不适应，教师应教会幼儿如何在幼儿园生活、学习，让幼儿在体会到幼儿园乐趣的同时获得相关领域的良好教育。

活动目标

1. 让幼儿正确认识自己的五官和身体结构。
2. 促进幼儿身心健康发展，培养良好的生活与卫生习惯。
3. 帮助幼儿适应集体生活，愿意和同伴交往。
4. 传承中华礼仪，帮助幼儿建立健全人格，培养讲话礼貌。

基本结构

1. 这就是我：通过健康认知活动、科学领域照镜子的活动，以及美工动手操作的活动，更加系统、全面地认识自己的五官以及身体结构。

2. 健康真快乐：增加幼儿大肌肉训练，帮助其发展健康的身体。

3. 我的朋友：给幼儿提供与同伴交往的机会，拓展幼儿社会性交往，帮助幼儿适应集体生活，接纳同伴。

4. 童风雅颂：培养幼儿的文明礼仪习惯，传承中国传统文化教育，了解基本礼仪和用语，从小养成懂礼貌的好习惯。

整合准备

表 1-4-1 “我是好宝宝”教育领域整合与支持准备一览表

活动名称	领域类别	活动准备
小熊洗脸(故事)	语言	《小熊洗脸》大故事书、小故事书、故事 PPT
分享真快乐(儿歌)		小动物分享的图片、儿歌 CD、小朋友分享的礼物
我们一起做朋友	社会	小朋友抱一抱、拉拉手的图片、歌曲《找朋友》
宝宝有礼貌		拱手礼图片、孔壇服
去兔宝宝家做客	健康	水果、美食的模具，走、跑、跳、钻、爬的障碍物，小动物头饰，歌曲《兔子舞》
小手小脸洗干净		故事《小熊洗脸》、六步洗手步骤图
镜子里的我	科学	大镜子一面
我的身体棒棒的		身体结构图、歌曲《头、肩膀、膝盖》
《弟子规》欣赏(音乐)	艺术	孔壇服、音乐《弟子规》
贴五官(手工)		完整带有五官的图片、空的脸型、五官若干

活动过程

1. 制作主题展板

主题展板分成四个板块：“这就是我”，“健康真快乐”，“我的朋友”，“童风雅颂”。

2. 布置室内环境

利用身体结构图、洗手洗脸引导图、文明礼貌行为图布置教室内的环境。

3. 组织区域活动

(1)美工区：手工——《贴五官》；手工——《我的身体》；手工——《送给兔宝宝的礼物》。

(2)语言区：故事盒——《小熊洗脸》；讲述——《有礼貌的好宝宝》；讲述——《分享真快乐》。

4. 组织游戏活动《去兔宝宝家做客》

教师给幼儿提供交往的机会，以引导的方式组织游戏，引导幼儿自主参与，让幼儿体验参与集体游戏以及与小朋友交往的乐趣。首先：在美工区开展《送给兔宝宝的礼物》美工活动，制作美食。然后，在语言区讲述《分享真快乐》故事图片及儿歌。接着，到娃娃家进行《好吃的东西》分类收集的游戏；然后，到户外进行《去兔宝宝家做客》的集体游戏，通过走、跑、跳、钻、爬的方式锻炼幼儿大肌肉动作以及身体协调性，把自己准备的礼物通过障碍送到小兔子家。最后，集体开展“舞会”，体验与同伴分享快乐。

5. 资源利用

(1)充分利用社区资源，见面与人和善、友好地打招呼，带幼儿体验与人礼貌相处的快乐。鼓励家长带幼儿参加社会性集体游戏，多交好朋友，增加社会性锻炼。

(2)充分利用家长资源，请幼儿回到家跟爸爸妈妈一起进行照镜子的游戏，深刻体会对身体的认知。家长可以和幼儿一起坚持饭前洗手、饭后洗手洗脸，与幼儿园保持教育的一致性，增强良好习惯的培养。

6. 组织特色活动——“分享真快乐”

组织幼儿带自己的好东西来幼儿园和自己的好朋友分享，体验与同伴交往的乐趣。

反思评价

小班是幼儿园生活的起点，也是培养礼仪常规的关键时期。因此，加强对幼儿文明礼仪习惯的培养显得尤为重要。在本次主题活动中，通过科学、美工、健康三个领域的活动，从自我认知、生活习惯、礼仪行为、社会交往等四个方面，切实帮助幼儿增强了健康的意识，锻炼了幼儿的表达能力，体验与同伴交往乐趣，更加适应集体生活，特别是通过拱手礼和文明用语的学习，培养了幼儿的文明礼仪的好习惯，增添了对中国传统文化更真切的体验。

(作者：王萍　富新颖　单位：辽宁省大连市中山区欧提欧幼儿园　指导教师：曹莉　王超)

五、相亲相爱一家人

设计意图

当代幼儿组作为“小皇帝”或“小公主”享受着来自父母与亲人无微不至的关心与爱护，很容易把家人的爱与付出视为理所应当，缺少回报与感恩之心。为了使幼儿“能感受到家庭生活的温暖，爱父母，亲近与信赖长辈”，专门设计了本主题活动，旨在通过丰富多样的形式，在幼儿已有经验的基础上，帮助幼儿加深对家庭的了解和对亲情的体验，让幼儿在感受家庭温暖的同时，懂得要与家人相互关心，学会感激、回报家人对自己的爱。

活动目标

1. 认识和了解家的载体——房子的地理位置与室内结构。

2. 能说出自己家庭的主要成员与他们的特征，初步了解家庭成员之间的关系，感受家庭的温暖，萌发爱家人的情感。

3. 学会关心家人，为家人做一些力所能及的事。

4. 学会用语言、动作、音乐与绘画等多种方式表达爱家人的情感。

基本结构

表 1-5-1 “相亲相爱一家人”主题活动基本结构设计一览表

相亲相爱一家人	
我的家	帮助幼儿从地理位置与结构设计这两方面了解自己的家
亲亲一家人	通过说一说、画一画自己的家人以及绘本阅读的方式帮助幼儿增进对家庭成员的了解，体会亲情的温暖
我为家人做事情	了解一些关心、回报家人的方法：当父母的小帮手、手工制作小礼物等
让爱住我家	对前三个子主题的升华，通过丰富多样的形式，渲染家庭的温馨与幸福，强化幼儿对家的归属感，让“我爱我家”这一情感永远驻留在幼儿心中

整合准备

表 1-5-2 “相亲相爱一家人”教育领域整合与支持准备一览表

活动名称	领域类别	活动准备
我家在这里	社会、语言	每位幼儿准备 3 张自己家和周边环境的照片或电子版图片
室内设计师	语言、科学	房屋结构图片，客厅、卧室、厨房、卫生间的装修图
小小幸福家	艺术(亲子活动)	超轻黏土
全家总动员	健康	空旷的运动场地一块，气球若干
我爱我家	语言、社会	全家福每人一张
数数有几口?	科学	冰糕棒若干
猜猜我有多爱你	语言	《猜猜我有多爱你》PPT
漂亮妈妈	艺术	妈妈的照片每人一张，油画棒若干
我爸爸	语言	《我爸爸》PPT
胡子舞会	艺术	各种各样的胡子图片，油画棒，超轻黏土
家庭聚餐	健康、社会	男孩、女孩玩偶各一个，健康饮食图片一组，不健康饮食图片一组
勤劳的一家	语言、社会	音乐《不再麻烦好妈妈》
爸爸妈妈的小帮手 1	语言、社会	各种幼儿帮助家人做事情的例图
爸爸妈妈的小帮手 2	语言、社会	幼儿帮家人干活的视频或图片
奶奶的花背心	艺术	白背心每人一件，水粉颜料，水粉刷若干
让爱住我家	艺术	音乐《让爱住我家》
全家福	艺术、社会	全家福范画一张，全家福照片每人一张
爱的表达	语言、社会、艺术	绘本《抱抱》，音乐《爱我你就抱抱我》，美工区提供彩纸、皱纹纸、胶棒、小剪刀等材料
我有一个幸福家	艺术	音乐《我有一个幸福家》

活动过程

1. 创设主题墙

主题墙分为四个板块：“小小室内设计师”、“家庭树”、“我为家人做事情”、“全家福”。

2. 投放活动区材料

(1)阅读区：《猜猜我有多爱你》《我爸爸》《抱抱》等关于亲情的绘本。

(2)娃娃家：提供各种材料营造家庭氛围。

(3)美工区：油画棒、水彩笔、超轻黏土、彩纸、皱纹纸、胶棒、小剪刀等材料。

3. 组织教育活动

(1)第一个子主题“我的家”：了解家的载体——房子的内外特征。

“我家在这里”：提前布置任务让家长带着幼儿熟悉家的地址与周边的环境，活动中通过让幼儿介绍自己家和周边环境的照片，帮助幼儿深刻记忆家的地理位置。

“室内设计师”：请幼儿谈一谈自己家的室内布置，例如：家里有几个房间，每一个房间是干什么用的，有哪些家具……使幼儿了解到一个家是如何营造出来的。

亲子手工活动“小小幸福家”：幼儿设计出自己喜欢的房子再和家人一起动手用超轻黏土做出房屋模型，在这个过程中幼儿既能体会到亲手装扮房子带来的快乐又能增进与家人的亲情。

“全家总动员”：通过开展亲子游戏“小脚踩大脚”、“搬运气球”，增强幼儿的运动能力，增进亲子感情。

(2)第二个子主题“亲亲一家人”：旨在使幼儿了解“家”最重要的组成部分——家庭成员。

“我爱我家”：请幼儿说一说自己的家人，包括姓名、面貌特征、爱好等，增进对家人的了解。

“数数有几口”：为幼儿提供冰糕棒若干，按照家庭成员数量拿取冰糕棒并在上面画上笑脸，进行“数数有几口”的游戏，帮助幼儿了解家庭成员的数量，增加对数与量的认知经验。

“猜猜我有多爱你”：带领幼儿欣赏绘本《猜猜我有多爱你》，学一学小兔子和兔妈妈用各种动作表现对家人的爱。

“漂亮妈妈”：每个幼儿带来一张妈妈的照片，通过教师的示范、教导，尝试为妈妈画一幅肖像。

“我爸爸”：带领幼儿欣赏绘本《我爸爸》，说一说自己爸爸的优点，感受父亲与孩子之间浓浓的亲情。

“胡子舞会”：用画笔画一画长胡子的家人，并用超轻黏土为他粘上胡子。

“家庭聚餐”：通过演示不好的饮食习惯会使人肚子疼、拉肚子，使幼儿知道要养成良好的饮食习惯。

(3)第三个子主题“我为家人做事情”：目的在于让幼儿学会回报爱。

“勤劳的一家”：通过说一说、唱一唱，使幼儿了解到家人为他们的幸福快乐付出了辛勤的劳动，让幼儿懂得感恩，萌发回报家人的念头。

“爸爸妈妈的小帮手”：让幼儿想一想、说一说自己可以帮父母做哪些事情，并把这个任务留到家中，请家长以视频和照片的形式记录下幼儿做的事情，在课堂上和所有幼儿一起欣赏。

“奶奶的花背心”：在白背心上用水粉颜料画上美丽的图案，送给奶奶。

(4)第四个子主题“让爱住我家”通过系列活动，使得幼儿心中爱家、爱家人的感情升华，并乐意表达对家人的关爱。

“让爱住我家”：引导幼儿欣赏歌曲，试着学唱歌中的童声部分，感受家的温馨美好。

“全家福”：幼儿用画笔画一幅全家福，教师帮助粘贴到主题墙上。

“爱的表达”：带领幼儿欣赏绘本《抱抱》，在《爱我你就抱抱我》的背景音乐下学会用多种动作表达对家人的爱，为家人制作小礼物。

“我有一个幸福家”：学唱儿歌《我有一个幸福家》。

反思评价

本次主题活动是关于幼儿身边的人、身边的事，对此幼儿有说不完的话，就连平时最胆怯、羞涩的幼儿也敢于在同伴面前进行表达，这既增强了他们的自信心又锻炼了语言表达能力。通过活动幼儿懂得了很多表达爱的方法：抱抱亲亲、给爸爸妈妈洗脚、送奶奶自己制作的小礼物……家长们也反映幼儿变得更贴心了，会时不时地主动帮家里面干活，会把爱吃的食物让给家人吃，甚至会把从路边摘了的小花送给妈妈，使妈妈非常感动。总之，通过主题活动的开展，培养了幼儿对家庭的亲情和对家人的感恩，较好地达成了主题活动的目标。但是对于需要家长帮助配合的部分，如：拍摄照片，部分家长配合度不够，今后教师还需要提前做好沟通工作。

（作者：明淑君　单位：河北省保定市徐水区大因镇于迪城幼儿园）

六、下雨的日子

设计意图

下雨是生活中常见的一种自然现象。幼儿异常喜欢下雨天，虽然不能去滑滑梯，但是可以兴奋交谈，还可以做有关的游戏活动。幼儿教师可以抓住该季节特征，充分利用该自然资源，引导小班幼儿有意识地去观察与了解雨。

活动目标

1. 对下雨天感兴趣，能讲述其喜欢的原因。
2. 充分感受雨中游戏的乐趣，萌发热爱大自然的情感。
3. 共同制定雨中游戏规则。
4. 能运用多种技能及形式进行美术创作。

基本结构

1. 雨天可以玩的游戏：通过谈话活动引出主题，让幼儿们说说自己是否喜欢下雨天？为什么喜欢？下雨天，我们在户外都可以玩什么游戏？列出可以玩的游戏，大家投票决定要去玩的游戏。

2. 确定游戏及游戏规则：确定户外踩水游戏，教师和幼儿一起共同制定在雨中踩水时的前期、后期的准备和踩水时需要注意的事项。

3. 雨中乐：支持幼儿自主游戏，分享游戏带来的快乐。

4. 讨论雨后的变化及下一次游戏内容：雨后的花园会有什么变化？等到下一次下雨天我们还能玩些什么？

整合准备

表 1-6-1 “下雨的日子”教育领域整合与支持准备一览表

活动名称	领域类别	活动准备
下雨天我喜欢的游戏(讲述)	语言	PPT 课件
我的游戏我做主——制定游戏规则	社会	教师记录大卡纸一张、画笔
雨中乐	健康	雨鞋、毛巾、更换的衣服
漂亮的小花伞(手工)	艺术	彩色卡纸伞若干、彩纸、装饰物若干
滴答小雨滴	艺术	画纸若干、画笔若干

活动过程

1. 布置室内环境

(1)根据幼儿想法制作游戏规则展板。

(2)利用幼儿制作小花伞、“我最爱的小雨滴”等作品做成挂饰或墙饰布置活动室。

2. 组织区域活动

(1)美工区：手工——《漂亮的小花伞》；绘画《滴答小雨滴》。语言区：讲述——《下雨天我喜欢的游戏》。

(2)组织游戏活动——“雨中乐”。

3. 创建游戏环境

(1)寻找小水洼，大家一起来到操场上，寻找可以踩水的地方。

(2)找到小水洼，幼儿们自由踩水。

(3)雨下大了，幼儿们进到阳台处躲雨。说说自己踩水时的发现。小脚踩得轻，水花小；踩得重，水花大；跳一跳，会溅起小水花。

4. 利用园所资源

(1)充分利用幼儿园中花园里的资源，带领幼儿来到花园中一起观察小动物是怎样避雨的。接着，让幼儿进一步贴近大自然，让幼儿能实际观察到花园里雨后会有什么变化。

(2)充分利用家长资源，告知家长我们要进行的主题活动，请家长为幼儿准备雨靴、雨衣和备用衣物，让家长充分了解幼儿园的活动设计，并了解下雨天也能外出玩耍。

5. 组织特色活动

组织幼儿把颜料用画笔，画或滴在地上，一起观察雨滴画出来的水彩画。

反思评价

幼儿教师应大力支持幼儿与大自然环境互动，通过细心观察，与幼儿共同讨论，不断地调整与推进，最后形成特色游戏活动。在活动中，幼儿们不仅自己的游戏自己做主，投票决定了玩哪项游戏，并且自己制定了游戏前的准备和游戏时的注意事项，有较高活动认同感，也懂得如何保护自己。在整个活动过程中，幼儿参与的积极性较高，能够在玩中学、做中学、游戏中学，从而快乐、自主地获取有益经验。

（作者：李筱格　单位：山东省济南市济空蓝天幼儿园）

七、我和“轻轻”有个约会

设计意图

小班幼儿年龄小，自控能力差，在日常生活中经常会在走路、拿东西、收积木时发出重重的响声，有的幼儿甚至故意制造一些声音来引起老师及同伴的注意，他们会觉得发出噪音很有意思，乐此不疲。虽然幼儿园老师经常教育幼儿噪音对我们的健康有害，但效果不是很理想，特别是每当户外活动回来之后，总会听到他们“哇哇”的叫喊声或者是讲话声，一个盖过一个，教室里就如同一个热闹的集市。为了保护幼儿的健康，养成良好的习惯，使幼儿知道噪音的危害而设计本次主题活动。

活动目标

1. 初步懂得在活动室、休息室、阅读区等场所应保持安静。
2. 养成轻轻走路、轻轻说话、轻放物品的良好行为习惯。
3. 知道遇事多为别人着想，能根据别人的需要调节自己的行为。

基本结构

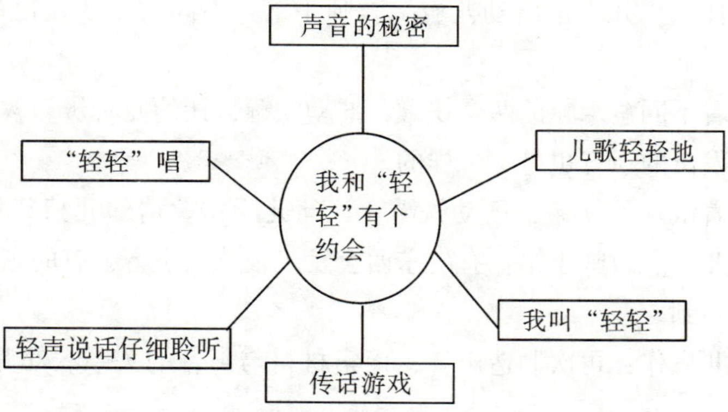

图 1-7-1　“我和‘轻轻’有个约会”主题活动基本结构设计示意图

整合准备

表 1-7-1　“我和‘轻轻’有个约会”教育领域整合与支持准备一览表

活动名称	领域类别	活动准备
声音的秘密	科学	各种空瓶子、罐子等，乐音与噪音的录音
儿歌《轻轻地》	语言	小兔、小狗指偶教具，音乐《小猫小猫，你别吵》
我叫“轻轻”	社会	小猫、小羊、小兔头饰
“轻轻”唱	艺术	图谱、仙女棒
轻声说话　仔细聆听	健康	一段幼儿平时大声吵闹的录音磁带
传话游戏	游戏	将幼儿的座位排成四列纵队或横队

活动过程

首先在醒目的地方贴上“小声说话”的标志，让标志来提醒幼儿约束自己的行为，充分利用环境的隐性教育教育价值，其次通过一系列的活动逐渐帮助幼儿养成良好的轻声讲话的习惯。

1. 科学探究《声音的秘密》

(1)制造声音。引导幼儿尝试制造声音。自由分组操作，观察指导。集合交流“怎样制造声音。简单小结：“物体通过碰、打、敲、摇……发出声音。”

(2)探索声音。探索材料与声音的关系。

教师出示分别装着石块、豆豆、米粒的铁罐，依次摇动铁罐，让幼儿听辨。请幼儿猜猜里面装的是什么，并出示给幼儿看。教师小结：不同的东西发出的声音是不一样的。

教师出示装着不同量米粒的两个铁罐，摇动铁罐，让幼儿听辨。教师小结：同样的东西放得多与少发出的声音也是不一样的。

教师出示装着纸片的铁罐，摇动铁罐，让幼儿听辨。请幼儿猜猜里面有没有装东西？并出示给幼儿看。教师小结：有的东西会发出很响的声音，有的东西发出的声音很轻，有时几乎听不到。

教师引导幼儿操作，再次制造声音，探索材料与声音的关系。幼儿自由分组操作，教师观察指导。

(3)乐音与噪音。教师播放不同的录音，请幼儿听听有什么不同的感觉？知道避免制造噪音，活动室里应轻轻地说话。

2. 儿歌《轻轻地》

(1)幼儿听音乐《小猫小猫，你别吵》进教室。

(2)看图讲述。教师出示背景图，引导幼儿观察背景环境，鼓励幼儿完整地表述。

(3)观看多媒体，情景猜想。

教师请幼儿观看多媒体情景播放，猜猜：它是怎么跳到草地上的？是重重地跳还是轻轻地跳？幼儿自由回答。教师小结：“小兔小兔轻轻跳。”

师幼一起学习。看看，谁也来了，(汪汪汪，小狗)，小狗是怎么走路的？(跑的)。幼儿观看多媒体播放，猜猜：小狗又是怎样跑到草地上的？是快快地跑还是慢慢地跑？教师引导幼儿说出“小狗小狗慢慢跑”。

师幼学习第一、二句儿歌“小兔小兔轻轻跳，小狗小狗慢慢跑”。为什么小兔要轻轻跳，小狗要慢慢跑呢？(它们怕踩疼小青草)，引出第三、四句儿歌。注意听听，它们来到草地上说什么？播放多媒体录音“要是踩疼小青草，我就不跟你们好”，幼儿一起学说。

(4)学习儿歌。教师完整朗诵儿歌《轻轻地》，边表演指偶边带领幼儿一起用轻轻的、缓慢的语调念儿歌的第一、二句，用坚定的语气念第三、四句。(提醒幼儿语气的变化)。请幼儿拍手跟着节奏念儿歌。师幼运用肢体动作朗诵儿歌。

(5)启发幼儿思考，萌发爱护小草的情感。小兔是怎么跳的？小狗又是怎么跑的呢？我们应该怎样爱护我们的花草呢？我们要爱护周围的花草树木，不能随便踩踏草地。我们平时做哪些事情还要轻轻地呢？我们要轻轻地走路，轻轻地搬椅子……

(6)播放结束音乐《小猫小猫，你别吵》。

3. 活动“我叫‘轻轻’”

(1)幼儿观看情景表演。小猫出场：我叫轻轻，瞧我走路多轻，老鼠一下子就被我抓住。小羊出场：我叫轻轻，玩具玩过了，轻轻放回去。小兔们出场：我们叫轻轻，大家在一起，不吵不闹做游戏。小朋友出场：我叫轻轻，每次回家我都轻轻敲门，妈妈说我有礼貌。

(2)组织讨论：刚才你们看到了谁？他们叫什么名字？他们为什么都叫轻轻？轻轻走路，轻轻说话，轻轻放玩具，轻轻敲门好不好？为什么？

(3)行为练习：请幼儿根据自己的意愿选择角色表演“我叫轻轻”。组织游戏“老猫睡觉醒不了”。教师扮老猫，幼儿扮小老鼠。老猫背对着小老鼠睡觉，小老鼠们自由活动，有的搬椅子、有的喝水、有的看书、有的画画，有的整理玩具。如果发出较大声音，老猫转身去抓小老鼠。

(4)播放结束曲：在“轻轻”的歌曲声中边做动作边去自由入厕。

4. 活动《“轻轻”唱》

(1)设疑激趣，理解歌词内容。

(2)有节奏地念诵，帮助幼儿理解歌词。提问：大家为什么叫他“轻轻”？他都做了哪些轻轻的事情？为什么他要轻轻地做这些事情？教师及时小结：是呀，他轻轻地走路、轻轻地说话不打扰别人，轻轻地敲门很懂礼貌，所以大家都叫他“轻轻”。

(3)多样欣赏，感受歌曲旋律。教师完整地范唱歌曲。在“找轻轻”游戏中多次感受歌曲。教师借图谱清唱歌曲。跳音助力，学唱表现“轻轻”。

(4)教师清唱指点图谱幼儿跟唱，酌情放慢速度。跟伴奏学唱歌曲(唱完后有提升，有要求地学唱)。提问：这首歌曲要用什么声音唱会更好听、更有感觉呢？引导幼儿在倾听中感受跳音、自主寻找跳音。女孩、男孩分别尝试完整唱歌，唱出跳音的感觉。赋予小小歌唱家角色，展示演唱。

(5)展示新唱，延续音乐兴趣。请一位老师共同示范新的演唱方式，延续幼儿对歌曲的兴趣。激发幼儿们愿意做个轻轻的文明幼儿。

5. 活动《轻声说话　仔细聆听》

请幼儿听录音，讨论大声吵闹的危害性，激发幼儿改变不良习惯的愿望，及时小结。

6. 做实验，引导幼儿进一步体会轻声讲话的益处

(1)请幼儿小声交流：现在请你们用小一些的声音跟你旁边的小朋友说说话，看看你们相互之间能不能听清对方的谈话。(幼儿小声交流)请幼儿大声交流：这次请你们大声跟你旁边的小朋友说话，看看有什么感觉？

(2)引导讨论：现在请小朋友比较一下哪种谈话方式更好？为什么？(小声说话，相互之间很容易就能听得见，而且也不吵闹，说话很省力：大声说话太吵了，说话费劲，听话也费劲：有时反而听不清，令人不舒服。)

(3)及时小结：通过比较，我们知道当许多人在同一地点同时交谈时，大声吵闹反而会使我们的交谈变得更费力、更吵闹，而小声说话会使我们更清楚、更省力地进行交谈，也会觉得很舒适。

(4)拓展思维：现在老师又有一个问题，如果两人距离较远又想说话该怎么办？(应该找合适的机会走近一些再交谈，以免影响别人。)

7. 帮助幼儿掌握正确的聆听方法

引导幼儿在听别人讲话时，首先应该看着对方，其次应当保持安静，不吵闹，不插嘴，不乱动，不打断别人，边听边想别人说的是什么意思。这样，才是一个会倾听的幼儿也是一个有礼貌的幼儿。

8. 游戏活动

训练幼儿集中注意、安静倾听的能力：下面咱们玩一个游戏，游戏的名字叫“你的耳朵在听吗”。游戏时，教师应该用不同大小的声音来说话，向幼儿提问：谁听得最仔细、最清楚，谁就会得到一朵小红花。教师面向集体或个人分别用大声、小声、气声等不同音量说话，请幼儿用相应的音量复述，训练幼儿集中注意、安静倾听的能力。

9. 总结活动

教师引导幼儿知道大声讲话的危害，应养成轻声说话、仔细聆听的习惯是一种美德，也是对别人的一种尊重。

10. 传话游戏

幼儿分成四个小组，教师分别跟每组的第一个幼儿说一句好听的悄悄话，如：“你可爱又聪明！”“大家都喜欢你！”“你画的图真美！”“你真有礼貌啊！”然后，该幼儿将悄悄话轻声地传给下一个幼儿，一个传一个，直到传给最后一个幼儿。教师再请各组最后一个幼儿将悄悄话告诉大家，让每组的第一个幼儿来判断，他们组传的悄悄话准确不准确。游戏规则：注意听清楚悄悄话，传话时要轻声传，不能让别人听到。每组的最后一个幼儿要得到教师的允许后才能将悄悄话大声地告诉大家。

反思评价

对于小班幼儿来说能够理解“轻轻”这一词语，但是让他们在学习生活中真正做到“轻轻”，是有一定困难的。在后来的学习、游戏环节中，特别是在角色游戏的时候，部分幼儿的言行不一致开始表露出来。好习惯需要长期坚持培养。因此，应在幼儿在园生活过程中进行教育和培养，比如在课堂上要求幼儿不用手和玩具拍打桌面。在回答问题、朗诵儿歌和唱歌时正确发声，不大声吼叫。在户外活动时不乱跑乱跳，听从老师指挥。在进餐、饮水过程中，培养幼儿轻拿轻放餐具、水具的良好生活习惯。在午睡、入厕过程中，要求幼儿轻声走路，悄声上床，安静入睡。还应该注重在幼儿家庭教育中进行巩固和培养，通过家园联系栏、一封信等各种方式向家长提出要求，让家长在日常生活中注重幼儿语言习惯的培养。

（作者：王存美 单位：山东省泰安肥城市王瓜店街道办事处中心幼儿园　指导教师：赵红兰）

八、花园里的小秘密

设计意图

幼儿园的小花园，对小班幼儿来说既是他们游戏的乐园，也是他们寻宝的秘密基地。每天餐后散步时，他们总会跑进小花园，一会儿探出脑袋大声喊：“老师，我发现了一只小蜗牛。”小班的幼儿好奇好模仿，看到别的幼儿找到了宝贝，自己也会摩拳擦掌，跃跃欲试，于是，每天小小的花园里总会人头攒动、热闹非凡。基于幼儿对花园的好奇与喜爱，专门设计开展本次主题活动，旨在加深他们对花园的了解，让他们在小花园中嬉戏、玩耍、寻找，让每个幼儿都能成为爱观察、爱探索、爱表达的小小科学家。

活动目标

1. 对花园有浓厚的兴趣，能发现花园里常见的小动物、小昆虫，能用简单的语言描述其外形特征。

2. 愿意与同伴共同探究、互相交流、分享各自的发现。

3. 喜欢参加艺术活动，尝试用各种方法进行艺术创作，能用自己喜欢的方式大胆地表现。

4. 喜爱花园里的动植物，乐于亲近大自然，有初步环保意识。

基本结构

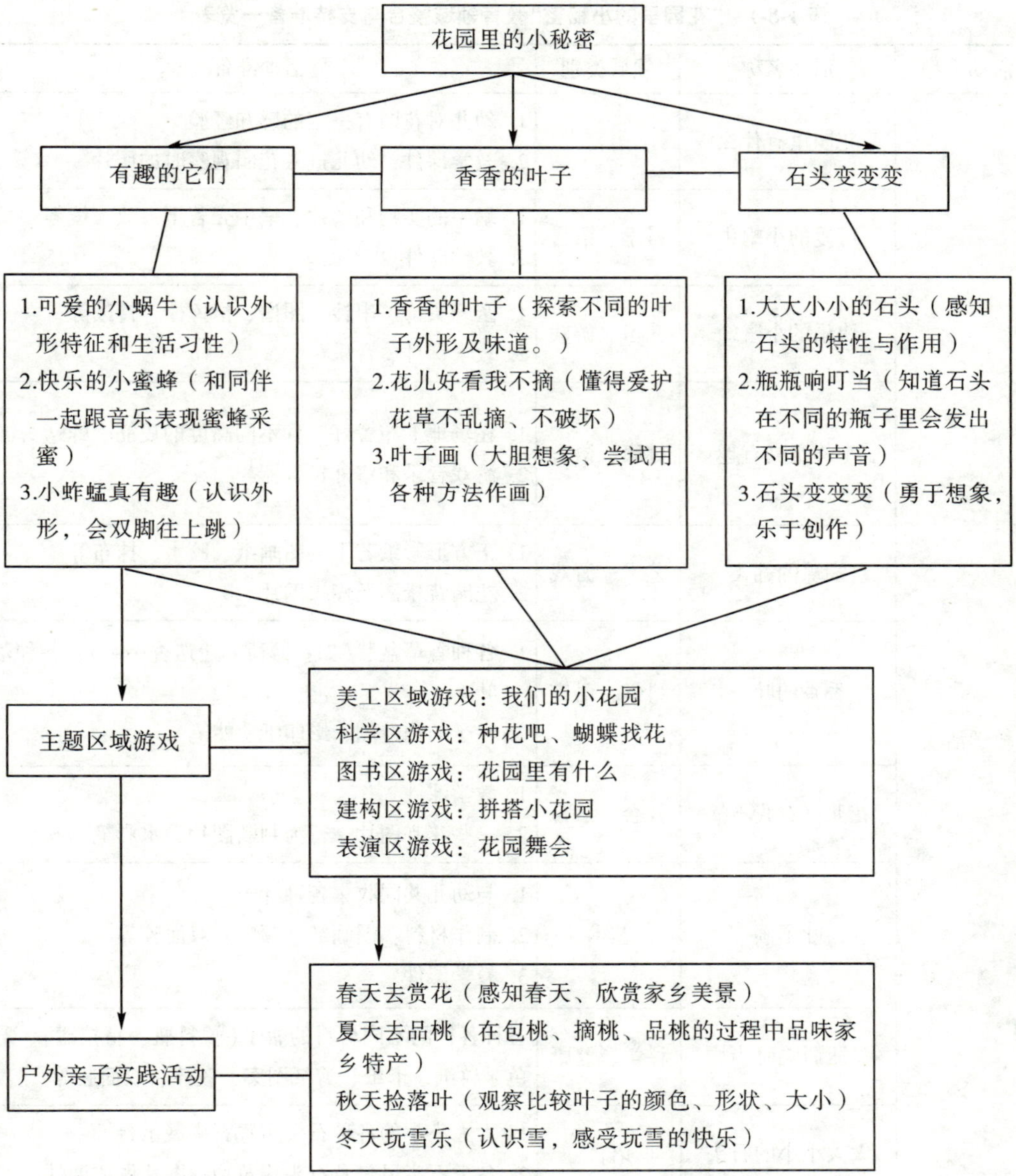

图 1-8-1　“花园里的小秘密”主题活动基本结构设计示意图

整合准备

表 1-8-1　“花园里的小秘密“教育领域整合与支持准备一览表

活动类型	活动名称	领域类别	活动准备
教学活动	花园里有什么	语言	1. 幼儿对花园有一定的感知经验 2. 教学课件、幼儿进入花园观察时的照片
	可爱的小蜗牛	科学、语言	1. 蜗牛的实物和图片、蜗牛壳若干、放大镜等 2. 教学课件
	快乐的小蜜蜂	艺术、游戏	1. 蜜蜂头饰、串铃、图谱、指挥棒、铃鼓等 2. 教学课件、音乐
	小蚱蜢真有趣	健康、语言	1. 在场地上布置好三种不同高度的皮筋、蚱蜢头饰 2. 游戏音乐和室外扩音器
	蝴蝶翩翩飞	艺术、游戏	1. 正方形彩纸若干，图画纸、胶水、抹布等 2. 花园背景图及蝴蝶图片
	香香的叶子	科学、语言	1. 各种香草盆栽(如：薄荷、迷迭香……)、各种落叶 2. 叶子的构造图、影印纸、蜡笔
	花儿好看我不摘	社会、语言	1. 教学课件 2. 一些花卉图片，行为判断图片、水彩笔
	叶子画	艺术	1. 与幼儿共同收集各种叶子 2. 制作材料：图画纸、颜料、双面胶等 3. 教学课件
	瓶瓶响叮当	科学、健康	各种各样的不同材料的瓶子(塑料瓶、易拉罐)、彩色皱纹纸、卡纸、剪纸图案、胶棒、双面胶等
	大大小小的石头	语言	1. 大大小小的各种石头布置石头展示台 2. 各类石头风景及石头建筑物的图片做成课件
	石头变变变	艺术、语言	1. 幼儿一起收集石头及石头制品 2. 美工工具(颜料、一次性台布、棉签、水彩笔、彩色纸、胶水、画有图案轮廓的大纸、彩泥等) 3. 布置幼儿作品展区

续表

活动类型	活动名称	领域类别	活动准备
主题区域游戏活动	阅读区： 花园里有什么	语言	1. 与花园、动植物有关的图书和图片 2. 幼儿外出游玩的照片
	美工区： 我们的小花园	艺术	橡皮泥、树枝、彩纸、各种树叶，各种颜料，大大小小的石头、棉棒、胶水、双面胶等操作材料
	科学区： 种花吧、蝴蝶找花	科学	1. 昆虫图片、放大镜 2.《看谁走得快》、《蝴蝶找花》、《种花吧》等自制玩教具
	建构区： 拼搭小花园	健康	废旧纸杯、奶粉罐、易拉罐、牙膏盒、鞋盒、积木、积塑等
	表演区： 花园舞会	艺术	1. 各种动物、昆虫头饰、面具、裙子若干 2. 情境创设花园舞会：以拉花装饰渲染氛围，自制乐器架子鼓、腰鼓、碰铃、话筒
亲子户外实践活动(我和四季有个约会)	春天去赏花	综合	1. 家长带好相机，精彩瞬间及时拍照，幼儿准备图画本和彩笔，将自己的发现用自己的方式记录下来 2. 准备好垃圾袋，不乱扔垃圾，做个环保小卫士
	夏天去品桃		
	秋天捡落叶		
	冬天玩雪乐		

活动过程

1. 家长工作提前做

应充分利用家庭资源，让家长支持幼儿的探索与发展，便于积累前期经验及提供所需材料。教师利用班级微信群、班级博客，提前与家长进行沟通交流，使家长了解主题活动的进展情况，请他们可利用周末时间带幼儿去公园，让幼儿观察公园里的动植物，积累相关经验。并请家长搜集一些与主题活动相关的图片、视频等材料。

2. 环境布置有体现

(1)为创设温馨可爱的室内外环境，可在室外设置饲养角饲养一些幼儿喜欢的小动物，如小兔子，小鸡等；在室内设置自然角，和幼儿一起用废旧瓶子种些花花草草，摆成一排，布置成美丽的花卉长廊。在幼儿最爱的娃娃家投放一些卡通动物的毛绒玩具。

(2)主题墙上用活动前期家长帮忙搜集的动植物的照片，树叶粘贴画，纸杯做的花等布置“花园里的小秘密”启动专栏。

3. 教学活动抓兴趣

根据幼儿的探索发现，抓住幼儿的兴趣点，及时开展以下教学活动，让幼儿在活动中提升原有经验。健康领域活动：《小蚱蜢真有趣》、《瓶瓶响叮当》。语言领域活动：《花园里有什么》、《大大小小的石头》。社会领域活动：《花儿好看我不摘》。科学领域活动：《香香的叶子》、《可爱的小蜗牛》。艺术领域活动：音乐——《快乐的小蜜蜂》、折纸——《蝴蝶翩翩飞》、美术——《叶子画》、《石头变变变》。

4. 区域游戏紧跟进

(1)阅读区：里面投放一些与花园、动植物有关的图书，幼儿可从书中寻找认识的昆虫、花草、动植物，看完后可以把自己看到的东西分享给别人或者和小朋友一起玩问答游戏，花园里有什么，花园里有蜜蜂，花园里有什么，等。

(2)科学区：投放昆虫拼图、放大镜，《看谁走得快》、《蝴蝶找花》、《种花吧》等自制玩教具，让幼儿根据颜色、数量进行一一对应，如黄色的蝴蝶找黄色的花朵，1 号花盆里种一朵花。

(3)建构区：结合主题主要投放废旧纸杯、奶粉罐、易拉罐、牙膏盒、鞋盒、积木、积塑等；锻炼幼儿的思维能力，可以自己动脑创作，搭建自己的小花园。

(4)美工区：投放一些橡皮泥、树枝、彩纸、各种树叶，各种颜料，大大小小的石头、棉棒、胶水、双面胶，便于幼儿创作，幼儿大胆想象，利用自己喜欢的材料尽情创作，教师提供展示台，鼓励幼儿用自己的美术作品来布置游戏环境。

(5)表演区：投放各种动物昆虫头饰、用奶粉桶自制的架子鼓、瓶瓶罐罐制作的各种乐器。幼儿可以充分发挥自己的想象，也可以戴上头饰，去营造快乐舞会的氛围，在与同伴共同的游戏中获得快乐体验。

5. 走进自然大拓展，亲子户外实践活动——我和四季有个约会

(1)春天去赏花

(2)夏天去品桃

(3)秋天捡落叶

(4)冬天玩雪乐

反思评价

本次主题活动以幼儿对花园的兴趣为契机，结合他们在花园里的小发现而生成的主题游戏活动。在活动的实施中借助家长资源，环境熏陶，注重幼儿的自主学习，多方助力，达到了教学活动的最优化。在教学活动中，幼儿自主学习，自主探索，了解了花园里小动物的外形特征和生活习性。在主题游戏区域活动中，幼儿能大胆地想象，高兴地创造，快乐地分享。亲子户外实践活动打破了幼儿园狭小的空间限制，通过丰富多彩的大自然能让幼儿大开眼界，为幼儿提供了天然教科书。鉴于部分幼儿合作意识欠佳，喜欢独来独往，不愿意尝试和别人合作，在以后的活动中要多加关注与引导。

（作者：赵翠翠　单位：山东省肥城市实验幼儿园）

九、长长的

设计意图

大象有长长的鼻子，猴子有长长的尾巴，这些是小班幼儿熟悉的。本次活动由绘本延伸，根据幼儿的年龄特点和认知水平，以“长长的……”为切入点，让幼儿在探索、调查、手工、记录等形式的亲身经历过程中，对“长长的”概念有深入的了解，满足小班幼儿天马行空的想象特点和跳跃性的心理需要，让幼儿感受到探索是多么快乐而有趣。

活动目标

1. 通过阅读理解认识“长”的概念，了解和认识不同动物“长长的”特征，想象长的东西的功用。

2. 制作《我的长长的》小书，概括有关长的概念，能用自己的方式记录和讲解。

3. 比较自己身体长和短的部位，发现长的概念的相对性。

4. 寻找生活里长长的东西，初步学习测量，能用自己的方式记录和讲解。

5. 在音乐游戏中感受长的特征，体验游戏活动的乐趣。

6. 教师和家长共同撰写学习故事，捕捉哇时刻，做好注意—识别—回应，实施高质量的家园共育。

基本结构

1. “长长的”读书会：通过对绘本《长长的……》的观察和讲述，了解和认识不同动物“长长的”特征，想象长的东西的功用。结合一问一答的方式感受理解故事内容，初步学习“长长的……像……可以……”句式的运用。

2. “长长的”大探索：通过区域及游戏活动，充分利用家长资源，寻找生活中长长的东西，能用自己的方式记录和讲解。

3. “长长的”小秘密：初步运用测量的方式，比较自己身体的长和短的部位，延伸到生活中比较长短，发现长短概念的相对性，用恰当的语言表述自己的想象。

4. “长长的”游戏会：在活泼、节奏感强的奥尔夫音乐旋律中，通过问答游戏和角色扮演，感受长的特征，体验音乐活动的乐趣。

5．“长长的”学习故事：教师与家长用学习故事的形式记录下幼儿在探索“长长的”过程中的哇时刻，家园共育，密切配合。

整合准备

表 1-9-1　“长长的”教育领域整合与支持准备一览表

活动名称	领域类别	活动准备
《长长的……》(绘本)	语言	图画书《长长的……》、动物图片
《长长的身体》		幼儿人手一份“长长的、短短的”调查记录表
《生活里长长的》	社会	生活中“长长的”物品照片
《长绳变变变》	健康	长长的跳绳幼儿人手一根
《比较长短》	科学	可以操作的长短物品若干(如毛线、积木、可以变形的插塑玩具等)
《长长的画》(绘画)	艺术	作品《高瘦小女孩》
《我的长长的》小书(手工)		自制小书、可粘贴的动物图片
《长又长》(音乐游戏)		奥尔夫音乐、PPT

活动过程

1. 制作主题展板，设计活动海报，及时更换活动内容及图片

主题展板分成五个板块：“长长的”读书会、“长长的”大探索、“长长的”小秘密、“长长的”游戏会、“长长的”学习故事。

2. 幼儿动手参与为主，布置室内环境，营造主题活动气氛

利用幼儿的绘画、手工制作作品，搜集的实物、图片及记录表格等做成挂饰或墙饰布置活动室。

3. 开展丰富的区域活动，幼儿在自主游戏中深入探索“长长的”秘密

(1)语言活动区：提供各种动物图片，请幼儿讨论这些动物的哪些部位是长长的。

(2)美工活动区：提供合适的美工材料，请幼儿继续制作自己“长长的”小书。

(3)建构活动区：投放长短不一的建构材料，请幼儿探索长短之间的变化。

(4)表演活动区：请幼儿玩“长长的手臂变变变”的游戏。

4. 组织游戏活动，在游戏的氛围中感受、感知长长的概念

由开始的绘本集体教学活动延伸到幼儿喜欢的游戏活动，在自由自主的游戏氛围

中，幼儿积极主动地交流感受，探索求知。

5. 充分利用家长资源，撰写分享幼儿“学习故事”

活动开展过程中，教师用图文并茂的形式，记录幼儿的“学习故事”，积极分享给家长们，建议家长也进行撰写，并进课堂读给幼儿听，发现和了解幼儿，为幼儿下一步的进步提升做有效支持。

反思评价

本次活动以绘本《长长的……》作为切入点，带有明显“长长的”特征的小动物带领幼儿进入一个神奇的世界，进一步引发幼儿好奇心，激发幼儿继续探索的兴趣。本次活动还邀请家长与教师同步进入到“学习故事”中来，通过撰写“学习故事”，引领家长去观察、了解、读懂自己的幼儿，从而改变一些落后的教育观念和方法，进一步提升家庭教育质量。

（作者：张晓娟　单位：山东省济南二机床集团有限公司幼儿园）

第二章 中班单元主题案例

一、好吃的面

设计意图

为了让幼儿对生活中经常会吃到的面条有个更全面的认识，特别设计了本次主题活动，旨在有效激发幼儿积极、主动探索的热情，让幼儿成为活动的主人，促进幼儿的发展。

活动目标

1. 积极运用多种感官感知面条的特征，大胆表达自己的观察及发现。
2. 了解面条种类、面制品的多样性。
3. 了解面条的营养，喜欢吃面。
4. 乐意参与和面条有关的制作、探索、艺术表现等活动，体验成功与快乐。

基本结构

1. 面条种类多：以家园配合的方式，通过前往超市、商场、市场、杂货店、手工面摊、面店等地方寻找身边的面条，初步了解面条的种类，体验面条与日常生活的关系，帮助幼儿积累直接经验。

2. 面条营养多：结合多维的助教方式，如：保健医生、面点师、家长进课堂，以分享交流、观摩体验、操作实践等方式了解面条的营养，萌发对面条的喜爱；走进社区参观当地面厂，初步了解面的制作、晾晒的过程，进一步感知面条的特征。

3. 面条妙趣多：通过音乐活动、美术活动、区域活动、亲子活动等方式，鼓励幼儿积极参与和面条有关的制作、探索、艺术表现等活动，体验成功与快乐。

整合准备

表 2-1-1 “好吃的面”教育领域整合与支持准备一览表

活动名称	领域类别	活动准备
舌尖上的中国面(讲述)		1. 物质准备：纪录片《舌尖上的中国·心传》(片段) 2. PPT：中国面条
长长的面条(故事)	语言	物质准备：故事：长长的面条；彩泥、毛线、剪刀、皱纹纸、卡纸、画笔等
生日面条(谈话)		1. 环境准备：创设“过生日”情境 2. 物质准备：PPT：祝你生日快乐；音乐：《生日快乐歌》
我喜欢的面条		物质准备：幼儿在超市、面摊、便利店等地挑选自己喜欢的面条时的照片；PPT：福建特色面
做面条(参观面厂)	社会	1. 前期准备：家园配合，通过网络、书籍、翻阅资料等方式，对制作面条有一定的了解；至少提前一周与当地的面厂做好协调工作，并提前拟定参观计划，做好外出审批、安全预案、车辆安排等相关适宜。帮助幼儿了解外出参观的一些基本的安全常识，遵守规则 2. 物质准备：幼儿共同收集的有关做面条的图片、影音资料；参观面厂时拍摄的照片、视频
煮面条(亲子活动)		物质准备：PPT：面条煮法多；一次性桌布和手套若干，面团若干；每组一个电磁炉、每组一个汤锅或蒸锅
有营养的面(保健医生助教)	健康	物质准备：提前与保健医生做好协调、准备工作；PPT：有营养的面
彩色面条(家长助教)		提前在班级公布“征集令”，鼓励有相关经验的家长积极报名参加家长助教活动；胡萝卜、菠菜、紫甘蓝若干；榨汁机；面粉、和面盆、围裙、一次性桌布和手套等若干
面条大展览	科学	1. 环境准备：在班级创设“面条一条街”的情境 2. 物质准备：幼儿收集的各种有代表性的面条，如拉面、刀削面、蝴蝶面等

续表

活动名称	领域类别	活动准备
好吃的面条(手工)	艺术	物质准备：PPT：面条真好吃；各种美工材料(第一组：彩泥、泥工板、一次性纸盘等；第二组：毛线、剪刀、固体胶或浆糊等；第三组：皱纹纸、卡纸、固体胶、剪刀、水粉材料等；第四组：各色彩纸、卡纸、蜡笔、水粉颜料、剪刀等；第五组：各种生活中常见的废旧材料，如纸板、水果包装网、包装纸等；画笔、剪刀等)
面条的舞蹈(韵律)		物质准备：网络视频：小哥哥一边拉面一边随乐舞蹈；录像：煮面条；白板、音乐(小夜曲)

活动过程

1. 环境的规划与创设

(1)以绘本《谁偷了包子》中绘有中国古风色彩的小吃店画面为背景，创设班级主题墙——“面食一条街”。

(2)与主题墙背景相协调，创设主题进程墙：面条种类多——面条营养多——面条妙趣多。

(3)利用幼儿在主题活动及区域活动中制作的各类与面条相关的作品，布置、丰富主题环境。

2. 资源的整合与运用

(1)整合社区资源，鼓励、引导幼儿到菜市场、超市、商场等地寻找各种各样的面，发现我们周围的面馆等；

(2)运用游戏资源，结合园内角色游戏开展“面条大展览”的活动；

(3)巧用电视资源，结合中国美食节目“舌尖上的中国”开展“舌尖上的中国面”的活动。

3. 活动的多元与实施

(1)保健医生进课堂：邀请保健医生在班级开展“有营养的面”的主题活动，丰富幼儿对面的营养的认识；

(2)家长助教进课堂：以家长助教的方式邀请有面食制作经验的家长入园向幼儿们介绍并演示“五彩面条”的制作过程；

(3)带着幼儿“走出去”：参观面厂，通过和面点师傅的近距离接触，实地了解制作面条的工具材料及方法。

(4)区域活动的组织：

美工区：美工——《沙茶面》、《面线糊》、《猪肝面》；泥塑——《各种各样的面条》；主题画——《好吃的面》。

语言区：讲述——《我喜欢的面》、《我和面条的故事》；手偶、指偶讲述——《长长的面条》。

科学区：《面粉变面团》、《做面条》。

4. 经验提升与迁移

(1)在《面条长长》、《面条的舞蹈》等活动中，以文学、艺术的维度，迁移幼儿对面条的经验。

(2)在亲子活动的过程中，体验亲子制作面条、煮面的乐趣，增进亲子间的情感。

(3)迁移幼儿的生活经验，了解中国式过生日与面条之间的联系。

反思评价

该主题活动源自幼儿感兴趣的一个话题，由表及里、层层推进，教师与家长帮助幼儿在不同的活动体验中加深了对面条的了解：幼儿们可以带着问题寻找答案，利用周末和父母一起寻找生活中的面，或和家人一起动手做面条……在主动学习的过程中，幼儿们有探索、有发现，更有各种不同的体验。家长能积极、主动地和幼儿一起收集相关资料；用不同的方式亲子制作各种各样的面条；主动和幼儿自编“面条的故事”并动手自制相关的绘本……重视教育资源整合，首先是邀请保健医生、家长等“走进来”，以助教、亲子活动等方式丰富幼儿的主题经验；其次是“走出去”，教师带领幼儿一起走进面点师的工作坊，现场观摩面条的制作过程。

(作者：叶小花　单位：福建省厦门市海沧区新阳幼儿园霞光东路分园 指导教师：上官敏)

二、涵城风味

设计意图

美食的味道记忆总是伴随时间代代流传，历久弥新。说到涵江的老味道，可以说是香醇久远。如豆浆炒、粿洒、土笋冻，等。随着时代的发展，幼儿眼里的美食更多的是肯德基、必胜客等洋快餐，对于老涵江的传统小吃，既熟悉又陌生。他们可能品尝过，但对于小吃的制作方法以及这些特色美食所蕴含的意义却并不了解。因此，本次主题活动，根据幼儿的年龄特点和认知水平，以"涵江特色美食"为切入点，开展中班主题活动《涵城风味》，让幼儿通过寻访、探索、调查、记录等形式的亲自经历过程，对家乡涵江的饮食文化有深入了解，从而萌发热爱家乡的情感。

活动目标

1. 对涵江特色小吃感兴趣，能用简单的语言描述其外形特征和味道。
2. 喜欢吃涵江特色小吃，并养成良好的饮食习惯。
3. 探索部分小吃的制作过程，乐于分享自己的发现。
4. 能运用多种技能及形式表现涵江部分特色小吃。

基本结构

1. 美食大搜索：主要通过亲子寻访、网络搜索、照片记录等多种方式收集涵江的各种特色小吃的相关资料，以分享交流的方式帮助幼儿对涵江特色小吃有了初步的认知。

2. 美食品尝会：通过多种途径品尝涵江的各种特色小吃，给自己喜欢的涵江特色小吃点赞，并用统计的方法统计每项美食喜欢的人数，进一步激发幼儿对涵江特色小吃的兴趣，在品尝美食的同时养成良好饮食习惯。

3. 美食大揭密：充分利用社区及家长资源，帮助幼儿了解部分特色小吃的制作方法以及美食背后的故事，并为幼儿提供体验制作美食的机会。

4. 美食大玩家：通过区域及游戏活动，引导幼儿运用多种技能及形式对家乡的特色小吃进行表征。

整合准备

表 2-2-1 “好吃的面”教育领域整合与支持准备一览表

活动名称	领域类别	活动准备
我喜欢的涵江小吃	语言	1. 经验准备：对涵江的一些特色小吃有初步的了解，品尝过部分特色小吃 2. 物质准备：幼儿收集的各种特色小吃的图片等
道一糕	语言、表演	1. 经验准备：对莆仙童谣有初步的了解，喜欢朗诵莆仙童谣 2. 物质准备：PPT、特色小吃的头饰等
我爱家乡美食	社会、语言	1. 经验准备：对涵江的特色美食有初步的了解，能说出其名称 2. 物质准备：幼儿收集的各种特色小吃的图片及一些传统小吃店的场景图等
好吃的家乡小吃	语言、健康	1. 经验准备：品尝过部分特色小吃，能说出其名称及味道 2. 物质准备：PPT、家乡美食图片等
豆丸圆圆	科学(家长助教)	1. 经验准备：对莆仙特色小吃——豆丸有初步的了解 2. 物质准备：活动前与家长取得联系，准备好烹饪的厨具及所需的食材
美味土笋冻	科学(社区活动)	1. 经验准备：吃过土笋冻，对其有初步的了解 2. 物质准备：提前与作坊师傅取得联系，做好相关的准备
好吃的豆浆炒	艺术	1. 经验准备：初步了解豆浆炒的制作方法 2. 物质准备：纸盘、皱纹纸、固体胶等
红团红逗逗		1. 经验准备：初步了解红团的制作方法，知道红团由皮和馅组成 2. 物质准备：红色蜡光纸、棉花、卡纸、橡皮泥等
江口卤面		1. 经验准备：品尝过卤面，知道卤面的所需的配料 2. 物质准备：卡纸、毛线、皱纹纸、食物图片、固体胶等

续表

活动名称	领域类别	活动准备
涵江美食城	游戏活动	1. 经验准备：参观过小吃店、吃过小吃。有买卖的游戏经验环境支持 2. 环境创设：与幼儿利用各种材料创设美食城 3. 物质准备：店牌、灶具、锅、碗、收银机、各种小吃（扁肉、春卷、煎包等）；大型建构材料、易拉罐、纸箱等废旧材料

活动过程

1. 利用幼儿作品创设主题环境

教师与幼儿共同讨论、设计，以莆田红为主色调，配以黄色，充分利用三维空间，用幼儿的卤面、豆浆炒等作品做成挂饰或墙饰布置活动室，创设美食主题环境氛围。

2. 开展丰富多彩、形式多样的主题系列活动

(1)预设与生成相结合，开展集中活动

在主题确定下来后，以主题为主线，结合五大领域的目标，预设与生成相结合地开展了一系列的主题集中活动，如根据领域目标预设的语言活动——《我喜欢的涵江小吃》、童谣《道一糕》等；还有在主题活动开展过程中生成的一些活动，如美食系列手工活动《好吃的豆浆炒》、《红团红逗逗》、《江口卤面》等，通过这一系列预设与生成的活动，让幼儿们充分感受到家乡资源的丰富和家乡的美。

(2)投放适宜材料，开展区域活动

语言区：讲述——《我喜欢的涵江小吃》、讲述——《美味土笋冻》、《美味扁食》手偶、指偶讲述——《涵城美食介绍员》等，让幼儿通过讲述、阅读对涵江特色小吃有了进一步的了解，同时发展幼儿的语言表达能力。

美工区：手工——《美味豆浆炒》、手工——《江口卤面》、手工——《扁食》、 手工——《红团》等，让幼儿在了解这些美食的基础上，充分发挥想象，大胆运用各种材料对这些美食进行表征。

益智区：《涵城美食迷宫图》、《涵城美食对对碰》、《涵城美食跳舞毯》等自制的益智类游戏材料，让幼儿在操作这些迷宫图、美食棋、跳舞毯等材料时，对部分美食的制作材料、方法有进一步的了解，同时发展幼儿的观察力、逻辑思维能力。

(3)迁移生活经验，开展游戏活动

在自主游戏中，教师与幼儿初步创设“美食一条街”的游戏环境，在幼儿游戏过程中，教师通过细心的观察，根据幼儿的游戏情况，适时地介入与指导，与幼儿共同讨

论，不断地调整与推进，从最初的美食一条街，延伸出美食工坊、阿花红团、阿张豆丸，最后形成我们的特色游戏活动——《涵江美食城》。

3. 有效利用社区和家长资源，拓展主题活动教育途径

(1)利用社区资源

鉴于幼儿园所在社区有一个“土笋冻”作坊，于是教师带领幼儿来到社区中的土笋冻作坊，通过观察作坊师傅的介绍和现场操作，帮助幼儿了解家乡特色小吃——土笋冻的制作材料及制作方法，体验了师傅劳动的辛苦，知道这些美食来之不易，懂得要爱惜粮食。

(2)引进家长资源

充分利用家长特长生成各类特色活动，如请几个擅长烹饪的奶奶或妈妈，开展“美食周”活动，为幼儿们现场烹饪一些涵江街头巷尾的特色小吃，有效地帮助幼儿养成了良好的饮食习惯。还利用我们班家长的巧手，亲子制作美食、服装，生成特色活动——《美食时装秀》。

反思评价

本次主题活动积极创设互动式、对话式、多元化、色彩浓厚的“活”的主题教育环境，以凸显区域式、情景化的班级特色。充分利用活动室内外三维空间进行环境创设。在开展主题活动时，能组织幼儿以寻访、探索、调查、记录等形式运用多种形式，充分利用各种资源将区域活动及游戏活动与主题活动有机融合。从游戏环境的创设到游戏材料的收集再到游戏主题的制定幼儿都全程参与。在幼儿的游戏过程中，教师通过细心的观察，根据幼儿的游戏情况，适时地介入与指导，与幼儿共同讨论，不断地调整与推进，最后形成特色游戏活动——《涵江美食城》，使幼儿在与环境的互动中，充分体会了在玩中学、生活中学、做中学、游戏中学，从而快乐、自主地获取有益经验，在欣赏富有童趣的特色小吃的同时，初步认识自己的情绪，学会分辨情绪，能快速地把消极情绪转化为积极情绪，互相促进。

(作者：郑莉莉　陈杭　单位：福建省莆田市涵江区实验幼儿园霞徐园　指导教师：董荔红 曾惠容)

三、我的好妈妈

设计意图

每一个人都是在母爱纯洁而无私的沐浴下长大、在成长的道路上，母亲付出很多。为了“善于发现幼儿感兴趣的事物、游戏和偶发事件中所隐含的教育价值，把握时机，积极引导。”本次专门设计了以“感恩的心”为主题的活动，希望通过这次活动让幼儿理解妈妈的辛劳，体会妈妈的爱，进而从感恩母亲开始，懂得知恩图报，成为一名善良的、有着“感恩”的心的人。

活动目标

1. 幼儿知道五月的第二个星期日是母亲节。
2. 了解妈妈的辛劳，培养幼儿对妈妈的感激之情。
3. 用实际行动为妈妈做一些力所能及的事情。

基本结构

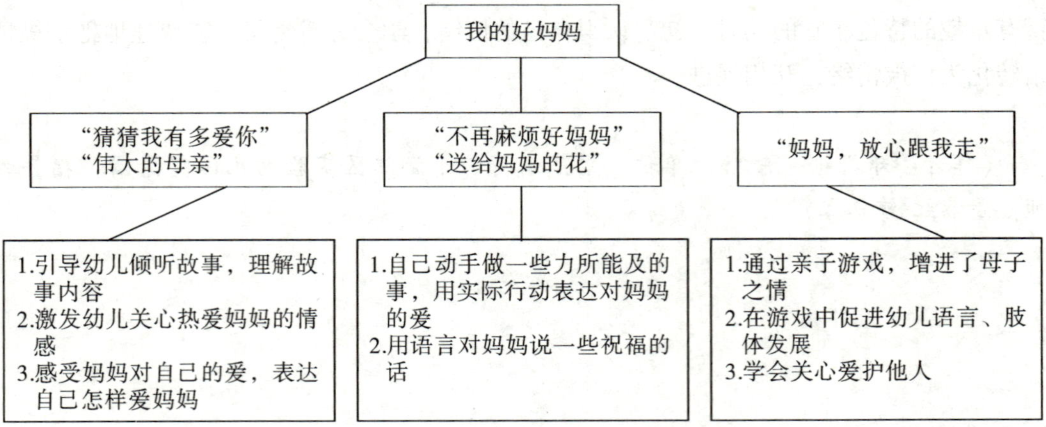

图 2-3-1 “我的好妈妈”主题活动基本结构设计示意图

整合准备

表 2-3-1 “我的好妈妈”教育领域整合与支持准备一览表

活动名称	领域类别	活动准备
猜猜我有多爱你	语言	PPT 课件、录音、图片、黑板
不再麻烦好妈妈	音乐	音乐
伟大的母亲	语言	视频
对妈妈的爱	语言	一幅画，玩具小兔一只
送给妈妈的花	美术	卡纸，颜料，记号笔等
妈妈，放心跟我走	游戏	障碍物、音乐

活动过程

1. 介绍“母亲节”

师：今天是五月的第二个星期天，小朋友知道是什么节日吗？(母亲节)“母亲”是什么意思呢？“母亲节”是谁的节日呢？(是天下所有妈妈的节日)这一天，世界上很多国家的幼儿都会为自己的妈妈过这个节。

2. 开展“母亲节感恩会”活动

(1)唱一唱

师：今天我们把小朋友的妈妈请到了幼儿园，让我们用热烈的掌声欢迎她们。首先我们为妈妈们献上两首好听的歌曲《我的好妈妈》和《不再麻烦好妈妈》。

(2)说一说

师：小朋友的妈妈在家一定得干好多好多的事情，谁来说一说，你的妈妈在家里都要干些什么事？说说自己的妈妈，激发爱妈妈的情感。你们的妈妈是怎样关心爱护你的？你又准备怎样来关心妈妈呢？

(3)做一做

师：现在你想为妈妈做点什么呢？放舒缓的音乐，幼儿在音乐中为自己的妈妈捶背、揉肩。教师从贴近幼儿生活的问题入手很自然地勾起了幼儿表达的欲望，顺理成章地引出了“妈妈非常辛苦，小朋友要为妈妈做点什么”的话题。

(4)朗诵诗歌《母爱》

(5)妈妈代表讲话

师：刚才妈妈们听了小朋友的朗诵都特别感动，她们有许多话想跟小朋友说，今天我们请到了×××小朋友的妈妈，有请她代表所有的妈妈们为小朋友们讲话，大家欢迎。家庭是幼儿园重要的合作伙伴，应争取家长的支持和主动参与。

3. 亲子绘本：《猜猜我有多爱你》

引导幼儿和家长一起倾听故事，理解故事内容。发展幼儿扩散性思维，鼓励幼儿运用生动活泼的语言、动作表达抽象的情感。请妈妈和宝宝一起表演故事情节，加深对故事的理解，促进亲子感情。

4. 亲子游戏："妈妈，放心跟我走"

游戏规则：妈妈蒙上眼睛，听到"开始"指令后，宝宝搀扶着自己的妈妈走向终点。游戏过程中，宝宝要提醒妈妈抬高脚或低头跨过障碍物，继续向前，到终点后，请妈妈坐在椅子上，帮妈妈捶捶背。

5. 幼儿制作礼物

在《感恩的心》的音乐伴奏下，幼儿动手制作一束花，送给妈妈，并对妈妈说一句体贴、祝福的话。

活动反思

本次活动利用了一个非常适合的时机和机会，自然真实地完成整个活动过程，由于有幼儿对幼儿园环境变化的真切感受做铺垫，所以较好达成了活动目标。谈话和讨论环节中，幼儿在老师引导下，能够主动发表自己的想法，幼儿能够理解成人的劳动，在讨论"我们能为他们做点什么"时，幼儿都能说出自己的想法：帮妈妈拿拖鞋，帮爸爸捶背，帮爸爸妈妈倒水，等等。在参观、表演节目、给妈妈擦护手霜活动环节中，幼儿表现得懂事而真诚，可以看出，参观现场的活动，对幼儿触动是比较大的，它能够让幼儿近距离地真实地感受和体会，比言语上的说教效果好得多。通过此次活动，不仅增进了亲子感情，也提高了幼儿的语言能力，幼儿用自己的语言表达着对妈妈的爱。

（作者：刘芳　单位：安徽省芜湖市繁昌县城关幼教集团峨溪幼儿园）

四、秋意浓

设计意图

根据秋季收获的甜美和小朋友的兴趣所在，及时抓住教育契机，设计并实施本次主题活动，主要从秋韵、秋声及秋色三条主线展开，充分挖掘与利用幼儿园户外环境及通过家园合作途径，让幼儿直接接触秋天，走进大自然，多角度了解与感受秋天的斑斓色彩从而喜欢上秋天，获取关于秋季的诸多直接经验。

活动目标

1. 主动收集关于秋天的信息，并且敢于在大家面前用自己的方式表达自己的观点。

2. 知道秋天是丰收的季节，认识一些秋天的水果蔬菜及花卉。

3. 亲近大自然，喜欢秋天美丽的景色，尝试用多种形式表达自己对秋天的认识和感受。

4. 愿意尝试各种材料、工具，进行绘画、制作，有初步的想象力，体会成功的快乐。

基本结构

1. 秋韵：主要通过观察美丽的菊花、各种各样的云，秋游拾树叶、摘果子等活动使幼儿感受秋天的气息，对秋天的特征有了初步的认知。

2. 秋声：小瓢虫、昆虫聚会、一起听秋雨的声音引导幼儿走进秋天，一起歌唱《秋天多么美》进一步激发幼儿对大自然的喜爱。

3. 秋色：通过体验果实的成熟、棉花的丰收帮助幼儿了解秋天是收获的季节，秋天的颜色以及欣赏美丽的秋景图使幼儿感受大自然的神奇，在体验收获的过程中为幼儿提供和同伴讨论交流的机会。

整合准备

表 2-4-1 “我的好妈妈”教育领域整合与支持准备一览表

活动名称	领域类别	活动准备
秋天的雨(散文)	语言	散文课件、雨声录音
小瓢虫(儿歌)		瓢虫纸偶、儿歌背景图
昆虫聚会	科学	昆虫图片、数字卡、彩笔
拾树叶	健康	小筐、跨跳板
我和秋天有个约会	社会	小筐、纸、剪刀
体验收获		小农场的收获常识
各种各样的云		云的图片、白纸、彩笔
秋天多么美(音乐)	艺术	挂图、响铃、沙锤等乐器
摘果子(音乐)		《摘果子》MP3、动作图谱
五彩的树叶(美术)		彩笔、白纸

活动过程

1. 我和秋天有个约会

活动准备:

秋天儿歌挂图

活动过程:

1. 一起来到户外寻找秋天，看谁找到的秋天景象多。

2. 捡拾树叶，邀请爷爷奶奶一起制作树叶服装进行走秀表演。

(1)在园内散步，感受树叶的变化，激发幼儿拾落叶的兴趣。

(2)幼儿带上小筐在园内观察和采集树叶。

(3)讨论、交流自己采集的树叶，邀请爷爷奶奶一起制作树叶服装进行走秀表演。

3. 学习儿歌《秋天是什么颜色的》。

(1)出示儿歌挂图学习儿歌内容。

(2)教师引导幼儿对诗歌内容进行动作创编，并播放轻音乐，佩戴头饰，边说诗歌边做动作。

2. 秋天的雨

活动准备：

《秋天的雨》课件、雨声录音、钢琴曲《秋日的私语》

活动过程：

1. 师幼一起倾听雨声，激发幼儿们的兴趣。

教师播放雨声的录音，请幼儿猜想这是什么声音，这是秋天的雨。

2. 幼儿初步欣赏感知散文诗。

(1)教师播放钢琴曲《秋日的私语》并将其作为背景音乐富有感情地朗诵一遍散文诗。

(2)幼儿观看课件，完整感受《秋天的雨》。

(3)幼儿自由讨论、讲述。

3. 运用图文结合，帮助幼儿分段理解散文诗的内容。

(1)幼儿结合图文分段欣赏，再次感受一遍。

(2)引导幼儿讨论用散文诗中优美的句子来表达对秋天的喜爱。

3. 小瓢虫

活动准备：

1. 幼儿自制瓢虫指偶人手一个。

2. 儿歌背景图。

活动过程

1. 猜谜语导入

(1)教师：今天有一位昆虫朋友来到了我们班做客，它是谁呢？我们一起来听一个谜语就知道了：身体圆圆像面包，头上一对小触角；身上还有七颗星，会飞会爬真灵巧。

(2)教师出示指偶：你们猜对了，就是小瓢虫。今天老师还给你们带来了一首有关瓢虫的诗歌呢，我们一起来听。

2. 理解诗歌内容，初步学习朗诵诗歌。

(1)学习诗歌第一段。

教师出示背景图：教师有感情地朗读诗歌的第一部分

教师提问：你听到刚才小瓢虫停在了哪里？变成了什么？那瓢虫的脚步是什么样的？他又是沿着什么小路来的呢？

教师再次朗诵诗歌第一段。

(2)学习诗歌第二段

教师出示第二段图谱：看，这次瓢虫又来到了哪里？谁能用第一段诗歌里的句子说一说。

教师：那瓢虫这次停在了哪里呢？看看老师的表演你们就知道了。

教师表演第二段诗歌后半部分内容。

引导幼儿观察教师的表演，用诗歌一样的句子说一说。

3. 有感情的完整朗诵诗歌

(1)教师：刚才我们说的这首诗歌就叫《瓢虫》，诗歌的名字是什么？我们一起来戴上指偶，完整地朗诵一遍吧。

(2)教师：你们喜欢这首描写"瓢虫"的诗歌吗？那我们应该用怎样的感情来朗诵这首诗歌呢？我们再来试一试。

(3)幼儿再次有感情地朗诵诗歌。

4. 尝试创编诗歌，体验创编的乐趣。

(1)教师提问：小瓢虫还会停在哪里呢？变成什么？

(2)教师：那我们把刚才创编的诗歌一起来看图念一遍。

(3)教师：你还能想到小瓢虫停在哪里呢？会变成什么呢？现在戴上指偶，你和自己身边的好朋友一起把自己创编的儿歌念给对方听。

(4)教师：瓢虫还会停在哪里？变成了什么？请你把它放进诗歌里。

4. 秋天多么美

活动准备：

1. 活动前观察秋天的景色，熟悉农作物的特点。

2. 教学挂图(棉花、水稻、高粱的丰收图各一幅)，歌曲《小树叶》、《秋天多么美》。

3. 打击乐器如响铃、沙锤等。

活动过程：

1. 播放歌曲《小树叶》，幼儿有表情地演唱歌曲，提高幼儿唱歌的热情。

2. 教师出示挂图，请幼儿观察挂图，说一说图上的内容，帮幼儿认识棉花、水稻、高粱等农作物。

3. 引导幼儿学唱歌曲。

(1)教师教幼儿打着拍子，学说歌词。

(2)欣赏歌曲《秋天多么美》，让幼儿熟悉歌曲的旋律。

(3)教师弹唱歌曲，帮幼儿熟悉歌曲。

(4)幼儿尝试用打击乐器打节奏演唱歌曲。

4. 创编动作带幼儿边唱边跳学歌曲。

5. 昆虫聚会

活动准备：

1. 幻灯片：6只蝴蝶、7只蚂蚁、8只蜻蜓、9只瓢虫、10只蜜蜂。

2. 以上数量的昆虫图片4套分放在4个盒子里。

3. 数字卡6—10。

4. 彩笔、白纸。

活动过程：

1. 谈话导题

教师："小朋友，我们认识了许多昆虫，他们都有谁呢?"引导幼儿说出昆虫的名称及特征。

2. 昆虫聚会

(1)播放幻灯片，引导幼儿说出昆虫的名称及数量，并在昆虫旁边摆上相应的数字。

教师提问："最多的昆虫是谁，有多少？可以用什么数表示？最少的昆虫是什么？有几只？可以用什么数字来表示?"你是怎么知道的？(幼儿讨论)

(2)教师引导幼儿观察说出10与其他数字的不同。(是由1和0组成的两位数)

3. 帮昆虫排队。

幼儿按要求摆放昆虫，并说出摆放昆虫的数量是多少。

4. 给昆虫送礼物。

幼儿在相应数字下面的篮子里给昆虫画出礼物，引导幼儿观察说出幼儿分放的礼物与篮子上的数字是否相符？哪一种昆虫的礼物最多，哪一种最少。

5. 昆虫带上小朋友的礼物回家了，结束活动。

6. 摘果子

活动准备：

《摘果子》的音乐、动作图谱、PPT(果园丰收视频)、一篮水果

活动过程：

1. 看果园丰收的视频，引起活动兴趣。

播放果园丰收视频提问：农民伯伯想请小朋友们去帮忙摘果子，你们愿意吗?

2. 学习、掌握踵趾小跑步的动作要领，能跟着音乐节奏合拍地表现踵趾小跑步的动作。

(1)教师示范踵趾小跑步，幼儿说一说、学一学。

教师示范，幼儿说一说、学一学。

教师出示图谱1，看图谱分析动作，介绍"踵趾小跑步"。

教师小结：原来是脚跟、脚尖、跑、跑、跑，跑着去的，一共跑三下。

师幼一起看图谱练习踵趾小跑步。

(2)师幼一起听音乐练习"踵趾小跑步"。(前奏及第一段)

师幼听音乐练习"踵趾小跑步"。

教师再请两名幼儿上前示范"踵趾小跑步"，再次播放音乐，师幼再来一遍。

3. 学习拿篮子，找果树；摘果子的动作。

(1)学习拿篮子，找果树的动作。图谱 2

(2)学习摘果子的动作。图谱 3

教师提问：我们要去帮农民伯伯摘果子了，怎么摘？

幼儿自由练习，教师重点提示：眼睛看着手摘果子、放果子。

教师示范正确动作并总结。

师幼共同练习摘果子的动作。

(3)师幼听音乐练习拿篮子，找果树；摘果子的动作。

4. 幼儿学习展示成果，擦汗，跑去送果子的动作。

(1)学习转一圈展示成果，擦汗的动作。图谱 4

(2)学习跑去送果子的动作。图谱 5

(3)教师：我们摘了这么多的果子，那我们把果子去送给农民伯伯吧。可以怎么去？最后可以怎么送？

(4)师幼听音乐展示成果，擦汗；跑去送果子的动作。

5. 出示完整的图谱，一起说一说图谱内容。

师幼共同完整地说一说做一做图谱内容。

6. 幼儿学习表演摘果子。

听音乐，幼儿表演摘果子。

7. 各种各样的云

活动准备：

云的图片、白纸、彩笔

活动过程：

1. 户外集体活动：观察各种各样的云。

教师带领幼儿户外集体活动，引导幼儿观察各种各样的云。

2. 美术活动：美丽的云彩

(1)教师出示各种形态云的图片，引导幼儿仔细观察。

(2)幼儿自由创作。

(3)幼儿和同伴交流分享自己的作品。

3. 云的前世今生

教师出示云形成的图片，了解云形成的过程。

反思评价

通过开展“秋意浓”主题活动，给幼儿创设了一个使他们想说、敢说、喜欢说，有机会说并能得到积极应答的自然环境。季节教育从根本上来说是自然教育，它帮助幼儿通过观察、比较、分析、探究去认识自然界的奥秘，教师通过鼓励幼儿大胆表现，激发幼儿感受美，表现美的情趣，不但发展了幼儿的语言表达能力和思维能力，还丰富了幼儿的审美经验，使他们在体验中表达和创造快乐，增进幼儿对自然环境的了解，激发幼儿热爱大自然的情感。

（作者：吕文娜　单位：山东省东营市利津县第一实验幼儿园　指导教师：李占美）

五、萝卜慢慢长

设计意图

针对幼儿自发形成的对一袋萝卜头的好奇与争论，为帮助幼儿不断积累经验，并运用于新的学习活动，形成受益终身的学习方法和能力，以科学探索为基准，设计组织了本次主题活动。

活动目标

1. 尝试对萝卜的猜测、种植和绘画等多种形式，激发幼儿探索萝卜的兴趣。
2. 了解萝卜的种类，知道吃萝卜对身体有营养。
3. 制作爽口萝卜的方法，知道萝卜有多种吃法。
4. 感受自己劳动的快乐，并体验成功的喜悦。

基本结构

1. 种植萝卜：通过猜测、讨论获知萝卜有土植和水植。为了方便后续的观察比较并建立了观察记录本。

2. 萝卜家族：引导幼儿了解萝卜的种类，通过看一看、说一说、摸一摸、闻一闻、切一切、尝一尝等多种感官进行观察、比较，加深对各种萝卜种类的认识和了解。

3. 画萝卜：画一画自己心中的萝卜会长成什么样，激发幼儿继续探索的兴趣。

4. 制作爽口萝卜：通过实际操作，切萝卜——自己调制调料——腌萝卜中加深了对萝卜的认识了解，提高了动手能力，体现生活即教育的教育理念。

整合准备

表 2-5-1 “我的好妈妈“教育领域整合与支持准备一览表

活动名称	领域类别	活动准备
萝卜能活吗(谈话讨论)	语言	切下的萝卜头
萝卜回来了(故事)		《萝卜回来了》的故事课件
种植萝卜	科学	布置种植角，准备种植的容器、萝卜头、建立观察记录本
萝卜家族		认识各种萝卜的课件、各种萝卜实物
画萝卜	艺术	纸、彩笔，并将幼儿作品布置到主题墙
萝卜鱼拓印		萝卜的竖切面、水粉颜料、黑色笔，将幼儿作品布置到主题墙
制作爽口萝卜(小厨房)	社会、健康	油盐酱醋等调料、切萝卜的刀具、搅拌的筷子和碗

活动过程

1. 讨论猜测：萝卜头能活吗?

教师鼓励幼儿说说对萝卜的已有经验，根据幼儿提出的问题“萝卜的头切下来还能活吗?”组织进行讨论、猜测。

2. 种植萝卜

通过猜测、讨论，上网搜寻资料等多种方式获知种植萝卜有土植和水植，并建立观察记录本，引导幼儿定时观察记录。

3. 组织各区域活动

(1)美工区：《画萝卜》——请幼儿猜一猜、说一说自己种植的萝卜头会长成什么样子，并画在纸上。《萝卜鱼拓印》——通过和幼儿讨论，还可以用萝卜的竖切面进行拓印添画。

(2)语言区：《萝卜回来了》、《一园青菜成了精》。

(3)表演区：《拔萝卜》。

4. 萝卜家族

在观察萝卜慢慢长的这段时间，根据幼儿的兴趣和问题如“除了青萝卜、胡萝卜，还有哪些萝卜呢?”“我们吃萝卜的什么地方呢?”等，开展了《萝卜家族》的活动，帮助幼儿了解萝卜的种类，看一看、说一说、摸一摸、闻一闻、切一切、尝一尝。

5. 制作爽口萝卜

(1)通过实际操作：切萝卜——自己调制调料——腌萝卜中加深了对萝卜的认识了

解，提高了动手能力，体现生活即教育的教育理念。

(2)品尝劳动果实，分享成功的喜悦。

(3)活动延伸

教师引导幼儿思考：萝卜除了可以腌制小菜，还有哪些吃法？(萝卜炖肉、萝卜水饺、萝卜汤等)。请幼儿回家与爸爸妈妈一起商量，并尝试制作。

反思评价

本次主题活动来源于幼儿的兴趣点，始终围绕幼儿的"兴趣、问题"展开，结合其已有的生活经验，从而激发幼儿对熟悉的事物产生浓厚的兴趣。活动中将幼儿的问题一一梳理，找到有价值的探究点开展活动，一步一个脚印地引导幼儿。通过多种形式多种手段调动幼儿的积极性和主动性，直接感知，亲身体验，实际操作，交流体会，整合各领域对萝卜的认识进行拓展、梳理和提升。活动中幼儿的积极性很高，不仅认识、观察、了解各种萝卜，也学会了制作爽口萝卜。既满足了幼儿的好奇心、求知欲，又培养了他们的动手操作能力。在整个活动中，幼儿在动手中学习，在观察中学习，在体验中学习。

(作者：刘晓晖　单位：山东省济南空军机关幼儿园)

六、向日葵的秘密

设计意图

种植园活动是幼儿们最喜欢的活动之一，在那里总能找出自己感兴趣的“点”，并主动地探索、发现。本学期班级种植园里种了许多向日葵，经过大家参与的亲手种植、浇水、照顾，向日葵一天天发生着变化、一点一点在长大。我们一起看着它发芽、长叶、开花、结果……并尝试用绘画的形式记录下这一生长过程。鉴于此，专门设计开展了此项主题活动，希望能通过幼儿的体验、欣赏、探究，系统地了解向日葵的变化、生长过程，并尝试用语言、肢体表现向日葵的特点，促进幼儿语言能力和表现力、创造力的发展。

活动目标

1 认识向日葵，了解向日葵的外部特征。

2. 用语言、肢体动作、绘画等方式表达自己的观察结果。

3. 学习观察物体的顺序：整体—局部—整体，并能细致地观察向日葵的局部。

4. 初步感知测量，能够用测量知识解决生活中的问题。

5. 从追踪观察、绘画记录向日葵的过程中感受大自然的神奇之处，并喜欢亲近自然。

基本结构

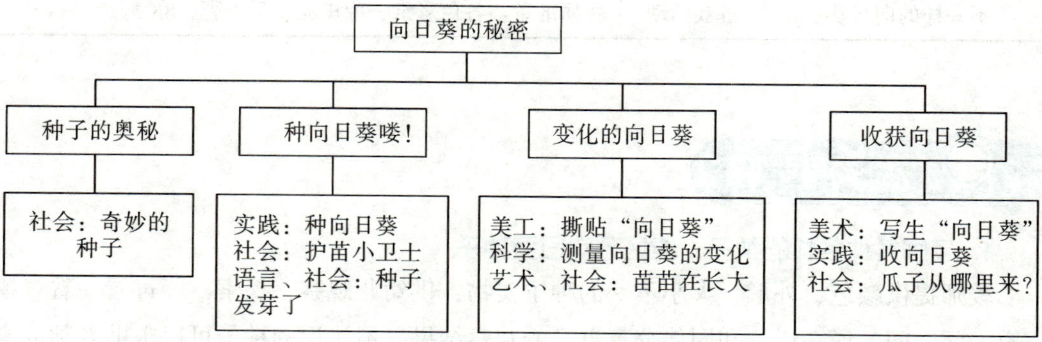

图 2-6-1 《向日葵的秘密》主题活动基本结构设计示意图

整合准备

表 2-6-1 《向日葵的秘密》教育领域整合与支持准备一览表

活动名称	领域类别	活动准备
奇妙的种子	综合活动	物质准备：各种各样的种子、葵花籽
种向日葵喽！	社会实践	1. 经验准备：有过种植的经验，参与过种植活动 2. 物质准备：种植工具、洒水壶、向日葵种子
我是护苗小卫士	社会	物质准备：小铲子、洒水壶等
种子发芽了	语言、社会	已经发芽的向日葵苗
苗苗在长大	社会、美术	物质准备：树枝、水彩笔等自然测量工具，绘画纸、水彩笔
漂亮的向日葵	美术	1. 经验准备：有过观察向日葵的经验，见过向日葵花；有借形想象的经历 2. 物质准备：黄色、棕色、绿色三种颜色的彩纸，固体胶棒，8K 底纸
变化的向日葵	科学	1. 经验准备：有过观察、测量物体高度的经验 2. 物质准备：直尺、记录本、水彩笔
写生“向日葵”	美术	1. 经验准备：有过水粉画、户外写生的经验 2. 物质准备：水粉纸、画板、各色颜料
瓜子从哪来？	社会	1. 经验准备：见过葵花花盘里的瓜子 2. 物质准备：成熟的葵花花盘
收向日葵喽！	实践活动	向日葵园、剪刀、锄头等
向日葵	语言、音乐	物质准备：童谣《向日葵》PPT
不一样的向日葵	游戏活动	物质准备：各色彩纸、橡皮泥、瓜子壳，8K 底纸

活动过程

1. 了解各种各样的种子，能区分向日葵种子

教师提供颜色、外形、大小不一的种子实物，供幼儿观察、探索，经过看一看、摸一摸、闻一闻、说一说，和同伴分享自己的观察结果。不认识的种子可以求助老师或家长，共同搜集资料，寻找答案。能在众多种子中挑出向日葵的种子，体验成功的喜悦。

2. 亲身体验，感受种植带来的乐趣

通过实践活动《种向日葵喽!》，让幼儿体验种植向日葵的全过程，愿意积极参与种植活动，体验种植活动的乐趣。调动幼儿的积极性，积极争当“护苗小卫士”。激发幼儿的积极性，鼓励幼儿大胆表达自己的想法。

3. 细心观察，发现向日葵的变化，并用不同的方式来表达

幼儿自由探索，开启有趣的发现之旅。教师提问：“向日葵苗和我们之前种过的花生、青菜苗一样吗?”“向日葵的叶子是什么样子的? 像什么?”“它的叶脉是怎样的?”“枝干是怎样的? 像什么?”“如何借助自然物测量向日葵的高度?”在活动中幼儿发现问题，解决问题，并尝试用不同的展现形式，记录自己的观察结果。

4. 体验收获，感受成功带来的喜悦

组织幼儿自由观察向日葵成熟后的样子，并进行水粉写生活动，用绘画的方式记录“成熟的向日葵”。尝试、亲自体验收获向日葵，收集葵花籽，分享、品尝葵花籽，感受成功的喜悦和自豪感。

反思评价

本次主题活动通过体验种向日葵、观察向日葵的变化，到向日葵大丰收……从问题提出，到讨论、尝试解决问题，均围绕幼儿自身的想法来设计。通过幼儿的自主观察、动手操作，利用颜色不同、大小不同的彩色纸，生动形象地表现了向日葵的特征，培养了幼儿细致的观察力和丰富的想象力。活动注重幼儿创造力的培养，从而激发幼儿的创作灵感，从中感受创作的乐趣与成功的喜悦。通过幼儿的沟通交流，尝试利用自然物测量、用直尺做辅助，记录下向日葵的变化，解决了他们在观察活动中遇到的问题，提升幼儿发现问题和解决问题的能力。

（作者：王 楠　单位：西北工业大学幼儿园）

七、超级袋袋大集合

设计意图

生活中，袋袋是随处可见的物品，有塑料袋、礼品袋、牛皮袋、垃圾袋……从幼儿的生活入手，了解袋袋的外形特征，主要功能，比较不同材料袋袋的优缺点。逐渐拓展话题。“超级袋袋大集合”主题课程方案旨在引导幼儿试着从各种角度去体验袋袋被赋予的功能，尝试进行全方位的袋袋创意。给幼儿一个丰富多彩的袋袋世界，在大自然中进行探索、艺术欣赏与创作，萌发幼儿对美的感受和体验。

活动目标

1. 关注各种袋袋，观察袋袋在生活中的运用，了解袋袋与人们生活的密切关系。
2. 了解我们身体内一些储存物质的主要器官，对身体的奥秘感兴趣。
3. 利用袋袋及各种辅助材料进行创作，培养想象力及创造力。

基本结构

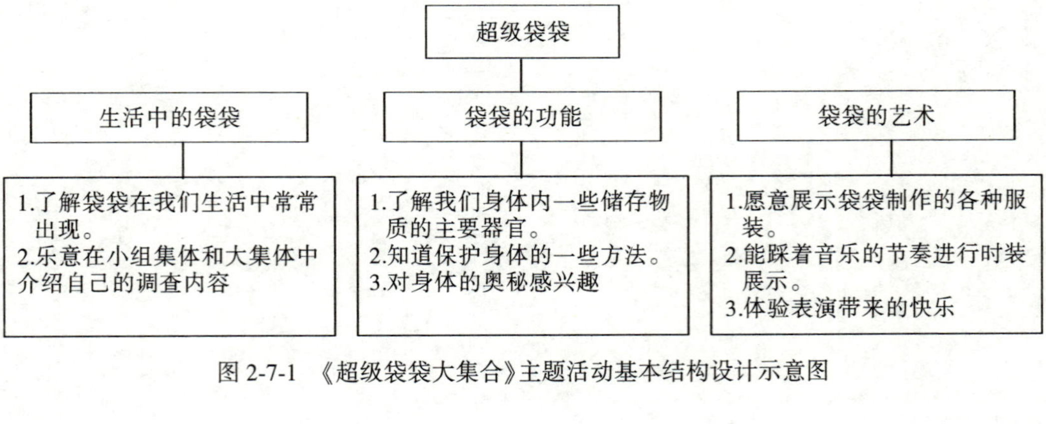

图 2-7-1 《超级袋袋大集合》主题活动基本结构设计示意图

整合准备

表 2-7-1 《超级袋袋大集合》教育领域整合与支持准备一览表

活动名称	领域类别	活动准备
随处可见的袋袋	综合	调查表、各种袋袋
身体里的袋袋	科学、健康	人体器官的图片、人体塑料模型
亲子袋袋时装秀	艺术	音乐、袋袋服装
袋鼠的袋袋里住着一窝鸟	语言	PPT、图片
袋袋本领大	综合	记录表、各种袋袋

活动过程

1. 随处可见的袋袋(综合)

活动准备：

调查记录表。

活动过程：

1. 事先发放“袋袋在哪里”的记录表，让幼儿寻找各种袋袋，并利用绘画的方式进行记录。

2. 谈话引出活动的话题。

“前几天我们进行了一次袋袋大搜捕活动，小朋友们把找到的袋袋记录在调查表中。今天我们来进行交流。”

3. 幼儿分小组轮流进行交流。

交流前提出要求：“每组要评选出绘画的袋袋最容易被猜出的小朋友，和介绍得最清楚的小朋友。”

4. 每组被选出的小朋友到大集体中进行介绍。

5. 幼儿集体进行讨论“哪种袋袋你家最多?”

6. 教师总结：袋袋是我们的好朋友，常常出现在我们的身边帮助我们。

2. 身体里面有袋袋

活动准备：

一些人体器官的图片，人体塑料模型。

活动过程：

1. 游戏“找袋袋”引出话题。

引导幼儿说出“我的裤子(衣服、小包)有袋袋”。

2. 了解身体里的袋袋

教师提问引起幼儿的好奇：“你们知道吗，我们的身体里面也有许多袋袋。”

观看图片，介绍身体里的袋袋。

脾脏是储藏血液的袋袋、它能调节血量和产生淋巴细胞。脾脏软软的而且很脆，如果用力打到它就会破裂流血。人会觉得非常疼，严重的会死掉。

胃也像一个大口袋，嘴巴里的食物下咽后就会顺着食管进入胃里待上很长时间。胃里有一种黏黏的胃液可以消化食物，提取食物中的营养。

膀胱贮存尿液，尿液贮存于膀胱，达到一定容量时，通过肾的气化作用，尿液可以及时排出体外。

妈妈的肚子里还有一个特殊的袋袋叫子宫，宝宝还没有生出来的时候就一直在妈妈的子宫里生活。

3. 教师提出要好好保护我们身体里的袋袋，引导幼儿讨论保护这些袋袋的方法。

4. 教师利用人体模型帮助幼儿进一步了解这些身体器官。

3. 袋袋时装秀

活动准备：

1. 事先发出开展“袋袋时装秀”的通知。

2. 收集各种袋袋制作的服装布置成袋袋时装展览。

3. 幼儿能在家看一些时装表演的节目，丰富相关经验。

4. 事先寻找到表演的舞台，选择适合进行时装表演的音乐。

活动过程：

1. 讨论“袋袋有什么本领”。“还有哪些特别的用处?”引出袋袋服装话题。

2. 欣赏“袋袋服装展览”，和同伴交流你最喜欢哪件服装。

3. 时装表演。

(1) 教师提出时装秀话题引起幼儿兴趣：“这些衣服只有穿在模特的身上才能看出最美的效果。谁来做模特呢?”

(2) 幼儿谈谈自己看到过的时装表演是什么样的。

(3)欣赏进行表演的音乐，尝试随音乐节奏走路。

(4)引导讨论：“时装表演要做哪些准备?”“怎样分工？谁走在前面谁走在后面?”

(5)按幼儿讨论的方式在舞台上进行事先排演。

(6) 发出邀请书请其他班的小朋友观看表演。

反思评价

本次主题活动从幼儿的生活入手，在“随处可见的袋袋”活动中，从小组到集体介绍自己的调查表；随着主题的层层深入，逐渐拓展话题。通过一个个小问题，引导幼儿从多个角度收集整理关于袋袋的信息。幼儿们通过一系列活动发现原来我们的世界里还有那么多神奇而有趣的袋，如：“体育运动中的袋袋”、“会长大的植物袋袋”、“有袋袋的动物”、“我们身体里的袋袋”等。同时，教师利用袋袋进行丰富而具有创意活动，显著激发了幼儿参与和表现的兴趣。

（作者：王彦茹　单位：山西省运城市芮城县新世纪幼儿园）

八、伞花朵朵开

设计意图

伞是我们日常生活中经常见到的、不可缺少的物品，幼儿对伞非常熟悉。每当下雨的时候，他们带着五颜六色的伞来到幼儿园，大家在一起互相欣赏，讨论，对伞有着浓厚的探究兴趣。本次主题活动旨在引导幼儿观察各种类型的伞，探索伞的特性，联想各种像伞的事物，调动幼儿的生活经验，让幼儿充分发挥想象，从不同的角度思考问题，探索有趣的伞的世界。

活动目标

1. 通过观察、谈话等一系列活动，认识各种各样的伞，了解伞的外形及功能。
2. 探索伞的制作过程，并乐于表达分享自己的感受。
3. 进行伞的装扮美化和造型设计活动，尝试用艺术的手法表现对伞的认识。

基本结构

1. 伞的认识：通过实物、图片、照片等多种方式收集各种伞的相关资料，让幼儿认识各种各样的伞，以分享交流的方式帮助幼儿建立对伞的初步认知。

2. 伞的布置：在教室布置出伞的世界，空中悬挂伞、美工区布置伞的展览台、主题墙饰布置、调查表的设计与统计、设计网络图。

3. 伞的制作：充分利用社区及家长资源，帮助幼儿了解伞的制作方法，并为幼儿提供体验制作伞的机会。

4. 伞的游戏：通过区域活动及游戏活动，引导幼儿运用多种技能及形式对伞进行表现。

整合准备

表 2-8-1 《伞花朵朵开》教育领域整合与支持准备一览表

活动名称	领域类别	活动准备
我认识的伞	语言 科学	实物、图片、照片等各种伞的相关资料
小雨伞	音乐	PPT、图片、歌曲伴奏
伞的选美会	语言 美术	PPT、图片、彩笔、白纸
开伞 收伞	健康	伞、挂图、安全提示图卡
送你一把伞	社会	伞、挂图、幼儿用书
小小统计员	科学	彩笔、调查表的设计与统计
像伞一样的植物		生活中与伞相似的物品，例如蘑菇、荷叶等
降落伞		降落伞图片、视频
伞会变魔术		PPT、图片、幼儿用书
小小设计师	美术 健康	伞的图片、彩笔、油画棒、白纸、实物伞、音乐等
我会折伞		彩色纸、剪刀、胶棒等
小伞时装秀		实物伞、背景音乐

活动过程

1. 主题墙饰

主题墙饰分成四个板块：伞的选美会、我是小小设计师，伞会变魔术，和伞玩游戏。

2. 主题环境

将幼儿带来的花伞悬挂布置在教室里，供大家欣赏；将幼儿制作装饰的小伞悬挂在窗户前，布置成美丽的挂饰；美工区布置伞的展览台。

3. 区域活动

(1)美工区：提供制作伞的各种材料，如：彩纸、彩笔、剪刀、布料、胶棒、毛线、伞的图样等，幼儿自己绘制伞面，进行伞的制作、装饰活动。

(2)语言区：提供伞的图书和图片、与伞有关的故事、儿歌。

(3)科学区：投放实物伞、笔、记录的表格等，引导幼儿观察、讨论。

(4)益智区：提供水盆、各种材质的纸，让幼儿进行纸的防水实验。

(5)表演区：提供各种各样的小花伞，让幼儿跟随音乐进行表演。

4. 系列活动

(1)教学活动：在主题实施过程时，通过《我认识的伞》、《伞的选美会》等活动认识伞的特点以及功能，让幼儿初步感受伞的多样性以及不同图案的美，尝试按照不同的角度进行伞的讨论及探索。通过《我会折伞》认识制作伞的材料以及制作过程；通过《小小统计员》初步学习记录的方法，探索伞的面料与防水性能的关系；通过《伞会变魔术》感受伞面的变化，增进视觉的知觉能力；通过《大自然中的伞》、《像伞一样的植物》让幼儿探索与伞相关的植物，增进幼儿的观察力和感受力；通过《开伞 收伞》等活动，让幼儿掌握一些正确使用伞的安全知识，如开伞时不能对着人、不能拿着伞当玩具玩耍、撑伞时要把伞举高些，等等；通过《小小设计师》、《小伞时装秀》等亲子活动，用不同的材料进行制作装饰伞，用伞来搭配服装造型走秀，既激发幼儿创作伞的兴趣，又增进亲子之间的感情。

(2)游戏活动：结合主题，设计并组织许多好玩有趣的游戏活动，如《过伞关》、《我是一把小雨伞》、《超级淘气伞》等，教师通过细心的观察，适时地介入与指导，让幼儿充分感受到游戏的乐趣。

5. 家园共育活动

(1)在家长园地向家长介绍主题内容。

(2)请家长提供和伞有关的图书，帮助收集各种材质和图案的伞。

(3)请家委会成员或者家长志愿者参与协助主题环境布置。

(4)请家长带幼儿到超市观察不同种类的伞，利用下雨天让幼儿亲身感受伞的功能。

(5)亲子制作：请家长给幼儿介绍伞的制作过程及伞的来历，和幼儿合作完成伞的制作。

6. 亲子特色活动——《小小设计师》、《小伞时装秀》

邀请家长和幼儿共同制作装饰小伞，利用漂亮的小伞搭配服装，开展小伞时装秀活动。

反思评价

本次主题活动引导幼儿从认识伞入手，引导他们观察伞的外形、种类，探索伞的特性，感受伞的重要性，进而帮助幼儿形成对伞的联想带来的丰富体验。在主题开展过程中，得到了家长的大力支持与配合，家长帮助收集了各种大大小小、不同种类的伞，在收集的过程中幼儿们对伞有了初步的了解。为了幼儿串联、衔接对伞的零散经验，根据课程需要及幼儿的年龄特点，开展了一系列的主题教育活动，不断拓展幼儿关于“伞”的思路，及时补充、给予新的经验，让幼儿尽情表达对伞的看法和创作，在看看、玩玩、说说的环境中进行自主学习，玩在其中，乐在其中。

(作者：王薇　单位：河北省保定市定兴县幼儿园)

九、海底世界

设计意图

幼儿对水和海洋天生有着好奇心。本次主题活动，根据幼儿的兴趣和经验从不同的领域切入主题，旨在支持主动学习和自主建构关于海洋及海洋动物的直接经验，并在情感方面得到发展。

活动目标

1. 认识海底各种动物，根据图片说出动物的名称，如海马、鲨鱼、珊瑚、比目鱼等。
2. 能根据故事内容创作手工，创造性表达对海底世界的认识。
3. 利用绳子测量不同动物的长度，提高幼儿对动物大小的认知，学会测量。
4. 利用材料排序，发展数学认知能力。

基本结构

表 2-9-1 《海底世界》主题活动基本结构设计一览表

主要活动	任务维度
认识海底动物	该主题活动以游戏化的科学活动为开端，结合多媒体课件，引导幼儿感知海底的各种动物，了解海底生命的故事
我心中的海底世界	为幼儿对海底动物的个性化表达提供环境，此活动幼儿分区域开展，通过手工、绘画、泥工多元的方式表达对海底世界动物的初步认识，并展示作品
小小数学家	海底动物与数学活动融合，幼儿开展排序、数数、分类的数学区域活动，引导幼儿通过直接感知、实际体验、亲身操作发展数学能力

续表

主要活动	任务维度
鲨鱼与小鱼	开展音乐游戏活动，结合运动，幼儿与教师根据音乐律动开展小鱼和大鲨鱼的音乐游戏活动，引导幼儿在音乐活动中亲身体验小鱼与大鲨鱼相互追赶的快乐
测一测	开展数学测量活动比一比，利用绳子测量不同鱼类的长度，引导幼儿通过数学测量工具感知海底动物的实际大小，丰富幼儿的经验
海底动物大比拼	回顾整个单元活动的内容，复习与检测前期教育活动效果

整合准备

表 2-9-2　《海底世界》教育领域整合与支持准备一览表

活动名称	领域类别	活动准备
海底动物大比拼	语言、社会	鱼类图片
鲨鱼与小鱼	健康、音乐	小鱼、鲨鱼头饰
认识海底动物	科学	多媒体课件
测一测(数学—测量)		鱼类图片，长短不一的绳子
大大小小(数学—排序)		各种鱼类模具
我的海底小动物(数学—数数)		1 个筛子、画有 1 个圆圈的白纸、各种小鱼小卡片
海马宝宝(数学—对应)		1 个海马妈妈、5 个身上有数字的海马宝宝、1~10 的数字卡片、1~10 的点卡
鱼儿我来装饰(泥工)	艺术	贴纸、软泥、软水草
缤纷海底世界(绘画)		各种海底动物的印章、宣纸、颜料、画刷
我心目中的海马(手工)		各种颜色的太空泥、海马图片

活动过程

1. 布置室内环境：海底世界

活动室布置成为海洋主题风格，包含海底动物展示区、植物展示区。

2. 科学活动：《认识海底动物》

多媒体图片导入；幼儿认识各种海底动物；幼儿动作表达动物的特点；延伸到区域

活动。

3. 区域小组活动：我心中的海底世界

(1)泥工活动《我心目中的海马》。材料：各种颜色的太空泥、海底动物的图片。

(2)绘画活动《缤纷海底世界》。材料：各种海底动物的印章、宣纸、颜料、画刷。

(3)手工活动《鱼儿我来装饰》。小鱼漂亮的衣服。材料：贴纸、软泥、软水草。

4. 区域小组活动：小小数学家。

(1)对应活动：《海马宝宝》。材料：1个海马妈妈、5个身上有数字的海马宝宝、1~10的数字卡片、1~10的点卡。

(2)数数活动：《我的海底小动物》。材料：1个筛子、画有1个圆圈的白纸、各种小鱼小卡片。

(3)配对活动：《大大小小》。材料：各种鱼类模具。

5. 音乐游戏活动《鲨鱼与小鱼》

游戏导入；听音乐学习歌曲；开展角色游戏；根据音乐律动开展鲨鱼吃小鱼的音乐游戏；延伸到数学活动。

6. 数学活动：《测一测》

音乐导入；出示各种鱼类的图片；利用长短绳子测量感受各种鱼类的长度。

7. 综合活动：《海底动物大比拼》

展示前期的活动成果；回顾前期的活动内容；选择自己喜欢的海底动物并排序；评选出最具人气的海底动物。

反思评价

两大区域活动是本次活动的亮点，幼儿可选择自己的喜欢的活动参与其中，较好地发展了幼儿的数学认知与艺术表达。利用长短不一的绳子让幼儿可以更好地感受到鱼类的不同长度。教师在开展过程中综合利用材料多媒体等各种教具较好地促进了幼儿的发展。幼儿在参与活动过程中也较好地发展了各项能力与情感。

(作者：胡慧睿　单位：广西幼儿师范高等专科学校)

第三章 大班单元主题案例

一、美丽的夜空

设计意图

星空是美丽的，是神秘的，总令人捉摸不透，又总令人心驰神往。好奇探究是他们共同的年龄特点，遥远的星空是什么样，这完全需要幼儿的幻想。本次活动旨在引导幼儿开启对美丽星空的想象与探索之旅。

活动目标

1. 理解儿歌、绘本故事的内容，初步了解太阳、月亮、星星的小知识。
2. 培养幼儿学会聆听、专注阅读图书。
3. 培养幼儿积极探索的的兴趣，发展幼儿初步的探究能力，尝试用图形记录法。
4. 引导幼儿用自己的方式去表现美创造美，尝试用湿画法把两种颜色融合，尝试用喷溅的方法渲染璀璨的星空。
5. 在游戏中体验创意美术活动的乐趣。
6. 通过篮球训练发展幼儿协调能力，提高观察力和想象力。
7. 培养幼儿团队合作、建立和谐的人际关系、增强幼儿自信心。

基本结构

图 3-1-1 《美丽的星空》主题活动基本结构设计示意图

整合准备

表 3-1-1 《美丽的星空》教育领域整合与支持准备一览表

	活动名称	领域类别	活动准备
美丽的夜空	在月亮上跳高(绘本)	语言 社会 科学	绘本+PPT
	爸爸带我看宇宙(绘本)		绘本+PPT
	爸爸我要月亮(绘本)		绘本+PPT
	我的爸爸是宇航员(绘本)		绘本+PPT
	神奇校车—迷失在太阳系(绘本)		绘本+PPT
	火箭升空(视频)		相关视频
	绚烂的夜空	艺术	丙烯颜料、笔刷、卡纸
	亮闪闪的星星(喷溅)		牙刷、颜料、卡纸
	星空下的夜景(水油分离)		油画棒、水彩颜料、卡纸
	月空下的城市(手工)		剪刀、卡纸
	星空(欣赏)		PPT+图片
太空宝贝向前冲	篮球的基本拍、传、运	健康 艺术	篮球、游戏场
	按节奏拍球、运球		篮球、游戏场
	我炫我的篮球		篮球、游戏场

活动过程

1. 环境准备

活动室内主题墙布置火箭飞碟造型作为幼儿们作品展示区。我国太空探秘的工具有哪些图片展示。

2. 区域材料准备

阅读区提供绘本《在月亮上跳高》、《爸爸带我看宇宙》、《爸爸我要月亮》、《我的爸爸是宇航员》、《神奇校车——迷失在太阳系》供幼儿随时翻阅。美工区提供白色四开卡纸 1 张、清水纸杯 2 个、丙烯颜料(群青、玫瑰红)笔刷 2 支，海绵滚轮 2 支、牙刷 4 支、梅花盘 1 个、报纸 3 张、大收纳桶 1 个、潮湿抹布 4 块。建构区：提供积木块搭建运载火箭。益智区：提供太阳系运转模型、天文望远镜、运载火箭模型供幼儿观察。

3. 集中教育活动

绘本故事分享《爸爸带我看宇宙》。社会科学艺术领域《在月球上跳高》。科学和艺术领域《爸爸，我要月亮》社会科学。

4. 亲子活动

亲子参观天文馆，实现家园共育

5. 美丽的星空(美术活动)

(1)湿画法渲染天空。

(2)喷溅法点喷星星(湿喷、干喷)

(3)水油分离法画夜景。

(4)剪贴法创造未来城市。

(5)通过欣赏梵高的《星空》引导幼儿大胆使用颜色、线条表现自己的想法。

6. 太空宝贝向前冲

组织“我炫我的篮球”等体育游戏活动。

7. 展示与评价

对幼儿们的作品进行展示。

反思评价

本次主题活动通过相关绘本、PPT 和视频，特别是相关艺术创作和体育活动，实现了虚实结合，充分调动了幼儿们探索宇宙星空的好奇心与想象力，尤其是“太空宝贝向前冲”的系列活动，巧妙将现实与未来进行了模拟链接，将本次主题活动推向了高潮。

(作者：关丽丽　单位：河北省廊坊市直属机关第二幼儿园)

二、小白菜

设计意图

种植园是幼儿最喜欢的地方。本次主题活动尊重幼儿的想法，从市场参观调查入手，以植物的生长为主线，引入初步科技种植，通过调查、选种、育苗、管理、观察记录、收获、美食制作与分享、留种子等一系列过程，一同与幼儿探索“小白菜”的秘密。

活动目标

1. 乐于尝试用不同的方式种植小白菜，体验种植的乐趣。
2. 观察探究小白菜不同时期的生长变化及其特征，用自己喜欢的方式记录。
3. 了解小白菜的营养价值，体验制作多种小白菜美食，养成科学的饮食习惯。
4. 感知小白菜生命循环的过程，萌发爱自然、爱劳动、爱生命的情感。

基本结构

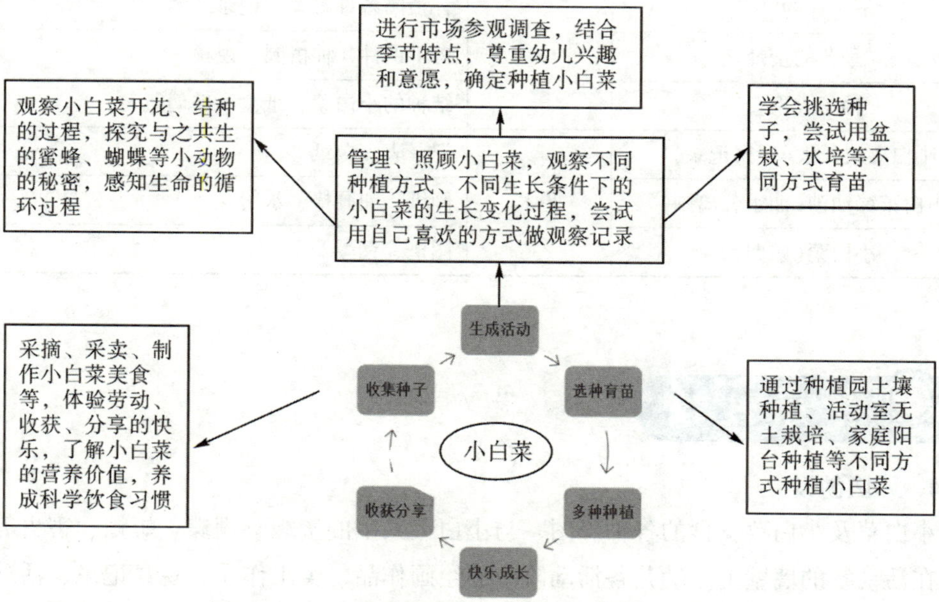

图 3-2-1 《小白菜》主题活动基本结构设计示意图

整合准备

表 3-2-1 《小白菜》教育领域整合与支持准备一览表

活动名称	领域类别	活动准备
小白菜(儿歌创编)	语言	图片式种植记录、小白菜
爱劳动的小兔子(续编故事)		PPT 课件、头饰
种什么(调查活动)	社会 科学	提前联系蔬菜超市、制定出行路线、调查表
喂蜗牛		小蜗牛、青菜叶、记录表
照顾小白菜		各种劳动工具
我爱吃青菜	健康 社会	PPT 课件、提前与家长一起搜集相关资料
好吃的月牙饼		小白菜、调料、面、饼铛
泰安三美		小白菜、豆腐、调料、炒锅
小白菜水饺(亲子活动)		邀请家长、面、小白菜、调料、擀面杖等
10 以内的组成(数学)	科学	小白菜实物与图片
种子宝宝选美		不同质量的小白菜种子、有经验的家长
种子发芽了		小花盆、玻璃杯、育苗器
播种小白菜		种植园、劳动工具、无土栽培管道
比高高(测量)		小白菜、量尺、绳子、纸条
不一样的叶子		种植园各种青菜、记录纸
勤劳的蜜蜂		PPT 课件、种植园、视频
种子大聚会		结种的小白菜、纸盒、玻璃瓶
小白菜快长大(观察记录)	艺术	记录表、白纸
小白菜绿油油(油水分离画)		画纸、油画棒、水粉
小白菜(歌曲)		图谱、钢琴

活动过程

1. 环境创设

小白菜及小白菜美食的各种彩图、与小白菜共生的蜜蜂、蝴蝶、蚯蚓、害虫等彩图展示在活动室的墙壁上。幼儿各活动阶段的绘画作品、美工作品、观察记录、活动照片展示在主题板上。照片式观察记录压在透明桌面板下。播放幼儿与家长的家庭种植视频和照片。

2. 特色活动

（1）种植采卖。教师与幼儿一起收获班级种植的小白菜以及其他蔬菜，按一定的数量进行捆扎；设计采卖活动海报，宣传自己种植的绿色蔬菜的营养价值，邀请家长和其他老师、幼儿参加；商讨采卖活动分工，设计销售、收银、经理等角色标牌，准备相关用具，开展采卖活动。

（2）小白菜美食节。幼儿与家长、教师一起，以小白菜为主要食材制作多种多样的美食，在园内开展"小白菜美食节"活动。

（3）"小白菜我最爱"展览。教师与幼儿一起将开展小白菜种植主题活动以来的照片、作品、记录等布置在展板上，在园内展示，鼓励幼儿向他人讲解，接受他人的询问。

3. 区域活动

（1）科学区：《制作观察记录》、《育苗》、《种子标本》。

（2）美工区：《折纸：小白菜》、《创意画：菜叶》、《泥工：小白菜》、《粘贴画：蝴蝶》。

（3）表演区：《爱劳动的小白兔》、《小白菜长大了》、《照顾菜宝宝》。

（4）建构区：《花片拼插：小白菜》、《EVA 积木建构：小白菜的家》、《蘑菇钉拼插：种植园里的小动物》。

（5）阅读区：《小白菜本领大》、《一园青菜成了精》、《自制儿歌图册：小白菜》。

4. 家园共育

活动前，召开班级家长会，向家长介绍教师预设的各种主题活动、班级环创、区域预设等，指导家长如何在家与幼儿一起进行家庭种植与记录，听取家长的建议。活动中，及时与家长沟通，请家长把家庭种植视频或照片发至班级群中，积极参与班级开展的各项活动。

5. 资源利用

充分利用作为农业大学的专家资源，邀请相关专家进班参加活动，给予指导。充分利用社区资源，带领幼儿参观社区蔬菜超市，参观大学蔬菜种植基地和实验大棚。充分利用家长资源，指导幼儿在家庭中开展的对比种植并做好观察记录，邀请家长来园参与种植、管理、收获及美食制作等活动。

反思评价

本次主题活动将幼儿看做是有能力的学习者，活动中以幼儿为中心，创设了墙面、桌面、区角、主题版四位一体的教育环境，以小白菜"种、苗、菜、花、种"的生长过程和生命循环为主线，充分尊重幼儿的学习方式和特点，鼓励他们在活动中积极动手、参加劳动、亲身体验，获得有益于发展的直接经验；同时，充分利用农业大学的优势和社区、家庭等资源，使主题活动的开展取得了事半功倍的效果，幼儿在获得经验、提高能力的同时，更重要的是萌发了热爱自然、尊重生命、绿色生态的宝贵情感。本次主题活动在科技种植方面的内容较少，还有待进一步深化。

（作者：吕秀云　单位：山东农业大学幼儿园）

三、好玩的玉米棒

设计意图

幼儿期是培养良好品德、行为习惯的最佳期。本次主题活动旨在利用身边的环保的材料让幼儿进行游戏，对他们进行环保启蒙教育，以形成最初的环境意识、爱护环境的情感和保护环境的行为习惯。

活动目标

1. 探索玉米棒的玩法。
2. 体验玩玉米棒的乐趣。

基本结构

表 3-3-1 《好玩的玉米棒》主题活动基本结构设计一览表

主题 / 主要活动	好玩的玉米棒
认识玉米棒	玉米棒自述，激发兴趣
	感知玉米棒
分组游戏	演示玉米棒玩法
	讲解游戏规则
	分组游戏，体验游戏乐趣
创编儿歌	创编儿歌
	说一说玉米棒其他玩法
	联系生活实际，说说玉米棒的用处

整合准备

表 3-3-2 《好玩的玉米棒》教育领域整合与支持准备一览表

活动名称	领域类别	活动准备
玉米棒自述	语言	玉米成长课件
认识、感知玉米棒	社会	玉米棒
欣赏玉米棒玩法	艺术	玉米棒玩法课件
讲解游戏规则	语言、社会	玉米棒
分组游戏	社会、艺术	玉米棒
创编儿歌	语言、艺术	玉米棒
玉米棒的其他玩法	语言、艺术	玉米棒及课件
玉米棒的用途	语言、社会	课件

活动过程

1. 故事导入

课件：小故事《玉米棒自我介绍》

2. 玉米棒玩法

(1)教师利用多媒体演示玉米棒的玩法。

(2)教师讲游戏规则：一把玉米棒竖着放在桌子上，松手散开，拿出一根(不能碰到其它任何一根)，再用这根挑散开的玉米棒，一根根挑，不能碰到其他的任何一根，否则就输了，最后数一数挑的最多的赢。

(3)幼儿分组游戏(教师巡视指导)。

(4)教师小结游戏过程。

3. 启发思维，创编儿歌

(1)教师启发：小朋友们都很喜欢玩这个游戏，我们为这个游戏创编一首儿歌好不好？(幼儿自由创编)

(2)教师小结：乖乖小棒真听话，
一挑一根乐开花。
数数你有多少根？
多的就是小冠军。

4. 迁移经验，扩展想象

(1)教师启发：想一想玉米棒还有什么玩法？幼儿自由回答(如：搭房子、数数、抽大王……)

(2)教师启发：在日常生活中玉米棒有哪些用处？让幼儿联系生活实际回答(做栅栏、编盖垫、烧水、做饭……)

(3)教师小结：玉米棒有这么多用处，而我们平时却浪费了很多，现在你们的玩具大多是电子玩具，既浪费还造成污染，我们以后要多利用身边的材料来做游戏，共同来保护我们的环境。

反思评价

本次主题活动主要通过引导幼儿，让他们大胆想象，自由游戏，充分调动了幼儿学习的积极性和主动性，充分培养了幼儿的主体参与意识及多种能力，使幼儿在平等、民主、和谐的课堂氛围中乐学、趣学，真正成为课堂的主人。

(作者：武晓霞 单位：山东省泰安市肥城市边院镇中心幼儿园)

四、美味的饼干

设计意图

为了推进幼儿们对饼干新造型的热烈讨论，尤其是抓住幼儿对饼干是怎么做出来的产生浓厚的兴趣，引导幼儿对食物的探索和热爱，鼓励幼儿通过动手动脑、自主参与、合作共享的形式探索食物的奥秘，专此组织本次主题活动。

活动目标

1. 对于饼干这个感兴趣的问题，能够通过动手、动脑、合作寻找答案。
2. 在操作活动中能与同伴分工合作，共同协商解决问题。
3. 能够选择不同的工具和材料进行创作，提升幼儿的想象力和创造力。

基本结构

1. 多种多样的饼干：通过亲子寻找、网络搜索、照片文字记录等形式手机饼干的相关知识，对饼干有一个初步认识。

2. 探秘饼干的做法：利用各种材料、工具等进行实际操作，激发幼儿动手动脑，主动探索的精神。

3. 我是饼干设计师：大胆设计不一样的饼干，提升幼儿的想象力、创造力和合作能力。

4. 美食自助餐：感知食物的种类，进一步理解饼干的多样性，提升幼儿的生活经验。

整合准备

表 3-4-1 《美味的饼干》教育领域整合与支持准备一览表

活动名称	领域类别	活动准备
小饼干的大道理（故事）	语言	实物、PPT
美味的饼干（讲述）		图片、实物

续表

活动名称	领域类别	活动准备
多种多样的饼干	社会	PPT、实物
小饼干的旅行	健康	PPT、音乐
样样食物都好吃		自助餐当天
秤	科学	秤、数字卡片、玩具
认识调料		盐、糖、面粉、鸡蛋、黄油等
我设计的配料表(数学)		PPT、纸张、勾线笔、油画棒等
我设计的饼干(绘画)	艺术	图片、纸张、勾线笔、橡皮泥等
彩色的饼干(手工)		图片、橡皮泥、各种纸张、胶棒、剪刀等
饼干歌(歌表演)		图片、音乐、头饰

活动过程

1. 制作主题展板

主题展板分为四个板块：多种多样的饼干、探秘饼干的做法、我是饼干设计师、美食自助餐。

2. 布置室内环境

利用幼儿制作的各种立体式饼干来布置教室的美工展示墙。

3. 组织区域活动

(1)美工区：《我设计的饼干》——绘画、《彩色的饼干》——手工。

(2)语言区：《小饼干的大道理》——故事、《美味的饼干》——讲述。

(3)科学区：《秤》——科学、《认识调料》——科学、我设计的配料表——数学。

(4)生活操作区：制作饼干。

4. 组织游戏活动

根据幼儿的需求我们从分享引出对形状、颜色、数量等有关数学的认知，促使他们创作出不同造型的饼干，有立体的、平面的、套装的、独立的作品，萌发幼儿对自己动手探索制作饼干的想法。在区角投放制作饼干的工具和食材让幼儿自主主动探索和感知，在探索中幼儿们遇到问题还学会了主动找答案，同伴之间共同解决问题。在对工具熟悉以后，引导幼儿参考 iPad 里的制作饼干视频分工合作制作出饼干的基础面团，又结合设计饼干的创意，创作出形状各异的饼干。

5. 资源利用

(1)充分利用社区资源，走进美食坊，通过观察蛋糕师的介绍和操作，帮助幼儿进一步了解饼干的制作方法，体验蛋糕师制作时的辛苦付出，了解食物是来之不易的，不可浪费。

(2)充分利用家长资源，邀请家长来园现场制作，和幼儿进行互动，进一步了解饼干的制作过程，增进家长与幼儿、教师之间的感情，使家园关系更紧密、更默契。

反思评价

本次主题活动坚持以幼儿自己动手动脑为核心，同伴合作为辅助，使得幼儿在原有经验上得到提升。在生成课程的过程中，幼儿能够利用多种材料和食材，提升了幼儿的创新意识，充分调动了幼儿对食物的兴趣。通过收集资料、同伴分享交流、合作的形式，发展了幼儿的社会性交往。在观察幼儿游戏的过程中，幼儿的沟通与解决问题能力、同伴的合作能力以及艺术表现力都有了很大的提升，透过观察幼儿的游戏行为，教师根据幼儿的需要，不断丰富材料、提供支架，推进幼儿游戏不断深入开展，促进幼儿深度学习。

(作者：栗书知 庄艺芳 龚静 单位：福建省厦门市海沧区新阳幼儿园青春海岸分园)

五、魔术画框

设计意图

在一次讲述绘本故事《好饿的毛毛虫》活动最后环节出示了一幅“毛毛虫变身蝴蝶”的画框作品，引发了幼儿极大的探究兴趣。因此追随幼儿兴趣，生成了本次“魔术画框”活动，通过对道具的使用，让画面发生变化的过程带给幼儿快乐和惊喜。

活动目标

1. 探索色彩和形象的变化，初步了解魔术画框的变化原理。

2. 尝试间隔绘画的方法画出会变的画，并大胆进行表现。

3. 乐意参与美术创意活动中，体验魔术画框的乐趣。

基本结构

1. 神奇的画框：组织幼儿欣赏绘本故事《好饿的毛毛虫》，最后“毛毛虫变身蝴蝶”环节激发幼儿极大兴趣。

2. 探秘魔术画框：为幼儿提供魔术画范例、魔术画框、创造材料等，对画框这一道具有一个最基本的了解、认识，鼓励幼儿自主探究魔术画框的创作原理。

3. 我的创作我做主：鼓励幼儿大胆想象、积极构思：把什么变成什么。启发幼儿将自己想要画的图像描述给同伴；播放舒缓背景音乐，激发幼儿积极、大胆的创作热情。

4. 魔术画展：创设魔术画展场景，幼儿将自己作品展示出来，并和同伴互相介绍、评价作品。感受美、欣赏美，体验创作的成就感。

整合准备

表 3-5-1 《魔术画框》教育领域整合与支持准备一览表

活动名称	领域类型	活动准备
好饿的毛毛虫	语言、艺术	绘本故事、魔术画范例
魔术画框的秘密	科学、艺术	魔术画范例、材料袋、黑色卡纸
我的心愿画	语言、艺术	背景音乐、油画棒、素描纸、魔术画框等
魔术画展	语言、艺术	创设画展主题背景、幼儿魔术画作品
会动的画	艺术、科学	魔术画范例

活动过程

1. 绘本故事讲述《好饿的毛毛虫》，激发幼儿对魔术画框的探究兴趣

2. 创设魔术情境，激发幼儿积极主动参与活动

(1)教师展示第一个魔术“绿苹果变红苹果”体验色彩变化。

(2)教师提问幼儿看到了什么？启发幼儿尝试发现其中的秘密。

3. 启发、调动幼儿参与活动兴趣，拓展幼儿想象

(1)教师出示第二幅礼物盒图片，激发幼儿自由想象，礼物盒会变出什么？(礼物盒—糖果)

(2)教师出示第三幅图片，创设情境，继续激发幼儿体验形象大胆变化的积极性。(彩鱼—鱼骨)

4. 认识画框，继续帮助幼儿解决绘画的难点

(1)教师出示魔术画框，引导幼儿观察，认识画框(用一个神奇的画框和一张可以抽拉画纸组成的)，启发幼儿探究会变的画是如何画出来的。(幼儿讨论)

(2)教师鼓励幼儿根据自己的观察和理解大胆向同伴分享自己的见解。

5. 示范演示，突出重点，帮助幼儿解决绘画中的难点

(1)教师结合幼儿探究的绘画方法示范画毛毛虫，边画边引导幼儿了解绘画中的难点(第一步：画笔遇到黑色画框跳过去接着画，画到最后一条画框不能跳过去接着画)。把毛毛虫到画框里，如何才能变出美丽的花蝴蝶呢？引导幼儿积极讨论(第二步：抽拉画纸，直到把毛毛虫完全遮挡住继续在空白画面画出漂亮的蝴蝶)。

(2)教师鼓励幼儿大胆想象、积极构思：把什么变成什么。

(3)教师启发幼儿将自己想要画的图像描述给同伴。

6. 组织幼儿自己尝试用画框绘画，大胆创作

(1)播放舒缓背景音乐，鼓励幼儿按自己的意愿绘画。

(2)教师引导幼儿发挥想象创作出和同伴不一样的作品。

(3)教师巡回指导，个别幼儿重难点单独指导。

7. 幼儿展现自己的作品，分享成功的快乐。

教师请幼儿将作品展示在魔术画展展示区，鼓励幼儿大胆展示、向同伴介绍自己的作品，同伴间互评作品。

8. 活动延伸

教师向幼儿展示“会动的画”，画面不但会变，而且还会动，鼓励幼儿继续探究。

反思评价

本次主题活动过程始终以幼儿为主体，创造条件让幼儿积极参与其中，积极调动幼儿的各种感官，让幼儿通过看一看、说一说、画一画等各种体验，激发幼儿参与活动的热情，操作探索中发现魔术画框的神秘，满足幼儿的探究愿望，遵循循序渐进的原则，让幼儿在探究中发现，在实践中获得，从而完成预设目标的要求。

（作者：王美丽　王来平　单位：河北省保定市定兴县幼儿园）

六、好玩的帽子

设计意图

帽子是幼儿生活中常见的物品，结合幼儿生活实际和兴趣点，组织开展本次主题活动。

活动目标

1. 通过观察、讨论和比较，了解各种帽子的相关知识：结构特点，功能特点，风俗习惯特点等。

2. 在观察讨论中从不同角度发现和欣赏帽子的美，在自己制作帽子的过程中，表现美和创造美，体验创作的乐趣。

3. 利用帽子玩数字游戏，感知 10 以内数字的顺序，了解 10 以内数字之间的关系。

4. 通过传帽子游戏，把握音乐节奏，能相互配合，遵守游戏规则，体验集体游戏的乐趣。

基本结构

表 3-6-1 《好玩的帽子》主题活动基本结构设计一览表

帽子大世界	搜集各种帽子，比较帽子的不同特点，了解帽子古今发展，了解帽子的不同种类及各民族帽子的特点和习俗，丰富帽子知识
各种职业帽	通过观察实物和图片，亲身体验和感受不同职业的帽子特点，从而增加对各种职业的了解，树立自己的职业理想，并为自己设计理想的帽子
好玩的帽子	通过设计各种帽子培养欣赏美、创造美的能力，利用帽子玩数字游戏、体育游戏、音乐游戏，体验游戏的快乐，学会合作。亲子制作帽子，开一次帽子 T 台秀，增进亲子感情
它们的帽子	丰富区域活动材料，主题延伸，了解各种物品的帽子如瓶盖、箱子盖等，其他的像帽子的物品，如鸡冠花、松树、蒲公英、蘑菇、鹅头

整合准备

表 3-6-2 《好玩的帽子》教育领域整合与支持准备一览表

活动名称	领域类别	活动准备
我喜欢的帽子	语言、科学	幼儿自带的帽子、帽子结构图
帽子的故事	科学、社会	古代和现代帽子图、古代官帽图片
我给帽子分分类	科学、社会	不同季节的帽子，不同年龄的帽子，不同性别戴的帽子及图片
帽子民族风	社会、艺术	各民族帽子图片、课件
我设计的帽子	艺术	彩笔、画纸、颜料、排笔、彩色碎纸、彩泥剪刀、胶棒等美术材料
会打喷嚏的帽子	语言、社会	《会打喷嚏的帽子》故事课件，厨师、医生护士、警察，建筑工人，保安、矿工、飞行员、空姐、消防官兵、宇航员等各种帽子的图片和实物
职业大比拼	社会	搜集的各种职业帽子：警察、护士、医生、厨师、工人帽子
我的理想	社会、艺术	纸张、彩笔、颜料等美术材料
小小设计师	艺术	幼儿带来的纸盒或纸袋、布袋、纸杯等，彩笔、颜料，胶棒，彩条，彩泥等
我是劳动小能手	健康	每人一顶草帽
帽子上的数字游戏(数学)	科学	帽子 10 顶，数字卡片 1~10，数字卡片粘到帽子上
米莉的帽子变变变	语言、艺术	故事课件、彩笔、纸张
未来的帽子	科学、社会	高科技帽子，意念帽子，智能帽子，具有保健功能的帽子等
好玩的帽子	艺术	每人一顶帽子，彩色粘贴
松树爷爷的帽子	语言、社会	故事图片，头饰
它们的帽子	社会、语言	鸡冠花、蘑菇图片，鹅头图片，带盖子的瓶子、箱子、锅、罐子等图片
瓶盖粘贴画	艺术	搜集的各种瓶盖，及辅助材料，双面胶，画笔，彩色纸，挂历纸，彩泥
帽子 T 台秀	艺术、社会	亲子制作的帽子和自己喜欢的帽子各一顶，音乐

活动过程

1. 创设主题墙：好玩的帽子

分成四个子主题：帽子大世界、各种职业帽、好玩的帽子、它们的帽子。

2. 布置室内环境：

幼儿制作的帽子，绘画的帽子做挂饰。

3. 组织区域活动

(1)美工区：手工——折帽子，步骤图；美工——设计帽子，装饰帽子，美工——瓶盖粘贴画。

(2)语言区：讲述故事——《松树爷爷的帽子》；阅读绘本——《米莉的帽子变变变》；讲述故事——《会打喷嚏的帽子》；自制帽子故事小书。

(3)表演区：各种职业帽，幼儿戴帽子表演职业特点；自制帽子和从家里带来的帽子走 T 台秀。

(4)益智区：帽子找家——幼儿根据不同年龄、性别、季节等特点给人物选帽子，一一对应。

4. 组织教育活动

(1)第一个子主题：《帽子大世界》，了解各种帽子的相关知识：不同时代，不同民族，不同国家，不同季节，不同性别，不同年龄等。

《我喜欢的帽子》：幼儿分别说说自己喜欢的帽子的特点(颜色、花纹、形状等)，总结帽子的结构及用途。

《帽子的故事》：通过图片观察对比和故事了解，知道古代官帽的特点和作用，了解从古至今各种帽子的特点。

《我给帽子分分类》：了解帽子的种类，能按年龄、性别、季节不同类别给帽子进行分类，讨论不同季节帽子的特点和作用。

《民族风帽子》：通过对不同民族的帽子观察对比，欣赏各民族帽子美丽图案、造型、材质、功能等各方面比较不同民族帽子的不同，或同一民族帽子的不同，了解各民族风俗，发现中华民族文化之美。

《我设计的帽子》幼儿自由创作，设计自己喜欢的帽子，用画笔表现美和创造美。

(2)第二个子主题《各种职业帽》：幼儿通过帽子了解各种职业的特点，知道每个职业根据等级帽子也有不同，如厨师的帽子，丰富幼儿的社会知识，激发幼儿树立自己的小梦想。

《会打喷嚏的帽子》：利用故事中魔术师的帽子，引出有些帽子能够代表不同的职业，认识不同职业的帽子，并观察和讨论其特点和功能。

《职业大比拼》：教师创造情境，幼儿分角色带不同职业的帽子进行表演，亲身体验不同职业的工作特点。

《我的理想》：说说自己的理想，长大想做什么。给自己设计一顶职业帽，培养幼儿从小有理想，发展幼儿思维，设计与众不同的帽子，培养幼儿想象力和创造力以及表现美的能力。

《小小设计师》：幼儿分组合作，每组分别用不同材料设计一顶帽子。在操作过程中培养合作意识和语言表达能力以及进行思维拓展。

(3)第三个子主题《好玩的帽子》：通过跟帽子玩游戏，亲身体验游戏的快乐，懂得合作分享，并在游戏中发展思维。

《我是劳动小能手》：利用帽子做游戏，帽子接力赛、帽子运果实、帽子接果实、帽子杂耍等增加趣味性，让幼儿在兴趣中锻炼跑的能力、反应速度、平衡能力、协调能力、合作能力等全面发展幼儿身体。

《帽子上的数字游戏》：利用帽子和数字卡片，幼儿多人戴帽子，通过他人戴的帽子上的数字猜自己帽子上的数字，了解 10 以内数字的排列顺序及各数字之间的关系。

《米莉的帽子变变变》：听老师讲故事，了解故事的内容，说说米莉的帽子发生了什么事情，她戴着帽子去了哪里，想到了什么，发生了什么。鼓励幼儿发挥想象，自己若有一顶这样的帽子会去哪儿，想到什么，会变成什么样的帽子。把自己想象的帽子画下来。培养幼儿的发散思维，鼓励幼儿大胆想象和创作。

《未来的帽子》：通过看视频，观察图片，听老师讲解，了解到现代人发明了许多功能性的帽子(如放谷歌眼睛的帽子、意念帽子、智能帽子、具有保健功能的帽子。)鼓励幼儿大胆想象，将来你会创造出什么样的帽子(如治病的帽子，能飞行的帽子，能辨认方向找到家的帽子，能防坏人自动报警的帽子)。

《好玩的帽子》：通过玩传帽子的游戏，在逐步加深难度的同时把握节奏，能够遵守规则，团结合作，兴趣浓厚地玩游戏，体验游戏的乐趣。

(4)第四个子主题《它们也有帽子》：这是对帽子主题的延伸，在故事中领悟到除了人，有些动植物也有帽子，或者像帽子的东西。

《松树爷爷的帽子》：听故事，讨论故事内容，说说故事中树的帽子都有什么特点，松树爷爷的帽子有什么不同，了解树的种类有不同，体验同伴交往的情感，并进行情景表演，体验角色表演的乐趣。

《它们的帽子》：复习故事《松树爷爷的帽子》，结合故事讨论生活中看到的哪些东西还有帽子或者像帽子，发展幼儿思维。如鸡冠花、蘑菇、蒲公英、大白鹅等动物，引导幼儿从动植物方面思考，还有从瓶子、箱子、锅、罐子等也有帽子引导幼儿从物品方面思考。

《瓶盖粘贴画》：幼儿搜集各种瓶盖，制作粘贴画，对帽子活动进行延伸。

5. 亲子活动：帽子 T 台秀

家长和幼儿共同制作一定漂亮的帽子，和家长一起现场走 T 台秀。

反思评价

本次主题活动坚持生活即教育的理念，充分利用幼儿身边的生活资源，在幼儿已有基础上不断拓展和挖掘，使幼儿对帽子的发展历史和不同特点等相关知识有了更深一步的了解，并利用绘本故事、现代科学知识，指引幼儿在找一找、搜一搜、说一说、想一想、做一做、玩一玩的过程中，发展了幼儿的语言表达能力和动手操作能力，思维也得到拓展，充分发挥了幼儿的想象力和创造力。本次主题活动的主要不足之处是，相关经验支持配套尚不够系统完整，所设计的教育活动偏多，尚不利于幼儿的吸收消化。

（作者：刘丽红　单位：河北省保定市清苑区第二幼儿园）

七、服　装

设计意图

国庆过后，幼儿换上了秋装。本次主题活动利用“服装”这个主题来使幼儿认识到衣着的重要性，从而学会爱护衣物，讲卫生，感知服装如何创造我们的美好生活。

活动目标

1. 喜欢探索各式各样的服装；了解服装的制作过程，获得量体裁衣的初步经验。
2. 感知各式各样的服装给生活带来的便利以及感知服装与气候的关系。
3. 感知各种服装的美；运用多种手段表现自己对服装的感知。
4. 能自信表演，会用语言清楚、连贯、完整地表达自己对服装探究的发现。
5. 能合理着装，方便学习、活动，保持衣服的整洁，提高自我服务的能力。

基本结构

1. 服装大搜索：主要通过亲子社会实践、家长助教、网络搜索、走访调查、照片记录等多种方式收集各种服装的相关资料，以分享交流的方式帮助幼儿对不一样的服装有了初步的认知。

2. 服装创意秀：通过多种途径了解各种服装制作、布料、配饰，给自己喜欢的服装点赞，并用统计的方法统计不同服装搭配和设计投票，进一步激发幼儿对服装创意设计的兴趣，在体验制作的同时养成良好的生活卫生习惯。

3. 服装大揭密：充分利用社区及家长资源，帮助幼儿了解各类服装的制作方法以及特殊服装的作用，了解古今中外、民族服装的特点，并为幼儿提供体验制作服装的机会。

整合准备

表 3-7-1　《服装》教育领域整合与支持准备一览表

活动名称	领域类别	活动准备
我知道的衣服(交流、分享)	语言	各种各样的服装图片、实物等
《皇帝的新装》(故事)		绘本、视频等
衣服是怎么做出来的(参观、实践)	社会	参观服装店和裁缝店、资料收集表、黑色笔
服装商场(角色)		服装、柜台、手饰、纸币、银行卡、黑笔、服务证道具；服装加工店、布料店等小主题的相关材料
缝纽扣、补衣服(生活体验)	健康	针线、布料、小衣服、纽扣、剪刀等
服装变变变(认知)	科学	收集各种以前、现代衣服的图片
特殊的服装(实验、操作)		
各种各样的民族服装(语言区、科学区)		语言区投放各种少数民族服饰特点的图片、图书资料、民族娃娃等；科学区投放民族拼图、布的吸水性小实验等
服装店(数学区)		跟服装有关的数量卡片等，幼儿在区域游戏中进行配对
我们一起来扮倩(搭配、表演)	艺术	学会走模特台步和多种的手工折纸；模特音乐或是模特儿表演的视频
绣花坊(区域)		各种颜色的线、粗头针、绣花工具
美丽的服装(美术、设计)		若干台电脑、打印机；图画纸、手工纸、彩笔、蜡笔、废旧的服装杂志、剪刀、胶布；利用废旧物做好的服装、丝巾、各种布、头饰及不同种类的衣服
新疆舞(舞蹈)		视频、音乐、民族帽

活动过程

1. 情境创设

(1)逐步充实各服装展示区；民族服装区、制服区、时装区等。

(2)收集四季服装，在角色区布置服装店。

(3)利用幼儿设计的服装布置服装展销会场。

(4)把活动室布置成服装商场，更有参与的氛围。

2. 资源利用

(1)邀请经营服装的家长联系服装店，组织幼儿参观，或请从事服装设计的家长来园设计，进行现场时装表演。

(2)家长支持幼儿收集以前和现在的服装、不同民族服装及不同职业的制服来幼儿园介绍。

(3)家长帮助幼儿查阅、收集有关服装的资料，与幼儿一起设计服装。

(4)收集幼儿园以前的各种园服、图书及资料。

(5)与裁缝店、服装厂等联系，进行参观。

3. 开展区域活动

(1)美工区——制作各种服装。

(2)生活体验区：编制机、绣花工具、钉纽扣工具及材料。

(3)表演区：时装表演视频、各种可以装扮的材料等、介绍服装发展史、民族服装风情的视频。

4. 分组探索活动

(1)《衣服是怎么做出来的》：喜欢探究，能积极查找资料，知道获得信息的途径，乐于与同伴分享交流，能大胆表达。活动准备：收集有关服装制作的资料；联系服装店，带幼儿参观服装店。活动要点：交流分组寻找的资料：衣服是怎么做出来的？A组：参观服装店；B组：调查组。

(2)《我知道的衣服》：喜欢探索各式各样的服装，感知服装与人们生活的关系，能根据各种不同的特点帮服装分类。活动准备：收集各种服装、服装图片、各种服装资料；丰富幼儿有关服装的知识。活动要点：分组操作“我知道的服装”：A组交流：我知道的服装；B组：师生共同布置“我知道的服装”资料库；C组：服装图片分类。布置服装店。延伸活动：如果没有衣服会怎么样呢？

(3)《服装变变变》：了解服装的演变过程，知道各种服装适合各种不同的季节。根据服装的特点，正确地为四季的服装分类；喜欢参加服装设计、表演，大胆展示自己的风采。活动准备：收集各种服装的图片，制作四季服装统计表；提供各种图画纸、笔。活动要点：分享交流服装的变化：A组：以前服装和现在服装的变化；B组：四季服装的变化。设计未来的服装：A组：设计组；B组：制作组。延伸活动：时装表演。

(4)《特殊的服装》：知道布的不同特性，了解面料特性的不同对于特殊服装种类制作的影响，利用自己印染的布料尝试进行服装的简单制作，在游戏中感知乐趣。活动准备：各种服装制作的资料，参观服装店，了解服装制作的程序；各种不同面料和几何图形的布料、四色颜料、滴管、报纸。活动要点：参观后进行交流：服装是怎么制作的；分组查找有关服装制作的图片：A组：操作电脑，察看服装制作的资料；B组：欣赏图书，找找服装制作的资料。相互交流寻找的服装制作的情况和参观后的生活经验。鼓励幼儿运用各种方式表现服装制作的过程，一起布置资料库。A组：资料组，将收集到的各种特殊服装的资料作成简报形式；B组，操作组：观察提供的各种面料，通过摸一摸感觉布质，尝试不同的布料做不一样的特性实验。相互交流后，做关于特殊服装的调查。

(5)《我们一起来扮倩》：知道每个人适合不一样的服装与装饰，尝试利用多种材料学习服装搭配，体验服装给生活带来的美感。活动准备：事先做好的服装、饰品调查表；父母常穿的一套衣物与常搭配的装饰品、音乐磁带；废旧的服装报纸杂志、各种丝巾、布、网、塑料布、头饰、剪刀、彩带等未加工的材料、各种自制与现成的饰品；大件的空白服装模、蜡光纸、皱纹纸、水彩颜料、吸管、即时贴、毛线等辅助性材料；仿真人的平面模特板；彩笔、蜡笔、剪刀、胶水、双面胶等工具。活动要点：欣赏相关的服装搭配小经验VCD；共同协商讨论活动的安排；幼儿自由选择，教师参与A组幼儿的活动。A组，休闲吧“爸爸妈妈喜欢的服装搭配”：幼儿利用事先做好的调查表进行交流，并穿上带来的家人服装、配饰进行展示表演介绍，分享“变大人”的快乐。B组，形象造型屋“我是小小造型师”：利用各种布料及半成品废旧材料分成两小组现场轮流进行人体模特服装穿着扮倩，并由裁判评定奖项。C组，服装设计室“衣服变漂亮了”：利用幼儿本身进行现场轮廓描绘、已提供的服装空图以及准备的大件空白服装模、蜡光纸、皱纹纸、水彩颜料、吸管、即时贴、毛线等辅助性材料；仿真人的平面模特板；彩笔、蜡笔、剪刀、胶水、双面胶等各种材料分三小组进行配饰设计制作。放音乐，一起开服装PARTY。

5.《美丽的服装》

以“皇帝的新装”故事为线索，尝试利用手工、绘画等形式来表现，获得成功的快乐，会利用电脑探索服装的种类和搭配。活动准备：学会走模特台步和多种的手工折纸；模特音乐或是模特儿表演的VCD光盘；若干台电脑、打印机；图画纸、手工纸、彩笔、蜡笔、废旧的服装杂志、剪刀、胶布；用废旧物做好的服装、丝巾、各种布、头饰及不同种类的衣服。活动要点：片断一：师：我们身上都穿了各种各样的衣服，可漂亮了！但是，你们想想，如果没有穿衣服会怎么样啊？大家听过了《皇帝的新装》这个故事吗？片断二：分组行动，重点引导B组；片断三——B组：美丽的服装；片断四——C组：电脑搭配美丽的服装；片断五——A组：T型台表演，为皇帝展示制作的服装。师：我们邀请客人老师一起来当评委，看看哪些服装更漂亮。

反思评价

本次主题活动通过组织参观服装店并亲身体验服装制作的过程，使幼儿积累一定生活经验，通过各种途径自己寻找收集各种有关服装制作的资料，鼓励幼儿自主参与学习。在与同伴的交流中，幼儿们大胆地表达了自己的经验。在参与布置的过程中，幼儿们不仅获得了知识，还懂得了学习的方法。这些活动都是从幼儿感兴趣的问题出发，通过社区资源的补充利用，帮助幼儿利用本身已有的生活经验与知识，相互渗透和再延伸，幼儿的发散思维、观察能力、动手实验能力都得到了发展与提高。此外，这些活动符合大班幼儿喜欢探究、凡事求动手操作的年龄特点，从热爱生活，保护服装，利用废旧物品的角度出发，引导了幼儿求新求变的意识，形成了劳动与美的情感，形成了良好的品德与行为习惯。

（作者：谢颖蘋 邱玉玲 单位：厦门市海沧区新阳幼儿园霞光东路分园）

八、买卖小高手

设计意图

为了帮助幼儿初步建立正确的金钱观和消费观。通过生活化的“买卖小高手”主题活动的学习，较为集中地呈现幼儿对于生活消费的观察，从自身的购物经验出发，认识常见的购物环境，认识买与卖的角色，初步了解钱作为一般等价物的重要意义。这样的活动既可以帮助幼儿建立正确的消费意识，还可以提高幼儿的语言表达能力、社会交往能力和应变能力。

活动目标

1. 增强幼儿对钱币作为一般等价物的认识。

2. 让幼儿根据自己的实际情况制定一份《10 元购买计划》，知道购物要注意的事项。

3. 锻炼幼儿自主消费常识，体验独自购物的乐趣。

基本结构

1. 认识买卖场所：了解卖场的一些场所，发动家长带幼儿去认识买卖的基本场所。

2. 认识货币：出示一些常用的货币，引导幼儿认识 10 元以内的货币的外形和价值。

3. 制定《10 元购买计划》：发动家长提前带幼儿熟悉超市物品的价格，并制定一份“10 元购买计划”。

4. 购物体验：带着 10 元钱和购买计划自主体验购物过程。

整合准备

表 3-8-1 《买卖小高手》教育领域整合与支持准备一览表

活动名称	领域类别	活动准备
“钱的旅行”	语言	绘本
“钱的由来”	社会 语言 健康	10 元面值以内的纸币和硬币
“买卖知多少”		发动家长带幼儿认识生活中不同的买卖场所
“消费小高手”		提前一天向超市领导打招呼
“10 元购买计划”	艺术	A4 纸，白板笔、油画棒

活动过程

1. 准备阶段：买卖知多少

活动开始前，通过微信群或“家园联系栏”等方式，让家长带幼儿到各种买卖场所参观，帮助幼儿累积生活经验，了解不同买卖场所的环境和买卖的物品。进一步让幼儿感受不同买卖场所的布置和所买卖的物品，感受买与卖的角色之间的互动，让幼儿初步接触不同的买卖市场。

2. 认识货币

教师展示 10 元、5 元、1 元的纸币，再展示 1 元、5 角、1 角的硬币，帮助幼儿认识不同面值的钱币。

3. 制订《10 元购买计划》

幼儿根据自己的生活经验，独立完成 10 元购买计划，教师引导幼儿从实际情况出发，太离谱的情况下需引导幼儿用别的物品替换。

4. 体验购物过程

(1)购物须知：在购物过程中不能乱跑，要提前看好自己所要购买的物品在哪个区域，在教师的陪同下去取需要的物品，有序地排好队上楼梯，遇到困难主动找教师或者超市工作人员帮忙。不能随意触碰超市的东西，要理性购物。结账时有序地在收银台排好队，把你要买的东西全部放在收银台，如果你购买的物品金额超过 10 元，可更换另一种金额不超过 10 元的物品。

(2)购物体验：带上 10 元钱和《10 元购买计划》，排好队在教师的带领下走进超市，先参观超市的各个区，在参观途中如发现自己购买计划中的物品可以自己取或请教师帮忙取。仔细核对自己的购买计划和购买的物品是否一致，最后有序排好队在收银台处买单。

(3)分享环节

体验活动结束后，教师组织幼儿回到幼儿园，鼓励幼儿分享自己购物的体验和买到的商品。

反思评价

本次主题活动从认识买卖场所，了解不同面值的钱币，定制10元购买计划，体验超市购物等环节出发，一环扣一环，层层递进，帮助幼儿认识和体验了钱币的用处和使用方式，有利于让幼儿将所学的知识灵活地运用于实际生活。在体验购物过程环节，有个别幼儿由于胆小，不敢自主选择需要购买的物品，在教师的鼓励下最终大胆选择自己需要的物品，而有些幼儿没有按计划拿取物品，导致买单的时候放回去了很多东西。今后在开展此类活动时，应更加细致、全面地做好准备工作。

(作者：丁婷 单位：广东省惠州市幼儿园；指导教师：邓子红)

九、我们是哥哥姐姐

设计意图

著名教育家马卡连柯曾说："独生子女没有兄弟姐妹，因而没有相互体贴、照顾的经历，没有互爱互助，相互模仿，共同努力的经历，这不利于发展儿童的集体意识，而会导致儿童个人主义的蔓延。"为了使大班幼儿感受到自己是幼儿园的主人，有责任和义务帮助弟弟妹妹深入了解幼儿园的环境，使他们喜欢上幼儿园，教师依据幼儿的年龄特点，以"游园赏春景"为切入点，让幼儿在自我成长的过程中有效与对口班的弟弟妹妹进行互动，在逐渐推进中增强与弟弟妹妹的交往体验，并结合园所生态资源通过设计、引导、讲解、采访等环节向弟弟妹妹介绍幼儿园里的树木花草，讲解各种户外器械的特点和玩法，展示功能室的独特魅力，激发大班幼儿的自信心，发展他们的社会交往能力。

活动目标

1. 知道自己是幼儿园里最大的孩子，要照顾比自己小的小朋友。愿意帮助弟弟妹妹穿衣服、带他们做游戏、进行体育锻炼活动，有做大哥哥大姐姐的自豪感。

2. 主动向小班幼儿介绍幼儿园的树木、花草的名称与特点，讲解户外器械的玩法，了解幼儿园的各功能室，帮助小班的弟弟妹妹熟知幼儿园的环境。

3. 在活动中增强社会交往能力及语言表达能力。

基本结构

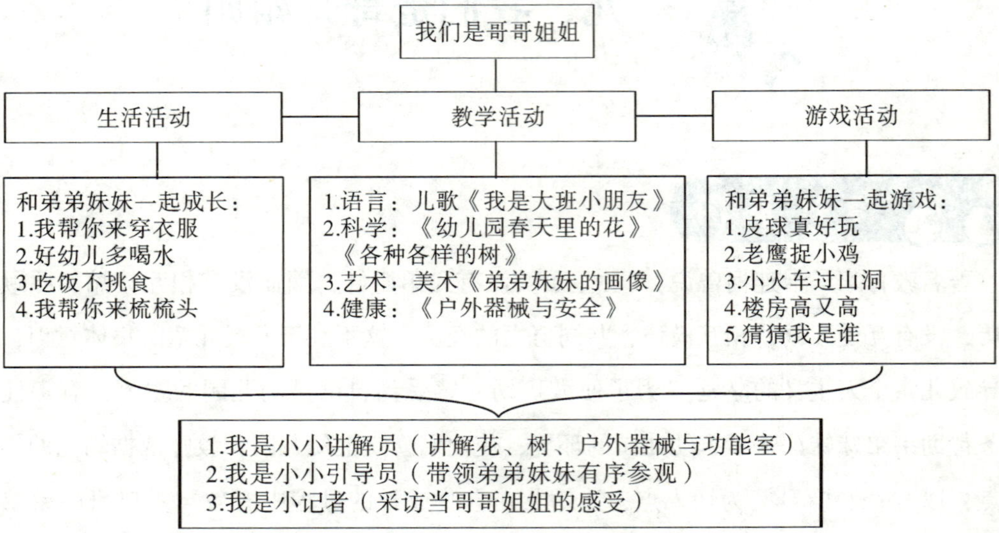

图 3-9-1　《我们是哥哥姐姐》主题活动基本结构设计示意图

整合准备

表 3-9-1　《我们是哥哥姐姐》教育领域整合与支持准备一览表

活动名称	领域类别	活动准备
我是大班小朋友(儿歌)	语言	儿歌图谱、音乐
我爱我的小弟弟(小妹妹)		与弟弟妹妹活动的照片集锦
有弟弟妹妹好不好(谈话)		
我当哥哥姐姐	社会	幼儿提前准备展示的节目和礼物
我是小记者(采访幼儿当哥哥姐姐的感受)		记者工作的视频，采访题纲
我会照顾你(大带小活动)		提前与小班联系好活动时间和内容
我是引导员(熟悉参观路线)		幼儿园平面图
我是小小讲解员		提前选择自己喜欢的花草树木或运动器械的讲解词

续表

活动名称	领域类别	活动准备
户外器械与安全	健康	户外器械，安全标志
各种各样的树	科学	提前设计好参观幼儿园花、树的路线与记录表，对应花、树的图片
幼儿园春天里的花		
幼儿园里好事多(儿歌表演)	艺术	收集幼儿在幼儿园做好事的照片
弟弟妹妹的画像(美术)		弟弟妹妹的照片

备注：幼儿知识经验的准备

1. 幼儿熟知幼儿园的树木名称及生长特点，准备讲解词(后东操场植物：五角枫，樱花，三色堇，泡桐，桃花，梨花，桂花，法国梧桐；后西操场植物：玉兰，樱花，三色堇，紫荆，桃花，石榴树，桂花，槐树，柳树，腊梅)。

2. 两人一组对幼儿园的户外器械进行玩法和安全注意事项的讲解准备(攀爬组合架、树屋藏宝、平衡步道、钻山洞等)。

3. 熟悉各功能室的特点与参观路线(美工室、机器人室、生活体验馆、科学发现室)。

活动过程

1. 集体教学活动，体验自我成长

教师通过形式多样的集体教学活动让幼儿回顾自己的成长历程，感受自己的成长变化，例如：自己照顾好自己，帮助老师或其他小朋友整理物品，会结交新朋友，最愉快的事情是和小伙伴一起学习和游戏等。

2. 对口交流活动，结识弟弟妹妹

为了让幼儿获得最真实的情感体验，教师带领大班幼儿走入对口小班进行结对活动。在活动前，老师与幼儿一起讨论、梳理结对活动的注意事项：

(1)见到弟弟妹妹要先做自我介绍，等弟弟妹妹同意后与再与他们结伴进行活动。

(2)在活动中要关注弟弟妹妹的活动状态，发现问题先自己动脑筋解决，当自己解决不了时应及时向老师求助。

活动中大班幼儿主动给弟弟妹妹展示自己舞蹈、歌唱、讲故事等方面的特长，在拉近了双方距离结对成为朋友后，他们一起阅读，一起做手工，一起游戏，充分体验和感受与弟弟妹妹共同活动的成功与快乐。之后每周定期的对口交流活动，更加深了大班幼儿的责任感和自豪感。

3. 情境游戏活动，提升展示能力

为了帮助小班幼儿熟知幼儿园的一草一木，萌发热爱幼儿园的情感，教师策划和组

织“游园赏春景”。老师、家长、幼儿共同参与，积极展示，在情景游戏“我当引导员”“讲讲我喜欢的一棵树”等活动中体验如何成为一名合格的，受人欢迎的引导员与讲解员。

4. 游园赏春活动，推进自主交往

在游园赏春活动的过程中，“大朋友”主动牵起“小朋友”的手，虽然都是稚嫩的，但哥哥姐姐的手让弟弟妹妹们多了一份信任，多了一份安全。小解说员们语言流畅，讲解清晰，如数家珍地为小班弟弟妹妹讲解场地上的树木和花卉。小引导员们也细心照顾着身边的弟弟妹妹，关照他们注意脚下慢慢走。

5. 分享活动感受，促进情感升华

教师在活动结束后组织幼儿开展形式多样的分享交流活动。有的借助照片和视频资料回顾自己的成功体验；有的拿起画笔描绘出和弟弟妹妹交往时最快乐的情景。

反思评价

本次主题活动采取对口班结对的组织方式，使大班幼儿在与弟弟妹妹的密切接触中获得直接社会经验，促进其社会交往能力和语言表达能力的提升，还运用生活活动、教学活动、游戏活动等不同方式使幼儿在体验、交往、展示的过程中学会了如何照顾他人，从而增强了幼儿对自我的认识，获得自信心。在以后的教学活动中，可以考虑将本主题的内容扩展到不同的年龄段，不同的季节，让幼儿在有效的幼幼互动中获得情感、知识、能力全方位的螺旋式上升，促进其健全人格的形成。

（作者：陈志辉　李剑　胡悦　单位：西安交通大学幼儿园）

十、我是泰山娃

设计意图

山东省编教材大班上学期的主题活动“我是中国人”的次级主题“爱家乡”，说到爱家乡，泰安市幼儿自然是爱泰山。泰山作为五岳之首，有着美丽的自然风光、丰富的文化内涵。为了丰富幼儿对泰山的认识，以幼儿关于泰山的感性经验作为切入点组织开展本次主题活动。

活动目标

1. 感受泰山景色之美及丰富的文化内涵，萌发我是泰山人的自豪感。

2. 乐意与同伴合作交流，会用连贯的语言、图画或其他符号，描述自己对“泰山”的发现和感受。

基本结构

1. 古老的泰山：主要利用走进泰山这种形式借助集体活动、日常生活、区域活动、家园共育这几条途径通过带领幼儿游览泰山及其附近的名胜古迹、欣赏泰山石等活动，让幼儿充分感受泰山厚重的历史积淀。

2. 笔尖上的泰山：采用集体活动、日常生活，运用不同的形式欣赏泰山的传说、泰山的音乐，让幼儿在感受泰山文化的同时，发展幼儿的语言及音乐的表现能力。

3. 指尖上的泰山：通过集体活动，采用不同的形式欣赏泰山传统的民间艺术（如泰山皮影、泰山面塑、泰山剪纸、泰山陶艺），发展幼儿的审美情趣与能力。开放美工区、表演区进行区域活动，在区域活动中引导幼儿运用多种技能及形式对家乡的民间艺术进行探索表征。近距离采访民间艺人，在了解传统文化内涵的基础上，发展幼儿语言表达、积极思维的能力。

4. 有趣的泰山：主要利用泰山的山地资源，借助集体活动、日常生活、区域活动、家园共育这几条途径让幼儿在体验到好玩的同时感受家乡的美及发展他们的综合能力。

5. 舌尖上的泰山：主要利用“吃”这种形式，借助集体活动、日常生活、区域活动、家园共育这几条途径丰富幼儿对泰山的土特产和风味小吃的认识。

整合准备

表 3-10-1 《我是泰山娃》教育领域整合与支持准备一览表

活动名称	领域类别	活动准备
石头上的故事(讲述)	语言	花园中的奇石
泰山传说(故事)		收集泰山传说故事、游览典故景点、图片、课件
今日泰山(讲述)		播报台
我爱家乡美食	社会	搜集美食、布置美食展览
封禅大典		课前欣赏封禅表演、服装、乐器、课件
登山乐(远足)	健康	带好水杯、背包、防蚊液等户外用品、提前规划路线
好吃的月牙饼		采摘好的蔬菜、厨具用品等
测量古树	科学	幼儿们搜集测量工具
泥沙乐		水桶、铲子、推车等
石头画(手工)	艺术	泰山石、毛笔、丙烯颜料、油画棒、围裙
泰山剪纸(手工)		剪刀、彩纸
泰山面塑(手工)		彩面、美工刀、竹签等
泰山陶艺(欣赏)		陶土、颜料、毛笔
泰山皮影(欣赏、表演)		皮影、表演用幕布、投影灯、乐器、音乐

活动过程

1. 线索一：古老的泰山(好看的)

在集体活动前利用家长资源从网上搜集泰山典型文化的视频或图片讲给幼儿听(如组织登泰山事先搜集古盘道沿途的景点传说，如关帝庙、一天门，去岱庙前重点搜集天贶殿、古树汉柏、石碑石刻、迷糊石等有关历史典故)。

(1)集体活动：带领幼儿游览泰山附近的名胜古迹，如岱庙、岱宗坊等著名景点，泰山文化广场欣赏泰山石，感受泰山古典的美和丰富的文化内涵。

(2)日常生活：利用餐后散步等时间欣赏幼儿园内的泰山石等。

(3)区域活动：游览欣赏后的表征(美工区、建构区)。

(4)家园共育：家长事先搜集泰山典型文化的视频或图片讲给幼儿听。利用业余时间亲子游。

2. 线索二：笔尖上的泰山(好听的)

利用日常生活让幼儿在感受泰山文化的同时，发展幼儿的语言及音乐的表现能力。主要利用家长资源、实地参观、餐前观看动画片等形式欣赏泰山传说故事。

(1)区域活动：语言区：如“今日泰安”栏目。表演区：服装、道具、幼儿自由选择表演故事。建构区：搭建帝王封禅之路。

(2)家园共育：搜集关于泰山的故事和传说。

3. 线索三：指尖上的泰山(好看的)

组织幼儿走进剧院、艺术馆，了解皮影的制作、观看皮影戏、亲手操作皮影，近距离感受泰山皮影文化的魅力；与民间艺人一起制作面塑、陶艺；看封禅大典，体验泰山封禅文化，并自发在区角中表演、再现。让幼儿在看一看、听一听、做一做中感受民间艺术的幽默、夸张、多变的艺术表现形式，拓宽视野、提高艺术修养。

(1)集体活动：采用不同的形式欣赏泰山传统的民间艺术(如泰山皮影、泰山面塑、泰山剪纸、泰山陶艺)。

(2)区域活动：美工区：剪纸、陶艺、面塑；表演区：封禅大典。

(3)其他活动：采访民间老艺人。

4. 线索四：有趣的泰山(好玩的)

组织幼儿远足，走进美丽的青山绿水，感知泰山山林地貌特征，感受泰山之美，知道保护泰山。

(1)集体活动：测量大树、泥沙乐。

(2)环境创设：投放相应的民间游戏材料，利用日常或户外活动时间引导幼儿自主游戏。

(3)集体活动或家园共育：走进泰山远足活动、游览公园。

5. 线索五：舌尖上的泰山(好吃的)

利用家长资源，收集家乡美食、制作图文并茂的文字资料等形式。让幼儿了解泰山的美食：煎饼、螭霖鱼(即赤鳞鱼)、泰山三美等。

(1)环境布置：家乡美食展览会。

(2)集体活动或家园共育：认识泰山的土特产和风味小吃，尝试亲自制作并品尝泰山的风味小吃。

(3)区域活动：打破班级界限的“泰山风味小吃一条街”。

(4)其他活动：全园性的节日庆祝活动，如迎新年美食节。

反思评价

本次主题活动面向构建本土化课程的大方向，旨在构建具有泰山文化气息的地方课程，让泰山给幼儿留下一个美好的童年。在主题课程的实施中，坚持秉承关注生活、敬重文化、倡导行动、鼓励表现、力求整合的课程理念。从幼儿兴趣经验出发，合理利用本土资源，围绕一个中心，幼儿自主观察、探索周围的事物与现象，并自由地表达与表现，教师适时、适宜、适度地予以支持、引导，具有自主性、综合性、开放性、生成性、游戏性等特点。整个活动中幼儿在生活中、情境中、游戏中完成了相关经验的积累与迁移、能力得到了提升，提高了幼儿的创造性表达及解决问题的能力。

（作者：闫兴芬　梁琳琳　单位：山东省泰安市基础教育教学研究室　山东省泰安市市直机关幼儿园）

十一、最美凤凰城

设计意图

黄河、凤凰广场、晓月湖是山东省利津县的重要标志。为了增进幼儿对家乡发展历史的了解；感受家乡的变化，通过自主合作，探索问题，充分挖掘家乡教育资源，激发幼儿爱家乡、爱祖国的情感，特别设计了本次主题活动。

活动目标

1. 让幼儿了解凤凰城文化，培养幼儿对凤凰城文化的喜爱之情，激发幼儿的自信心和自豪感。让幼儿主动参与探究凤凰城文化的过程，培养幼儿的自信心。

2. 能用绘画、制作、舞蹈、歌曲等形式表达对凤凰城文化的理解，进一步加深幼儿对凤凰城文化的感知了解。

3. 了解凤凰城文化中的饮食文化中的小吃制作方法。

4. 通过参观、谈话、操作等活动，培养幼儿的口语表达能力、合作能力以及动手操作能力。

5. 通过各种活动，激发幼儿热爱家乡的情感，培养创造意识，为凤凰城的发展献计献策。

基本结构

1. 利津水煎包大探秘：主要通过现场观察、亲自体验、实际品尝、照片视频记录等多种方式获取利津水煎包的相关资料，以分享交流的方式帮助幼儿对利津特色小吃水煎包有了初步的认知。

2. 最美广场大搜寻：通过多种途径感受利津县各个公园广场的特色，发现每个公园广场的共同点和不同点，给自己喜欢的公园点赞，进一步激发幼儿热爱家乡的情感。

3. 黄河文化大展示：通过参观黄河、查阅黄河的资料了解黄河的历史变迁。

整合准备

表 3-11-1 《最美凤凰城》教育领域整合与支持准备一览表

活动名称	领域类别	活动准备
利津的由来	语言	利津家乡的图片若干、彩笔、图画本
利津水煎包	亲子活动	面粉、擀面杖、包子馅、电饭锅
参观凤凰广场	社会	照相机、塑料袋、水壶、小彩旗若干
我眼中的广场	艺术	图画纸、油画棒、记号笔
参观黄河	社会	照相机、塑料袋、水壶、小彩旗若干
黄河的由来	语言	黄河图片、录像带
黄河腰鼓	艺术	腰鼓若干个、节奏型挂图
建造黄河大堤	区域	幼儿人手一套玩沙工具(铲、箩筐、小桶)、搅拌棒、水、玻璃杯、用来自制沙球的矿泉水瓶等物品，场地周围贴有若干有关沙的功能图片
黄河大合唱	艺术	黄河音乐磁带、小腰鼓鼓若干

附录：活动准备

1. 幼儿园资源

(1)搜集利津县城的建筑物和标志性建筑组成图片展览。

(2)在主墙和户外共同绘制“凤凰城文化”图片展。

(3)区域活动：

语言区：凤凰城演变的图片、故事书。

美工区：用橡皮泥捏水煎包、绘画《我爱我家》、《我爱幼儿园》、《我眼中的广场》、《我的美丽家乡》等。

表演区：黄河腰鼓、黄河娃、喜庆水煎包。

2. 家庭教育资源

与幼儿一起搜集凤凰城文化的图片与资料感受凤凰城的演变历史，与幼儿在班内一起制作水煎包，让幼儿感受到家乡饮食文化的艺术，与幼儿一同做力所能力的事，一同完成亲子作业

3. 社区资源

与主题活动的分支社区文化相结合、让家长和幼儿一同参观社区的文化，包括晨练、扭秧歌等民间艺术。

4. 社会资源

教师与家长、幼儿一同参观黄河、凤凰广场，让幼儿在亲身体验中体会到家乡的美丽，到图书馆查阅有关“凤凰城”文化的资料。

活动过程

1. 利津的由来

形式：集体

活动过程：

1. 放映有关利津的图片，向幼儿解说有关利津的文化、地理等知识，激发幼儿热爱家乡的情感。

2. 介绍利津的由来：有史以来，这里就有人类居住，东汉以后，黄河来利津域地入海，随着黄河三角洲的形成和发展，利津域地不断向渤海湾延伸扩大。随着黄河造路利津域地不断扩大，特别是由于境内河、海航运更加便利，县名有“用力镇”和“东津”合并而的。大清河东岸“永利镇”即成为利津县的古城。

3. 与幼儿谈话，请幼儿说一下还见过自己的家乡有哪些美丽的地方。

4. 发挥幼儿的想象，请幼儿画一下自己美丽的家乡，教师鼓励指导。

活动延伸：请家长和幼儿一起继续搜集有关利津的知识、图片、影碟或图书。

2. 利津水煎包

形式：集体 小组

活动过程：

1. 启发谈话，让幼儿知道利津的名吃水煎包。

2. 制作水煎包，请厨房师傅讲解水煎的制作过程，同时请部分家长配合，共同制作水煎包。

3. 幼儿、教师、家长齐动手，做利津名吃水煎包。

4. 品尝会，水煎包煎熟以后，先请幼儿品尝，体验劳动后的欢乐。

5. 教师小结，感谢家长的支持，表扬幼儿们的小手很能干，做的包子很好吃，同时也感谢厨房师傅的指导。

3. 参观凤凰广场

形式：小组

活动过程：

1. 先进行谈话活动，提前告诉幼儿去参观凤凰广场时应注意的事项，特别是安全问题。

2. 请家长配合带领去参观凤凰广场。

3. 教师可以边讲解边用图片和以前的凤凰广场作对比，凤凰广场已经成为我们利津人民主要的休闲、娱乐、健身等活动场所。

4. 组织幼儿集体在凤凰广场合影。

4. 我眼中的广场

形式：集体

活动过程：

1. 回忆参观广场时的情形，请幼儿谈谈自己的感受。说说自己心目中广场的样子，和同伴交流交流。

2. 边回忆边想象广场的样子，边绘画。

3. 把画好的广场样子一一剪下来，贴在展板上。

4. 幼儿分别来说说自己眼中的广场。

活动延伸：

和其他班级幼儿分享我眼中的广场。

5. 黄河的由来

形式：集体

活动过程：

1. 请幼儿观看录像，感受黄河的磅礴气势，激发幼儿热爱家乡的情感。

2. 讲述故事《黄河的由来》。

黄河传说名字就是这样得来的。请小朋友们了解这一个美丽的神话传说。学习憨哥、巧妹做人的诚实、正直，不能像岳父那样做一个贪财的人。

3. 教师讲解黄河的由来，黄河流经的省市，以及黄河给人们带来的危害和作用。在很早以前，人们的科学水平比较低，治理黄河不够理想，河水经常泛滥，冲毁桥梁、房屋，淹没田地，给人们带来很大的危害。现在，随着科学技术不断的进步和发展，黄河对人们的危害越来越小，同时丰富的黄河资源也被人们充分地利用起来，黄河不仅是我们民族的骄傲和象征，也是利津不可或缺的一部分。

6. 参观黄河

形式：小组

活动过程：

1. 先进行谈话活动，提前告诉幼儿去参观黄河时应注意的事项，特别是安全问题。

2. 请家长配合参观黄河。

3. 组织幼儿集体在黄河合影。

活动延伸：把看到的凤凰广场和黄河与同伴交流，也可以用绘画的形式在图画本上表达出来。

7. 黄河腰鼓

形式：小组

活动过程：

1. 通过故事《黄河的由来》导入。
2. 出示腰鼓老师作介绍，并作示范表演。
3. 幼儿跟老师学腰鼓，并能在教师的指导下打出基本的节奏型。
4. 幼儿分组表演腰鼓。

8. 建造黄河大堤

形式：集体 小组

活动过程：

1. 把幼儿带到沙坑，以玩沙导入学习活动，引出活动主题，通过尝试活动，并联系已有知识经验，初步感知沙的主要特征。
2. 让幼儿感知沙的粗细特点，并结合相关的卫生教育。
3. 让幼儿和同伴一起搭建黄河大堤。
4. 体验建造完成后的喜悦。

9. 黄河大合唱

形式：集体 小组

活动过程：

1. 启发谈话，请幼儿说一说参观黄河时都看到了什么，有什么感想。
2. 请幼儿欣赏音乐带《黄河大合唱》，教师简单介绍歌词的内容。
3. 请幼儿表演黄河大合唱。

分组：一部分幼儿用小腰鼓，一部分幼儿手拿小手绢，可随音乐自由起舞。

4. 小结：黄河是中华民族的摇篮，是我们中华民族的骄傲，被称之为母亲河。

反思评价

本次主题活动根据幼儿年龄特征和已有经验，逐步帮助幼儿将零散的经验进行梳理、整合和内化，让幼儿对“最美凤凰城”有了一个较全面的了解，激发了幼儿对家乡的热爱之情。首先，创设了一个具有浓厚家乡文化特色的视觉文化环境，使幼儿一进入活动室就受到凤凰城文化的熏染。激发幼儿对凤凰城文化艺术的热爱，在自然轻松的气氛中操作摆弄，体验其中的乐趣。其次，采用多种教育形式的有机结合，抓住教育契机，多角度立体开展凤凰城文化艺术教育。由于对主题感兴趣，并得到家长的大力支持，在活动开展过程中，幼儿们经常带一些新收集的资料回来。整个活动的开展，活动内容的安排，离不开师、幼、家长的共同参与和努力。只有充分调动起幼儿主动学习的积极性，才能更好地在幼儿的兴趣点中发掘有意义的素材，使主题活动更加精彩。

（作者：李占美 单位：山东省东营市利津县第一实验幼儿园）

十二、我是莆仙小戏迷

设计意图

莆仙戏有“南戏活化石”的美称。顺应幼儿的兴趣需求，以“我是小戏迷”为依托，通过寻访、探索、调查、记录等形式，运用看一看、听一听、玩一玩等感官体验，提高本园幼儿赏析莆仙戏的能力，感受莆仙戏艺术独特的表现形式，对家乡莆仙戏文化有进一步的了解，从而萌发爱家乡的情感。

活动目标

1. 知道莆仙戏的文化悠久，初步了解莆仙戏的来源。

2. 学习莆仙戏戏曲，尝试用莆田话的方式表达莆仙戏。

3. 探索了解各种角色的不同之处，乐于与同伴交流自己的发现。

4. 学会运用贴、剪、画等多种技能制作莆仙戏脸谱、戏曲小人、戏曲服装、道具等。

基本结构

1. 寻莆戏：结合社区戏台的资源。在欣赏前组织幼儿制定“计划书”，有目的、有计划地体验莆仙戏的各种角色、乐器、服装、头饰，让幼儿深入了解莆戏的文化。

2. 忆莆戏：参观后的谈话，并用绘画的形式让幼儿自己对莆仙戏的印象画下来，例如人物、服装、道具等；寻找资料了解生旦净末丑五个角色，并学会这五个角色的基本动作；收集各种生活材料自制演奏乐器。

3. 学莆戏：邀请家长“莆仙戏演员”来班级助教，了解莆仙戏演员从化妆、穿搭服饰、佩戴头饰再到随音乐动作、演唱，激发了幼儿学莆仙戏的兴趣。并通过区域游戏与幼儿一起探讨了舞台的设置、服装道具的准备、化妆品的使用等，通过幼儿自身对莆仙戏音乐的理解、动作的模仿、舞台的布置等来演绎出独特的莆仙戏。

整合准备

表 3-12-1 《我是莆仙小戏迷》教育领域整合与支持准备一览表

活动名称	领域类别	活动准备
我来学唱戏	综合、健康、艺术	经验准备：观看视频《春草闯堂》、《状元与乞丐》并学习相关的动作要领 物质准备：提供道具、乐器、服装等
我去参观戏服店	社会	经验准备：了解莆仙戏不同角色的衣服颜色 物质准备：事先与戏剧商店联系，安排参观时间
我眼中的戏曲人	综合、语言、艺术	经验准备：事先了解不同角色的妆容、服饰、动作等 物质准备：《春草闯堂》的视频；角色动作的图片等
戏曲小书(讲述)	语言	经验准备：幼儿与家长一起制作戏曲小书 物质准备：莆仙戏剧照，自制小书
莆戏服饰欣赏(服饰欣赏)	艺术	经验准备：观察了解莆仙戏的服装特点 物质准备：准备不同的戏曲服饰图片、彩笔、卡纸、绘画纸、废旧挂历纸等
莆仙戏脸谱画(彩绘)	艺术	经验准备：了解莆仙戏脸谱的颜色种类 物质准备：音乐《状元与乞丐》、视频《海神妈祖》 情境创设：请几个小朋友表演“戏说脸谱”，每人一个角色一个脸谱
戏台(绘画)	艺术	经验准备：幼儿事先与爷爷奶奶一起到户外看戏 物质准备：莆仙戏剧照，黑色画笔、画纸若干
戏曲头饰(手工)	艺术	经验准备：了解莆仙戏角色的头饰造型等 物质准备：莆仙戏剧头饰图片、帽子模型、小珠子、晶片、毛线

活动过程

1. 制作主题展板

主题展板分成三个板块：寻莆戏、忆莆戏、学莆戏。

2. 布置室内环境

(1)主题背景墙：营造莆仙戏的舞台，欣赏生、旦、静、丑的角色，下方一排人物绘画为“观众”，创设情景式的背景。

（2）室内空间隔断与壁挂：采用绘画、彩绘、手工等不同形式，把幼儿创作的形式不一的脸谱进行室内装饰。

（3）门口采用彩绘具有莆仙特色的水波纹的纸箱垒成展示台，展示幼儿自制的莆仙戏曲小人等，也是对家长宣传展示幼儿的创作内容。

3. 组织区域活动

（1）美工区：提供报纸、毛线、纸皮、纸筒、纱布等低结构材料，供幼儿手工制作“马鞭”、“戏曲服装”、“戏曲头饰”；绘画“戏曲人物”、“戏曲脸谱”、“彩绘脸谱”。

（2）语言区：提供亲子制作的小书，讲述《我的戏曲小书》；创设莆仙剧目的小剧场，便于幼儿讲述“我喜欢的莆仙剧目”；共享美工区 DIY 的戏曲小人进行手偶讲述《戏曲小人》。

（3）游戏区：共享美工区 DIY 的绘画作品、收集的纱布等布置的“莆娃小剧场”，共享美工区 DIY 的服装、头饰等扮演莆戏演员进行表演。

4. 开展游戏活动

（1）“霞徐小剧场”是由室内的莆娃小剧场拓展到室外的霞徐小剧场，采用操场上废旧的蹦蹦床改造，添上戏台的布帘等，提供自制的服装、道具、化妆品、戏曲音乐等，由幼儿制定演出剧目等，由于观看的幼儿站着累，就利用轮胎及木板搭成了一排排的椅子，形成了看台。

（2）顺应幼儿兴趣，在霞徐剧场周边开设许多相关店铺、摊位。

“戏曲用品店”，提供幼儿自制头饰、服装、道具、串珠项链等，形成一个商店，演员可以到商店里来增添演出的道具等，幼儿自发用树叶标注数字作为货币进行买卖活动。

“停车场”：利用砖头在戏台的附近摆成一排长方形车位，供幼儿在购买、欣赏节目时把车子按位停放，可有效维持游戏场地的秩序。生活情景的再现后，幼儿举一反三，增设了其他的商铺。

“烧烤店”：提供纸箱、生活中的废旧盘子、细小的木质材料以及在操场上的就地取材，把自然物“物化”成游戏材料。例如树叶制成的小鱼、用树枝串树叶变成羊肉串、用大树叶包裹树枝等变成春卷等，并用砖头、有颜色的瓶子等围成一个小商铺的围墙。

“奶茶店”：利用操场上的平衡木，先用纸箱、油桶、轮胎等材料围成了一个店铺。观察到幼儿园日常中的豆渣材料，可塑性强可用来制作蛋糕等甜品类，并结合自然界中的树叶、树枝、小果实等作为装饰材料。

“我们设计的围墙”：完善与丰富幼儿在游戏中商铺围墙搭建的技能，结合低结构材料、半成品材料、建构玩具等进一步规划如何有规律地排序搭建，让作品更加美观。

5. 资源互动与利用

（1）社区资源：《走近莆仙剧团》，感受区别于在视频中欣赏的莆仙戏，有计划、有目的地欣赏舞台布置、人物的动作、道具的使用、服装头饰的配合等，让幼儿对莆仙戏有了进一步的认知。

(2)家长资源：家长助教《莆仙戏进课堂》，邀请职业是莆仙戏演员的家长走进教室，带来了一节形式多样、内容丰富的莆仙戏。同时幼儿学会了在演出前给自己化妆。

(3)家园合力：首先请家长们协助幼儿了解我们莆仙戏的来源及剧目背后的故事；再引导家长收集生活当中的低结构的材料，例如油桶、纸箱、纸皮、布料、锅碗等，便于幼儿在游戏过程中创造性制作戏曲人物、道具等。为满足不同能力幼儿对莆仙戏的认知，开展亲子活动《莆戏时装秀》，家幼一起选择一个戏曲角色设计服装、脸谱、道具等，着装后在小戏台上走秀。

反思评价

本次主题活动旨在以本土化的莆仙艺术活动为突破口，通过一日活动各个环节的渗透与教育，让莆戏走进幼儿园，走近幼儿，注重发挥民间艺术教育的整合作用及幼儿的主体作用。通过欣赏、合作、讨论、设计、创作、游戏等多种方式，结合各种资源开展丰富多彩的主题内容，以幼儿为主体，教师为辅的角色定位，紧随幼儿的情感需求，提供相应的时间、空间、物质与精神的支持，让幼儿学会了自我发现、自我探索、自我挖掘、自我表现的能力，并生成一系列游戏活动内容。

(作者：林丹　曾惠容　单位：福建省莆田市涵江区实验幼儿园霞徐分园　指导教师：董荔红　陈杭)

十三、古巷悠悠涵江情

设计意图

莆田市涵江区曾拥有的 12 条古街、59 条古巷记录了这座千年古镇往昔的繁荣和沧桑。通过“鳗巷、竹巷、打铁巷、豆菜巷……”这些朴素、亲切的巷名，我们多少能想象出百年前涵江宫口河畔手工业、商贸业昌盛发达的情景。本园地处涵江老城区，许多小朋友还生活在这个片区，每天早晨傍晚，他们随着爸爸妈妈、爷爷奶奶走街串巷地来到幼儿园，司空见惯却未必已探及美好。每天走过的小巷它们叫什么名字？它们有着怎样古老的故事？小巷里的美食、古厝、老行当、老手工艺者都有怎样繁华的过去？这些很值得幼儿们探索，并记住这些美好、温馨、古老的生活片断。

活动目标

1. 充分利用社区资源，扩展学习空间，感受家乡文化的丰富，并会用适当的方式表达、交流探索的过程和结果，产生热爱家乡传统文化的情感。

2. 在主题活动中了解家乡古巷的名称、名胜古迹、美食、各行各业的劳动者，热爱家乡的古老文化，尊重各行各业劳动者的劳动。

基本结构

1. 我知道的涵江古巷：主要通过亲子采风、网络搜索古巷的名称由来、照片记录等多种方式收集涵江古巷的相关资料，以分享交流的方式帮助幼儿对涵江古巷有初步的认知。

2. 小巷美食：和家人一起在闲暇时品尝隐在涵江古巷里的特色美食，给自己喜欢的涵江古巷特色美食点赞，并用统计的方法统计每项美食喜欢的人数，了解家乡的美食，进一步引发爱家乡的情感。

3. 小巷的名胜古迹：充分利用社区资源，带幼儿参观古巷里的名胜古迹，感受家乡文化的丰富与优秀。

4. 小巷里的劳动者：通过社区互动及自主游戏活动，让幼儿了解古巷里老手工业者的工作，尊重各行各业劳动者的劳动。

整合准备

表 3-13-1　《古巷悠悠涵江情》教育领域整合与支持准备一览表

活动名称		领域类别	活动准备
单元一：我知道的涵江古巷	《介绍一条我知道的涵江古巷》(晨间小主播)	语言	经验准备，家长指导讲述内容
	《宽窄巷子》(诗歌)		巷子的图片
	《跳房子》(体育)	健 康	户外跳房子的格子
单元二：小巷里的名胜古迹	《介绍一个古巷的名胜古迹》(晨间小主播)	语 言	经验准备，家长指导讲述内容
	《正学门》(绘画)		正学门图片
	《古厝一角》(写生)	美 术	画板、画笔等
单元三：小巷里的美食	我喜欢吃的小巷美食之一(晨间小主播)	语言	经验准备，家长指导讲述
	《我不挑食》	健康	故事视频，挂图等
	《我喜欢的小巷美食》(统计)	科学	主题板投票格等
单元四：小巷里的手工艺者	我认识的一个小巷手工艺人(晨间小主播)	语言	经验准备，家长指导讲述内容
	认识竹制品	科学	竹篮、竹筛、竹椅等
	《涵江古巷真正好》(三句半儿歌创编)	语言	锣、鼓、镲、双响梆子

活动过程

1. 主题预热

(1)知识经验准备：父母周末带幼儿去古巷里走走逛逛，认识各条巷子的名称，品尝巷子里的美食，逛逛名胜古迹及认知手工业者的劳动。

(2)向家长发放摸底问卷调查及主题预设方案告知书。

2. 主题环境创设

(1)环境准备：在活动室创设古街氛围，花格窗的主题背景墙，古厝的黑漆大门，红砖的墙围，用幼儿在主题课程中制作的灯笼、美食、水墨画等作品布置活动室，走廊布置老城区名胜、美食古巷旅游指南地图墙，创设古巷情景式的环境。

(2)主题进程展示墙

《我是涵江古巷小导游》栏目展示幼儿们每期做家乡导游小主播的表现和风采，小朋友可以投票评选自己喜欢的优秀主播。

《走街串巷游涵江》把古街的小巷以旅游地图的方式展现，幼儿们有空在这里认知小巷的名称、美食及名胜古迹。

《主题小书展》展现根据自己对古巷游览采风制作的亲子图书集。幼儿们有空可以在这里交流翻阅。

《主题花絮》展示我们主题特色活动的活动剪影。

3. 区域活动

(1)美工区：折纸《老房子》；彩绘《灯笼》；手工《豆浆炒 DIY》；绘画《古巷》。

(2)益智区：《古巷迷宫》。

(3)科学区：《搭纸桥》、《豆芽的秘密》。

(4)语言区：讲述《主题小书》——介绍古巷及美食、名声古迹、手工业者等。

(5)建构区：《古巷、古厝、东方 25 坎、正学门》等。

(6)角色区：《和乐社区》。

(7)表演区：三句半创编《涵江古巷真正好》。

4. 游戏活动

随着主题进程，从最初的建构游戏《宽窄巷子》、《东方 25 坎》、《正学门》、《古厝》等，向角色游戏主题的拓展：《日日鲜小杂海》、《王桥头理发店》、《大巷里大排档》、《李巷工艺坊》、《后坡裁缝店》等。随着幼儿对主题内容的熟悉和在晨间小主播活动中的历练，用“涵江小导游”的活动把这几个游戏关联起来。游戏开始了，小导游带着游客介绍主题展板，参观建构区小朋友搭建的古巷里的名胜古迹，到角色区享受理发、美食、购物等活动，到茶馆里品茶看三句半表演等。幼儿们在其乐融融的自主游戏里更进一步热爱家乡的传统文化。

5. 社区活动

(1)第一单元：《亲子涵江古巷采风游》(游览)

(2)第二单元：《百年古厝——双茂隆》(参观)；《到古厝民居徐奶奶家做客》(家访)；

(3)第三单元：《竹器店及竹巷工坊》(参观)；《红花送给你》——慰问社区里的劳动者。

6. 特色活动

(1)主题总结会邀请家长一起参加亲子主题活动日——《印象涵江》。

(2)自主游戏：和乐老城区。创设古巷大排档、王桥头理发店、惠民超市、三角埕卫生院、和乐小家等游戏场景，邀请家长和幼儿一起游戏。小导游向客人介绍主题进程展板，带客人品尝美食、看表演、体验工艺坊、美食等活动。

(3)十米长卷，亲子共画涵江老城。邀请幼儿和爸爸妈妈把富有涵江魅力的古巷、古桥、古厝描绘下来并布置成为班级的主题文化走廊。

反思评价

本次主题活动以莆仙文化为背景，重在激发幼儿的“情感体验”，以“探寻—感知—热爱”为主线，遵循循序渐进的原则，从“我知道的涵江古巷”、“小巷里的美食”、“小巷里的名胜古迹”和“小巷里的劳动者”等四个单元展开教育活动。在前期先与家长互动，告知主题探知路线，让家长也关注自己生活的这片老社区，和幼儿一起去探究古巷的故事，同时开展了丰富多样的活动，有社区探索、自主游戏、区域游戏、领域活动、亲子共玩等灵活多样的组织形式，吸引幼儿主动参与。利用多种途径激发幼儿爱家乡的情感，在游戏中拓展了幼儿原有的生活经验和情感体验，激发了幼儿“爱家乡——涵江”的情感。

（作者：陈敏　曾惠容　单位：福建省莆田市涵江区实验幼儿园霞徐分园　指导教师：陈杭　董荔红）

十四、奇妙的盐水

设计意图

《3—6岁儿童学习与发展指南》明确指出："幼儿的科学学习是在探究具体事物和解决实际问题中，尝试发现事物间的异同和联系的过程。""幼儿科学学习的核心是激发探究兴趣，体验探究过程，发展初步的探究能力。"幼儿非常喜欢玩水，他们也喜欢将不同材料放到水中观察物体的沉浮现象，探究水的秘密。本次主题活动针对幼儿兴趣设计生成，旨在让幼儿认识生活中的食盐，感受盐的广泛应用，并对科学探究活动产生兴趣。

活动目标

1. 引导幼儿认识生活中的食盐，了解盐在生活中的作用。
2. 利用图片及视频方式帮助幼儿了解盐是怎样来的，丰富相关知识经验。
3. 开展丰富的趣味性盐水游戏，激发幼儿探究兴趣。乐意观察和表达实验现象，能自主得出实验结论，知道盐溶于水中会增加水的浮力。积极动手探索寻找答案，感受科学探索活动的乐趣。
4. 了解盐在生活中的妙用方法，提高生活能力，丰富相关经验。

基本结构

表 3-14-1 《奇妙的盐水》主题活动基本结构设计一览表

奇妙的盐水	
生活中的食盐	帮助幼儿认识生活中的食盐，了解盐在生活中的作用
盐是怎样来的	通过图片及视频方式帮助幼儿了解盐是怎样来的，丰富相关知识经验
趣味盐水游戏	开展丰富的趣味性盐水游戏，激发幼儿探究兴趣，知道盐溶于水中会增加水的浮力
盐的妙用	了解盐在生活中广泛的用途，以及一些妙用的方法，增加经验储备

整合准备

表 3-14-2 《奇妙的盐水》教育领域整合与支持准备一览表

活动名称	领域类别	活动准备
生活中的食盐	科学、语言	带包装的食盐一袋
它们一样吗？	语言、科学	盐、味精、食盐及盛放容器、小汤匙
盐的味道	科学、语言	盐、用盐做的美食
盐是怎样形成的？	科学、语言	盐的形成图片及视频
健康饮食	健康、语言	含盐多的食物、健康饮食图片
饮食习惯调查表	健康、语言	家庭成员饮食习惯调查表
盐的溶解	科学、语言	食盐、小汤匙、装水容器、记录单、笔等
彩盐	科学、艺术	盐、粉笔、水彩笔等
咸味食物与甜味食物	健康、科学、语言	咸味食物与甜味食物图片
猜谜游戏	语言、艺术	谜底是水的谜语
死海不死的秘密	科学、语言	人在死海海面漂浮的图片六幅
小魔术：葡萄浮起来了	科学、语言、社会	葡萄、装水的同样大小的容器、盐、小汤匙、搅拌棒等
沉浮游戏	科学、语言	土豆、装水的同样大小的容器、盐、小汤匙、搅拌棒、记录表、笔等
盐的用途大	语言、科学	盐在生活中妙用图片
盐的妙用	科学、语言	统计表、盐在生活中妙用图片
鸡蛋怎样浮起来	科学、语言	鸡蛋、装水的容器、盐、小汤匙、记录表、笔等
盐先生回来了	科学、语言	故事、盐水浓度很高的装水容器、记录表、笔等
统计盐水的本领	科学、社会	四种标记分别代表盐的“美容”“医用”“食用”“清洁”功能，统计表，笔等

活动过程

1. 创设主题墙

主题墙分为四个板块：生活中的食盐、盐是怎样来的、趣味盐水游戏、盐的妙用，将幼儿作品布置到主题墙上，使幼儿和环境互动，产生成功体验。

2. 活动区环境创设

(1)科学区：《有趣的沉浮》、《葡萄浮上来了》、《有趣的溶解》、《鸡蛋怎样浮起来》等，激发科学探究兴趣。

(2)语言区：《死海不死的秘密》、《盐的形成》等图片，幼儿进行看图讲述。

(3)美工区：《彩盐》、《彩盐插花》，提高动手操作能力及创意能力。

3. 活动实施

(1)第一个子主题《生活中的食盐》，引导幼儿认识生活中的食盐，他们会从生活中寻找，知道食盐的味道以及在生活中的作用等。

(2)第二个子主题《盐是怎样来的》旨在使幼儿了解“盐”的形成过程。

(3)第三个子主题《趣味盐水游戏》，目的在于让幼儿了解盐水能改变物体的沉浮状态以及盐在水中的溶解现象。

小魔术“葡萄浮起来”。教师出示葡萄，请幼儿猜想葡萄在水中的沉浮状态，现场请幼儿把葡萄放入1号清水中，观察葡萄在水中的下沉现象。我又出示魔术粉，请幼儿观察魔术粉在水中溶解的过程和增加盐量后葡萄慢慢上浮的状态。幼儿感受到了魔术粉的神秘性，也更迫切探究葡萄上浮现象的秘密。我揭开魔术粉是生活中的盐，知道盐可以增加水的浮力，使下沉的葡萄漂浮到水面上。

在活动中利用统计表进行交流与分享：引导幼儿通过观察比较的方式了解到盐水浓度与浮力大小的关系，进一步巩固盐量越多水的浮力越大的道理，使幼儿主动建构经验，进一步巩固浮力大小与盐水浓度的关系。

扩展和延伸经验——了解死海的秘密，丰富和拓展幼儿的生活经验。帮助幼儿解除疑惑，使科学教育回归幼儿的生活，达到学以致用的教育目的。幼儿将学到的科学知识与现实生活进行结合，知道死海盐水的浓度非常高，水的浮力非常大，所以人能漂浮在海面上。

(4)第四个子主题“盐的妙用”，通过系列活动使幼儿拓展盐在生活中的妙用，丰富相关经验。设计四种标记分别代表盐的“美容”、“医用”、“食用”、“清洁”功能，鼓励幼儿将自己调查、收集的答案贴在相应的标记下面。

4. 家园共育

主题活动开展过程中，充分利用家长资源，请家长和幼儿搜集生活中的食盐，制作美味的健康菜肴，了解多盐对身体健康的影响，从而养成健康的生活方式。亲子活动《饮食习惯调查表》、《食盐的妙用》。

5. 生成活动

引导幼儿了解盐水溶解在水中，可增加水的浮力，为了使他们了解盐水浓度与浮力大小的关系，可以顺应幼儿的兴趣生成活动《鸡蛋怎样浮起来》。

6. 延伸活动

请幼儿在生活中继续探究常见物品，如鸡蛋、核桃等，探究使他们沉浮状态进行转换的多种方法，给幼儿继续探究的空间，使幼儿养成良好的科学探究习惯。

反思评价

本次主题活动根据幼儿年龄特点和身心发展规律合理安排教育活动，在内容上实现了课程的整合，五大领域活动内容安排比较均衡。趣味盐水游戏为幼儿提供充足、丰富的操作材料，尊重幼儿的学习方式，以游戏为主要活动形式，使幼儿动手操作、亲身体验，探究浮力大小与盐水浓度的关系，体现了“教师主导，幼儿主体”的教育理念。引导幼儿多感官参与到活动中实现了活动内容的整合，调动了幼儿的参与积极性，将科学原理蕴含于趣味性强而且浅显易懂的实验中，通过直接感知、亲身体验、实际操作为主的学习路径，进一步激发幼儿的兴趣，发挥幼儿在活动中的主体地位。今后应充分利用社区资源，鼓励幼儿走进社区宣传健康饮食的重要性，了解健康的生活方式等，进而增加幼儿的社会体验，提高语言表达能力和沟通能力等。

（作者：张乃艳　单位：河北省保定市高碑店市第二幼儿园）

十五、走进航天 走近科学

设计意图

幼儿的科学教育应结合幼儿的生活，充分挖掘与利用幼儿感兴趣的教育资源开展科学教育活动。航天幼儿园地处航天科技产业园区，以航天科技为依托，有着丰富的航天科技资源。幼儿作为小小航天人从小就受到浓厚的航天科研氛围和文化氛围潜移默化的影响，对航天科学、宇宙星球充满了向往和求知欲。因此，为了保护幼儿的好奇心和求知欲，进一步激发了幼儿爱科学、学科学与用科学的兴趣，借助丰富的航天科技资源，特别设计开展了本次主题活动。

活动目标

1. 对航天科学探究产生兴趣，有好奇心和求知欲。
2. 积累有关航天科学的知识和经验，有一定民族自信心和自豪感。
3. 能运用多种方法积极探索、感知操作，并愿意与同伴、成人表达与交流自己在观察与实验过程中的发现与结果。
4. 积极参与科学小实验及进行科学小发明的制作，享受科学活动带来的无穷乐趣。

基本结构

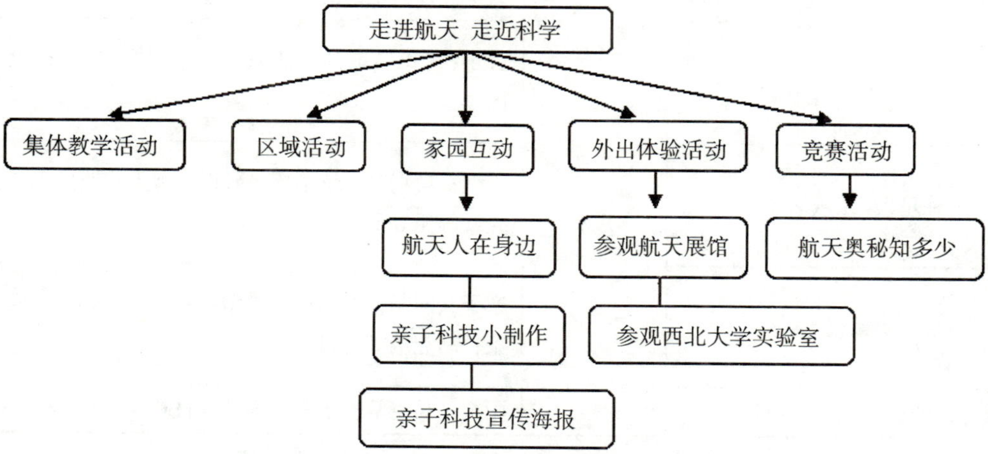

图 3-15-1 《走进航天 走进科学》主题活动基本结构设计示意图

整合准备

表 3-15-1 《走进航天 走近科学》教育领域整合与支持准备一览表

活动名称	领域类别	活动准备
美丽的太空	科学	物质准备：太空 PPT 经验准备：幼儿前期和父母共同搜集关于太空科学方面的图片与知识
太空中的植物		物质准备：太空植物图片 经验准备：幼儿前期和父母共同搜集关于太空植物的图片和知识
火箭飞上天		物质准备：火箭升空视频；火箭模型
家长进课堂：航天科普活动、我身边的航天人等		家长与教师共同制定活动内容
科学小制作(亲子活动)		
温妮去太空(绘本欣赏)	语言	绘本《温妮去太空》
我认识的宇航员	社会	物质准备：火箭升空视频 经验准备：向父母了解宇航员的事迹
宇宙求援(区域活动)		医用急救箱；维修工具等
火箭发射了(区域活动)		火箭发射台；火箭模型等
小小宇航员(区域活动)		幼儿宇航服若干
登上月球	健康	平衡梯、轮胎、轮胎小车等
遨游太空	艺术	太空图片；刮画纸
我和星星打电话		音乐：《我星星打电话》；星空图片；星星打电话图片
外星人(区域活动)		画纸；马克笔；炫彩棒；彩纸；剪刀；花生壳；蛋壳；彩泥等材料
火箭模型		亲子共同制作好的火箭模型；彩泥；水彩笔；碎布条；马克笔等材料
我设计的宇宙飞船(区域活动)		画纸；马克笔；水粉；棉签等材料

续表

活动名称	领域类别	活动准备
参观航天展馆 参观西北大学实验室	综合	活动计划、活动安全预案等
亲子科技海报制作		
航天奥秘知多少(竞赛活动)		活动计划、活动安全预案等

活动过程

1. 创设航天科学教育环境

打造航天科学教育环境，创设航天主题展示墙、互动墙，营造航天科学教育氛围，让幼儿通过与环境的互动获得发展。

2. 组织区域活动

围绕航天主题教学活动开展相关区域活动，如角色扮演区投放模拟宇航仓、宇航员服饰、火箭发射台、医用急救箱等材料，幼儿可以扮演小小航天员进行角色表演游戏；如在美工区投放各种不同的绘画手工材料，幼儿可以进行与航天主题相关的艺术创作；如在阅读区投放航天科普类书籍、绘本，幼儿可以自主阅读。

3. 组织体育游戏活动

以登陆月球、太空探险等故事为情境开展体育游戏活动，激发幼儿参与体育活动的兴趣，发展幼儿的走、跑、跳、平衡等能力。

4. 组织开展相关特色活动

(1)航天人在身边

借助丰富的家长资源，开展“航天人在身边活动。家长进课堂——授课家长根据幼儿年龄特点，为幼儿进行生动有趣的航天科普知识讲解。通过直观的PPT、视频以及小实验，让幼儿亲身走进航天，感受科学的魅力。科学爸爸、科学妈妈——在全园家长中征集科学爸爸、科学妈妈，为幼儿演示科学小实验，和幼儿共同进行实验操作。

(2)外出体验活动

组织幼儿走进航天展馆参观、走进西北大学实验室进行科学实验操作。

(3)“航天奥秘知多少”活动

组织进行大班年级组航天知识竞赛。在比赛中还穿插现场家长答题互动环节，以调动现场每一位小观众的答题积极性。

(4)亲子科技制作观展

为了使科技文化更好地融入幼儿日常生活，激发幼儿积极动手动脑，享受科学实验带来的无穷乐趣，园所筹备了亲子科技小制作和科技宣传海报的展览。一份份海报以图文并茂的形式为大家展示了幼儿的认知与发现，一个个有趣的小制作吸引着幼儿专注地进行探索。

反思评价

“走进航天，走近科学”主题活动设计是对社区科技资源的一种开发与利用。围绕“航天主题”创设科学特色教育环境，充分发挥环境的教育价值对幼儿潜移默化的影响，让幼儿积极主动地与环境互动。通过主题教学活动、区域活动、游戏活动、外出体验活动的开展，让幼儿在玩科学、学科学的过程中开拓了视野，满足了幼儿对于航天奥秘的探索和求知欲，学会了运用观察、比较、操作与实验等方法进行科学探究，逐渐养成了好问、好学、好探究的良好科学素养。同时以航天主题活动为契机，引领家长参与幼儿园科学教育活动实施。家长根据自己的职业优势来园服务，与幼儿共同进行科学实验和科学小制作，充分发挥了家长作为教育参与者、合作者的作用，真正让科学走进幼儿、走进生活，走进家庭。部分课程内容的设置还需要不断地充实，课程体系还需要在实践中不断完善。

（作者：王永芳　刘尧　单位：陕西省西安市雁塔区航天幼儿园）

第四章　通用单元主题案例

一、玩创节

设计意图

在幼儿熟悉的大自然、日常生活中蕴含了许多科学教育价值，为了引导幼儿发现身边的科学，培养幼儿的科学探究兴趣和学习简单的探究技能，结合《3—6岁儿童学习与发展指南》指导精神，落实幼儿园科学领域的教育目标，各级根据幼儿的年龄特点，开展了“玩创节”主题活动，旨在培养幼儿的科学探索精神，丰富其科技知识，拓展幼儿园的教育教学活动内容与途径、促进幼儿园节日活动与“家”文化的融合与发展。

活动目标

1. 通过玩创节活动，激发幼儿的探究兴趣，使幼儿感受、了解简单的探究技能，在幼儿、老师、家长中形成“热爱科学、崇尚科学”的氛围。

2. 以玩创节为中心，向各领域辐射，促进幼儿思维、语言、艺术创造以及社会性的发展。

基本结构

1. 喂养小动物、种植并观察种子发芽。幼儿在喂养小动物的过程中学会了体贴和照顾，通过种植、观察种子发芽培养幼儿动手操作能力、探索精神。

2. 科学爸爸、妈妈进课堂。把家长请进课堂，拓展幼儿教育教学活动途径。

3. 亲子科学实验、科幻画开放周。家园共育，把活动渗透进每一个家庭当中。

4. 亲子科技小制作、科幻画义卖活动，通过义卖活动，培养幼儿的爱心，对孤寡老人的关怀。

整合准备

表 4-1-1　《玩创节》教育领域整合与支持准备一览表

活动名称	领域类别	活动准备
种子发芽	科学	瓶子、盆、种子、泥土
我爱我的小动物	艺术	歌曲伴奏、各种小动物头饰
科学爸爸进课堂	语言、科学、社会	家长自带先进小产品(风筒、吸尘器、无人摄影机等)
科学妈妈进课堂	语言、科学、社会	家长自带先进小产品(风筒、吸尘器、无人摄影机等)
动物住几楼	数学	各种小房子、动物图片
喂养小动物	健康	幼儿自带小动物(兔子、金鱼、乌龟等)
亲子科学小实验、科幻画开放周	语言、科学、社会、艺术	亲子自制科学小实验、科幻画展示

活动过程

1. 创设环境

(1)公共环境及教师和幼儿进行班级环创(包括绘制玩创节宣传画)。

(2)创设动、植物角，提供幼儿种植及喂养小动物的场地。

2. 家园共育

(1)各班通过《致家长的一封信》、微信群等方式，让家长了解玩创节的活动流程。

(2)发动科学爸爸、妈妈进课堂。让家长走进课堂，拉近了幼儿园与家长的距离，有效利用家长资源，开阔幼儿的眼界，拓宽幼儿的思维。

(3)让家长和幼儿一起画科幻画、制作科学小实验。制作完成后带回班上，向班上教师、家长、幼儿介绍、展示作品。组织家长和幼儿通过对喜爱的作品小红花投票的形式，选出 6 份作品去级里进行比赛。并评出“我最喜欢的小实验”、“优秀实验奖”，科幻画一、二、三等奖。

(4)组织家长开展“亲子科学小实验、科幻画”义卖活动，并邀请部分家长、幼儿把义卖款购买物品赠送给敬老院的孤寡老人。

(5)闭幕式邀请家委会家长、幼儿表演亲子《机械舞》，并对本次活动获奖的幼儿进行颁奖。

3. 组织区域活动

(1)科学区：各级投放适合本班年龄特点的科学小实验在区域里面。

(2)美工区：提供材料让幼儿制作科学小手工、画科幻画。

(3)种养区：提供材料让幼儿种植、观察植物和喂养小动物。(中、大班幼儿可提供观察记录表让幼儿记录)

反思评价

本次活动重在落实幼儿园科学领域的教育目标，能够向各领域辐射渗透，以促进幼儿思维、语言、艺术创造以及社会性的全面发展。尤其是家长的参与性强，促进了老师和家长、幼儿之间的感情。通过义卖活动，丰富了幼儿的角色体验，培养了家长和幼儿乐于助人、乐于奉献的品质。但是，在喂养小动物等环节存在着有待解决的安全隐患排除问题。

(作者：蔡燕霞　单位：广东省清远市阳山县第一幼儿园 指导教师：李晓慧)

二、快乐父亲节

设计意图

都说母爱是伟大的，但是父亲的角色在幼儿的成长道路上有着不可或缺的作用，父爱母爱犹如鸟儿的两个翅膀，只有两个翅膀同样健壮，鸟儿才能飞得高飞得远。然而在现代家庭中，爸爸在幼儿心目中的形象是繁忙、威严的，手机控的社会现象使幼儿与爸爸接触交流的机会少之又少。为此，在父亲节来临之际特开展“快乐父亲节”活动，提供幼儿和爸爸沟通交流的机会，以增进父子或父女间的感情。

活动目标

1. 通过聆听讲座和诗歌朗诵，使家长放下手机把自己还给幼儿，沟通父子(女)间的感情。

2. 通过游戏环节感受爸爸的强壮和勇敢，增进亲子情感交流，引导幼儿学会关心父母家人，懂得感恩！

基本结构

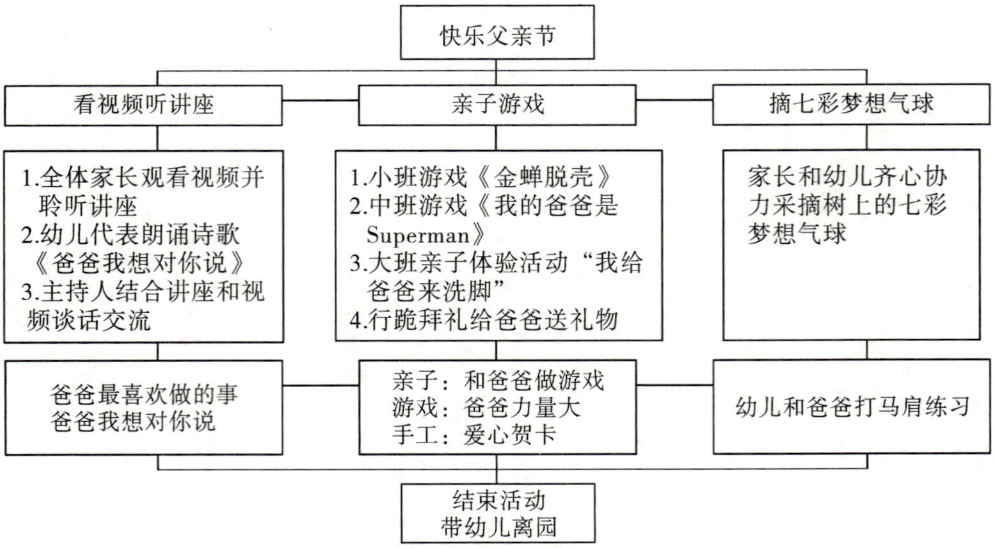

图 4-2-1 《快乐父亲节》主题活动基本结构设计示意图

整合准备

表 4-2-1 《快乐父亲节》教育领域整合与支持准备一览表

活动名称	领域类别	活动准备
观看视频	社会	《音乐大师：七岁男孩唱父亲》
专家讲座	社会	专家聘请
诗歌朗诵《爸爸我想对你说》	语言	诗歌《爸爸我想对你说》
谈话交流	社会	发言稿
游戏《金蝉脱壳》	健康	宽阔的场地、长布条
游戏《我的爸爸是 Superman》	健康	计时器
亲子体验活动《我给爸爸来洗脚》	健康	自备洗脚盆人手一个
行跪拜礼送礼物	综合	幼儿自备礼物人手一个
摘梦想七彩气球	健康	背景音乐、七彩气球若干挂在树上
离园	综合	清理活动场地

活动过程

1. 家园合力

(1)组织全体家长观看视频《音乐大师课：7 岁幼儿唱〈父亲〉》

(2)幼儿代表朗诵诗歌《爸爸我想对你说》

我想有个温暖的家
有爸爸有妈妈
还有我这个小娃娃
爸爸给我讲故事
妈妈陪我唱儿歌

可是不知从什么时候起
手机成了你们的宝贝
你们再也不理我
你们吃饭时看它
走路时看它

睡觉前看它
就连陪我玩也要看它

叫叫妈妈不说话
手机照着你脸频
叫叫爸爸不说话
手机游戏一直打

爸爸我想对你说
放下手机，陪我玩会吧
陪我散散步
给我讲个故事
教我唱个儿歌

爸爸我想对你说
手机不是你的宝贝
我才是你真正的宝贝

(3)主持人结合视频和诗歌朗诵交流谈话

视频中幼儿的歌声以及幼儿诗歌朗诵真挚情感的流露深深地震撼了在场的每一位家长，强烈地感受到幼儿的心愿，反思自己平时花在幼儿身上的时间真是太少了，并决心以后一定要好好地用心陪伴幼儿成长。

(4)家庭教育指导讲师苏进平老师作专题教育讲座《父亲在幼儿早期教育中的重要作用》。

2. 亲子互动

全体家长到塑胶场地同幼儿一起做亲子游戏。

(1)小托班幼儿和家长一起做游戏“金蝉脱壳”。

游戏目的：锻炼幼儿的应变机智，提升安全自救能力，增进亲子情感交流。

游戏玩法：爸爸用双手双脚束缚住宝宝的双手双脚，宝宝想办法从爸爸的怀里挣脱，并跑出来。

最先完成游戏者，和家长一起到树上采摘气球一个！(寓意：父母家长需支持和帮助幼儿，去追逐和实现他们的七彩梦想)

(2)中班亲子游戏：“我的爸爸是 Superman”。

游戏目的：感受爸爸做为男子汉的强壮与勇敢，知道爸爸工作辛苦，增进亲子情感交流。

游戏玩法：宝宝趴在爸爸的背上，搂住爸爸的脖子，音乐开始时，爸爸开始做俯卧撑，音乐停止时，看哪个爸爸做的俯卧撑最多。宝宝为爸爸端茶送水，并大声喊出“爸爸您辛苦了，我爱您”！（寓意：骑在身上的宝贝就是您的生活重担，但您却顽强地挑起这副重担，不怕苦不怕累，给幼儿做出表率，让幼儿直观地感受到作为父亲的崇高和伟大）

（3）大班亲子体验活动《洗脚》。

活动目的：增进亲子情感交流，引导幼儿学会关心父母家人，懂得感恩。

活动流程：为爸爸端洗脚水；给爸爸脱掉鞋袜；给爸爸洗脚、擦脚和按摩；（学会表达：爸爸，当您老了，我给你……）；给爸爸穿上鞋袜。抱着爸爸喊出：爸爸，您辛苦了！我爱您！

（4）幼儿由各班教师集体带离，拿取给爸爸制作的节日礼物。

主持人面对父母家长做情感激发。父母家长微闭双眼，幼儿手持礼物悄悄走到父母身边，行跪拜礼，双手敬上礼物，并再次大声喊出：“爸爸，您辛苦啦！”

3. 放飞梦想

家长和幼儿打马肩一起齐心协力摘取挂在树上的七彩梦想气球，放飞气球放飞梦想。

反思评价

本次活动深深触动了大部分家长，表示以后会放下手机多陪陪幼儿，多组织实施一些力所能及的家庭亲子活动，基本达成了预期教育目标。

（作者：张梅新　单位：山东省阳信县信城街道中心幼儿园）

三、温情的狮子

设计意图

在“4+2+1”独生子女家庭模式的家庭，幼儿似乎只会索取，对母亲的爱视而不见而并不知道去学会爱，更谈不上感恩母亲了，这对幼儿健全的身心情感发展是不利的。为了推动幼儿园与家庭、社区密切合作，综合利用各种教育资源，专门设计了以“温情的狮子”为主题的活动旨在让幼儿感受妈妈的的爱，从学会感恩母亲开始，做一个心中有爱就敢做敢说的人。

活动目标

1. 培养幼儿要有爱心，爱父母、爱周围的事。

2. 理解故事情节，感受情感变化，用语言、动作、表情、创作等方式表达自己对名画的理解和感受。

3. 敢于表达自己的爱，用自己喜欢的方式表达自己对母亲的爱、对身边的人和事的爱。

基本结构

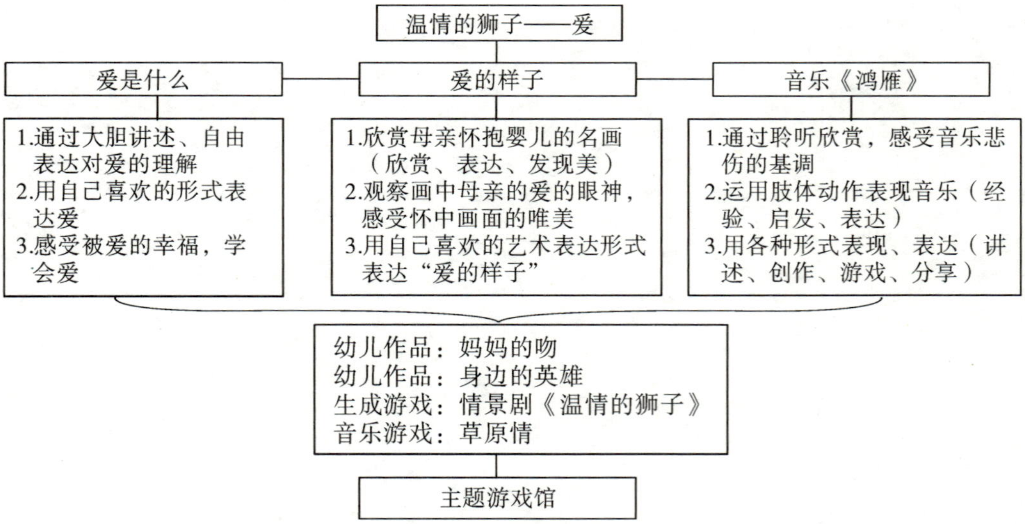

图 4-3-1 《温情的狮子》主题活动基本结构设计示意图

整合准备

表 4-3-1 《温情的狮子》教育领域整合与支持准备一览表

活动名称	领域类别	活动准备
温情的狮子	语言综合活动	绘本图片课件、音乐、家长开放日
爱是什么	社会	图片、操作材料
鸿雁	艺术、游戏	音乐、哈达等

活动过程

总体按照“熟悉经验调取，激发幼儿情感共鸣→故事音乐结合奠定悲伤基调，引幼儿入境→情景表演，切身感受爱与被爱→情感升华，真情流露，感恩父母”思路组织活动。

1. 组织《温情的狮子》绘本阅读

教师充分调动幼儿各种感官，以多元化形式感受绘本《温情的狮子》给幼儿带来的情感盛宴。利用家长开放日，精心为幼儿设计了一系列亲密问话：爸爸妈妈爱我们，你们也爱爸爸妈妈么？你们觉得他们是怎么爱你的？

2. 组织欣赏音乐“鸿雁”

教师播放凄怆的《鸿雁》伴奏，引导幼儿继续体会《温情的狮子》情节的展开。

3. 组织集体讨论“爱是什么”

教师引导幼儿通过用自己喜欢的艺术形式表达对身边的人的爱，并通过主题游戏活动，切身感受身边的人对自己的辛苦付出，学会体谅，学会感恩，让生活变得更美好。

4. 组织“爱的样子”主题名画欣赏

教师引导幼儿欣赏名画，并进一步通过绘画形式表现母子亲情。

反思评价

本次主题活动利用了家长开放日这个良好的教育契机，在绘本阅读、音乐欣赏、集体讨论和名画欣赏等过程中，促进了幼儿与父母之间的情感互动，不仅让幼儿感受到父母对自己的关爱，学会感恩，也让父母感受幼儿的成长需要父母亲情的陪伴。

（作者：王 静　单位：安徽省芜湖市繁昌县峨溪幼儿园）

第二篇

整合式项目主题活动

第五章　小班项目主题案例

一、抱　　抱

设计意图

刚入园的小班幼儿最大的问题就是分离焦虑，有的幼儿能很快适应新环境、新集体，但是有的幼儿可能需要1—2个月，甚至一个学期，甚至更长时间来适应和缓解分离的焦虑情绪。本次主题活动设计考虑利用绘本《抱抱》中母亲与幼儿抱抱的图片，使幼儿在阅读过程中释放自己的依恋之情。

活动目标

1. 帮助幼儿缓解入学初期的分离焦虑情绪。
2. 引导幼儿以积极情绪参与幼儿园一日活动。

基本结构

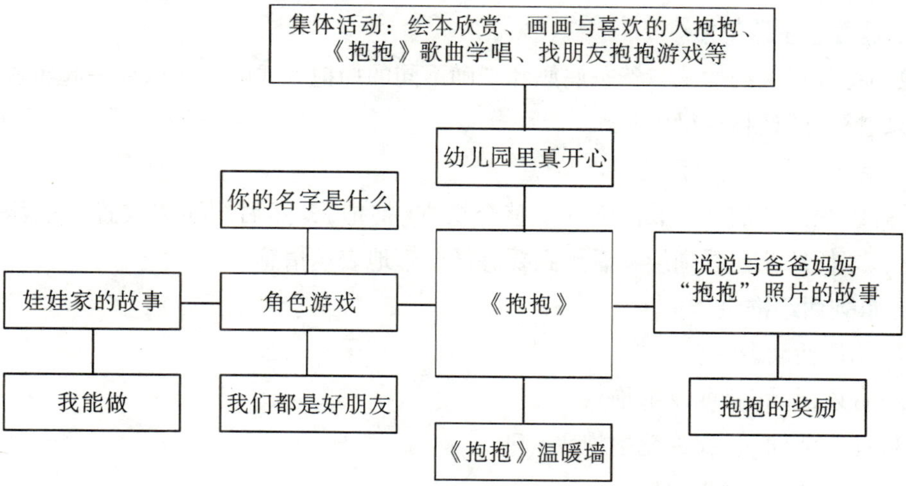

图 5-1-1　《抱抱》主题活动基本结构设计示意图

整合准备

表 5-1-1 《抱抱》教育领域整合与支持准备一览表

活动名称	领域类别	活动准备
主题墙面互动	社会	照片、图片
《抱抱》	社会	绘本准备
《找朋友抱抱》	音乐	音乐
《爱我你就抱抱我》	社会、音乐	音乐
《我想抱抱》	美术	纸笔
图书漂流	综合(亲子)	漂流书、漂流袋
阅读讨论会	语言	黑板
我来讲一讲	表演	照片

活动过程

1. 环境引导——阅读墙情景导入

教师用环境暗示的方法导入绘本，将绘本《抱抱》中经典的拥抱场景布置在墙上，在这面墙下面创设温馨的场景，铺设地垫和毛绒玩具，尽量选取和收集与图片中相关的动物玩具。假如幼儿们想妈妈了，带领他们到这个区域先看一看图片，分散注意力，然后学着动物们的样子抱一抱毛绒玩具。

2. 墙面与生活链接

教师将收集来的幼儿与爸爸妈妈和老师不同的拥抱方式的亲子照片一起布置在墙面上，形成情感的迁移桥梁。

3. 绘本代入，拓展活动

教师组织集体活动，共同阅读了整个绘本《抱抱》，然后把绘本放置在推荐书籍的架子上，方便幼儿在看到绘本后想到要怎样合理地表达情感。

4. 系列活动推进

(1)阅读活动《抱抱》。

(2)音乐活动《找朋友抱抱》。

(3)社会活动《爱我你就抱抱我》。

(4)美术活动《我想抱抱……》。

(5)图书漂流——亲子阅读(结合漂流手册)。

(6)漂流手册靠岸分享会。分享和爸爸妈妈一起阅读后的感想。鼓励幼儿大胆表达、表现。

(7)阅读讨论会。

(8)我来讲一讲。引导幼儿用不同的方式来演绎已经很熟悉的《抱抱》的故事，回顾故事内容，激发幼儿表达、表现的欲望。

反思评价

本次活动选择了适宜的绘本教育，持续组织了半个学期的《抱抱》阅读活动，使幼儿分离焦虑情绪得到较好缓解，显著提升了其语言表达能力，也促进了其逻辑思维发展。

（作者：张晴　单位：上海市嘉定新城实验幼儿园）

二、学会分享

设计意图

为了解决小班幼儿争抢物品、不愿意给别人玩玩具、不给喜欢的玩具就哭或者告状，甚至出现过直接用手抓人等分享意识缺乏现象，专门设计本次主题活动。

活动目标

1. 萌发分享的意识，愿意将自己的东西分享给别人。

2. 尝试用交换、借用玩的分享方式交到更多的朋友。

3. 知道有些东西可以与人分享：食物可以一起吃，玩具可以一起玩，图书可以一起看，有的东西可以一起用。

基本结构

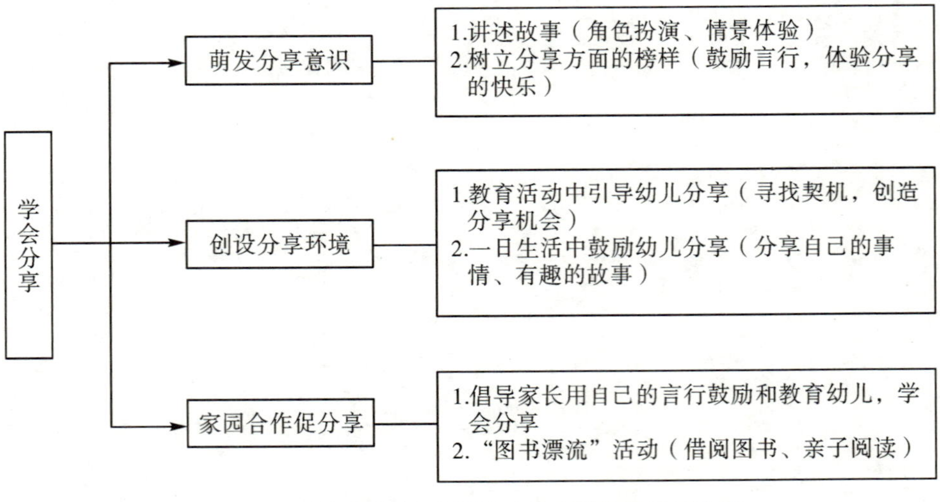

图 5-2-1 《学会分享》主题活动基本结构设计示意图

整合准备

表 5-2-1 《学会分享》教育领域整合与支持准备一览表

活动内容	领域类别	活动准备
菲菲生气了(讲述)	语言	通过角色扮演的游戏让幼儿体验情境
请你告诉我(游戏)		知道不仅只有东西可以分享，自己的事情、心情也可以分享
中间在哪里	科学	在每张桌子的中间做上标记
花格子(美术)	艺术	引导幼儿与同伴共同使用材料
玩具分享会	综合	在娃娃家等区域活动中创造分享的机会
“图书漂流”活动(家园合作)		与家长沟通交流，倡导他们用自己的言行鼓励和教育幼儿

活动过程

1. 萌发分享意识

通过讲述故事《菲菲生气了》，引导幼儿尝试去理解别人，知道可以用恰当的语言表达自己的需要，想要别人手里的玩具时应礼貌地说：“可以给我玩一下吗？我们一起玩好吗？”再迁移生活经验：食物可以一起吃，玩具可以一起玩，东西可以一起用。对有分享行为的幼儿给予肯定和鼓励，树立分享方面的榜样。

2. 创设分享环境

在开展美术活动时，根据情况可以共同使用材料，但应先询问幼儿意见：“谁愿意把你的借给大家一起用？”再给予肯定，让他对自己的表现感到高兴和满足，激发分享的欲望。再在每张桌子的中间做上标记，让幼儿知道放在桌子中间的东西应该让大家一起用。

让幼儿尝试用交换、借用玩的分享方式，交到更多的朋友。比如，在娃娃家的区角中，支持幼儿把自己喜欢的东西带来和大家一起玩，对幼儿说：“你愿意把你的娃娃分享给他玩吗？下次他也会把他的玩具给你玩”，感受到“分享”是相互的，体验分享带来的收益和快乐。

3. 家园合作促分享

通过沟通交流，引导家长对幼儿的分享行为有正确的认识。倡导家长用自己的言行鼓励和教育幼儿。当买了好吃的东西时，一家人一起品尝。当家中来了客人时，主动把好吃的、好玩的拿给客人，学会分享。还可以开展一场“图书漂流”活动。活动前请每位幼儿带来一本绘本故事，并写好故事书的推荐理由。每周五挑选一本其他幼儿的图书借阅回家，再把收获和感想记录在“亲子阅读卡”上，周三时再将图书带回班级。家长们与老师交流，自己的幼儿在看书的时候会说：“这是××的书，要爱护好。”我也常常无意间听到大家把“要分享”、“放中间，大家一起用”这些话挂在嘴边。幼儿在活动中传递思想、传递友谊，体验到分享的乐趣。

反思评价

本次主题活动通过讲故事等活动激发幼儿分享的意识，在一日生活中创设机会让幼儿懂得分享的方式，在家园合作的“图书漂流”活动中感受分享的快乐，初步培养班级幼儿的分享意识。但是，教师应充分理解小班幼儿的发展特点，也尊重幼儿的个人意愿，同时将分享当作一种行为习惯来养成，而不是道德品质去要求，更不能站在成人的角度加以评判。当然，任何习惯的养成都是一个长期坚持的过程，不能仅凭一两次的行为表现就认为他们养成了这样的习惯。同时，幼儿的发展存在着个体差异，不能以一把“尺子”衡量所有的幼儿，教师需要做的是支持和引导他们从原有水平向更高水平发展。

（作者：刘峰 邓雅庆　单位：湖南省株洲市茶陵县机关幼儿园）

三、炎炎夏日快乐多

设计意图

水果是幼儿生活中比较熟悉的且经常食用的，为了丰富幼儿的幼儿园生活，培养他们的健康理念，专门开展制作水果沙拉主题活动，让幼儿感知夏天，找寻夏天的快乐。

活动目标

1. 让幼儿认识更多的水果，知道夏天多吃水果可以解渴，还有益于身体健康。

2. 让幼儿知道制作水果沙拉的方法，教幼儿如何使用刀具，增强幼儿安全自我保护意识。

3. 锻炼幼儿的动手操作能力，感受自己劳动的快乐，并体验成功的喜悦。

基本结构

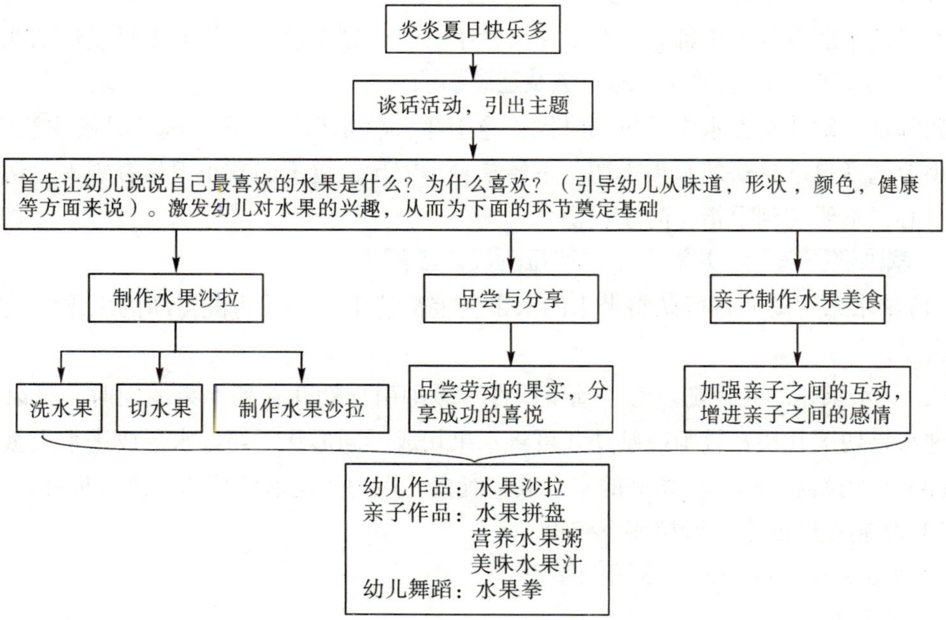

图 5-3-1 《炎炎夏日快乐多》主题活动基本结构设计示意图

整合准备

表 5-3-1 《炎炎夏日快乐多》教育领域整合与支持准备一览表

活动名称	领域类别	活动准备
我喜欢的水果	语言、健康	各种水果、视频
制作水果沙拉	社会、健康、音乐、数学	小案板、水果刀、保鲜膜、水果盘、碗、勺子、沙拉酱、厨师帽，一次性口罩、一次性手套、音乐《水果宝宝》
品尝分享水果沙拉	社会、语言	音乐 牙签
亲子制作	社会、健康	家庭餐具

活动过程

1. 谈话活动《我最喜欢的水果》

教师引导幼儿根据自己带来的水果，向其他小朋友介绍自己喜欢的水果是什么？进而引导幼儿根据水果的味道、颜色、形状、作用等介绍自己喜欢的水果。最后小结：给小朋友介绍多吃水果的好处，有益于身体健康，尤其是夏天多吃水果可以泻火有助于消化。

2. 调动幼儿制作水果沙拉的欲望与兴趣

教师请小朋友戴上厨师帽，戴上一次性手套，将制作水果沙拉的工具发给幼儿。

3. 教师讲解制作水果沙拉的方法及注意事项

教师提示幼儿制作水果沙拉的时候注意卫生，将水果洗干净，做的时候注意安全。拿着小刀选择自己喜欢的水果来切，不要拿着小刀玩，更不能拿小刀指着别人，切的时候要小心，不要切到手指，防止受伤。

4. 教师巡回指导幼儿制作水果沙拉的具体步骤

(1)洗水果。幼儿排好队将带来的水果宝宝清洗干净。并将洗干净的水果宝宝放进水果盘里。

(2)切水果。幼儿伴随着音乐动手操作。教师引导幼儿在切水果的同时，可以数一数每种水果切了几块？教师鼓励幼儿可将水果切成不同形状，切好水果放进水果盘。

(3)拌沙拉酱。幼儿将切好的水果放进餐盒，用勺子挖取沙拉酱，进行搅拌。

(4)将制作好的水果沙拉盛入碗里。

5. 品尝劳动果实，分享成功的喜悦

6. 活动延伸

引导幼儿思考，水果可以洗干净直接吃，还有哪些吃法？(熬制水果粥、榨水果

汁、水果沙拉、水果酱等）。回家与爸爸妈妈一起商量，并制作与水果有关的美食。

活动反思

本次主题活动获得了家长的充分支持，有效调动了幼儿参与积极性，较好培养了他们的动手操作能力，并体会到劳动的快乐。由于个别幼儿胆子小，动手能力较弱，经过老师的帮助也最终完成了任务，增强了他们的自信心。

（作者：闻洁　单位：宁夏银川市贺兰县启明星幼儿园）

四、有趣的蛋宝宝

设计意图

鸡蛋是必不可少的幼儿膳食。根据幼儿对各种蛋的兴趣以及对蛋的生活经验，结合绘本阅读的情景展开“我是蛋妈妈”护蛋游戏主题活动——我和蛋宝宝做游戏。通过绘本阅读引导幼儿去体验、探究，用语言、动作、贴画等方式来认识不同的蛋，培养幼儿的责任心、科学探究精神、艺术创造、想象力。

活动目标

1. 欣赏故事，理解故事内容，感知绘本故事中的角色特征和语言特色及故事情节上的节奏，能够在问答过程中准确复述故事的部分情节。

2. 能够尝试表述绘本故事中反复出现的句子，表演故事。通过绘本阅读的衍生活动能够从大小上区分鸭蛋、鸡蛋、蛇蛋、龟蛋的不同，在护蛋体验中能够完成任务，在集体游戏中能够得到应有的攀爬、协作锻炼。

3. 激发幼儿丰富的想象力去进行蛋壳贴画的创作，调动幼儿在情境中使用语言，在护蛋游戏中能够激发幼儿的责任心并体会与同伴协商和合作集体游戏活动的快乐。

基本结构

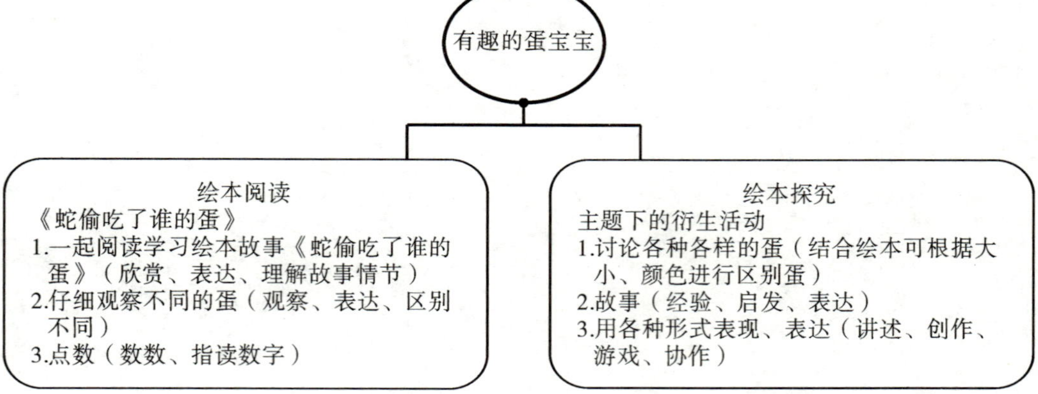

图 5-4-1 《有趣的蛋宝宝》主题活动基本结构设计示意图

整合准备

表 5-4-1 《有趣的蛋宝宝》教育领域整合与支持准备一览表

活动名称	领域类别	活动准备
蛇偷吃了谁的蛋	语言	教学 PPT
蛇偷吃了谁的蛋（小剧场）	艺术	鸡妈妈、鸭妈妈、鹅妈妈、龟妈妈、蛇头饰各一个，报纸球蛋各 4 个
我是蛋妈妈	综合活动	每个幼儿备一颗生鸡蛋及护蛋工具一个
纸上蛋壳画	艺术	彩纸若干、蛋壳若干
大小不一的蛋	数学、科学	鸭蛋、鸡蛋、蛇蛋、龟蛋、蛇蛋图片各一张，卵生动物的 PPT
蛋宝宝站起来了	科学	鸡蛋若干、辅助器材若干
蛋儿美食	健康	鸡蛋类美食的亲子制作
拯救蛋宝宝	游戏	爬行垫 4 块、障碍山洞 2 个、水盆 2 个、鸡蛋模型 10 个、过滤网 2 支

活动过程

1. 绘本解读，了解情节，增进幼儿探究兴趣

教师提问：今天老师给小朋友们带来了一本特别特别有意思的故事书，它的名字叫做《蛇偷吃了谁的蛋》，快来让我们一起看一看，猜一猜：蛇偷吃了谁的蛋呢？

教师展示 PPT，模拟不同动物的语气进行故事讲述。教师以谈话入手并展示四张蛋图片（鸡蛋、鸭蛋、鹅蛋、龟蛋），激发幼儿的好奇心和学习兴趣。

2. 重点感知故事中语言的表达，以提问的形式引导幼儿重复、再忆、思考故事并尝试部分情节的复述

教师提问：鸡妈妈发现蛇的肚子变得怎么样了？小朋友快来告诉老师，鸡妈妈发现蛇的肚子很大的时候，她是怎样告诉鸭妈妈？鸭妈妈听后干什么去了？数一数有几颗蛋？一共有几个蛋呢？蛇偷吃的是鸭妈妈的蛋吗？鸡妈妈和鸭妈妈发现鸭妈妈的蛋没少的时候一起去找了谁？见到龟妈妈，鸡妈妈和鸭妈妈是怎样说的？最后发现蛇偷吃了谁的蛋？怎样知道是蛇偷吃了鸡妈妈的蛋？

教师小结：我们是通过数数来知道是蛇偷吃了谁的蛋。怎样数的呢？小朋友来学一学。

3. 引导幼儿观察故事画面，升华故事本身

教师提问：老师给小朋友们准备了一些头饰，一起来表演《蛇偷吃了谁的蛋》这个故事吧！刚才我们每一个鸡妈妈、鸭妈妈、龟妈妈都表演得特别好，那小朋友算不算一个真正的好妈妈呢？我不知道，现在老师给小朋友一人一个鸡蛋宝宝，小朋友好好照顾鸡宝宝，时刻保护好自己的蛋宝宝，如果下午我们离园的时候每一位小朋友都能保证鸡蛋宝宝没有碎，和老师给你们的时候一样，那么小朋友都是一位真正的鸡妈妈啦！

4. 对接艺术创想，激发幼儿想象力

教师提问：鸡蛋除了吃还有什么用呢？(展示鸡蛋壳贴画)很神奇吧！所以以后小朋友们吃完可以将鸡蛋壳收集起来，我们一起试一试看能不能用我们的蛋壳也贴出一幅好看的画来！

5. 激发幼儿方向能力，开启独特视角

教师提问：如果你是鸡妈妈、鸭妈妈、龟妈妈，除了数蛋的个数还有哪些方法判断蛇偷吃了谁的蛋？鸡妈妈的蛋是什么样子的？鸭妈妈的蛋是什么样子的？龟妈妈的蛋是什么样子的？仔细观察蛇肚子里的蛋是什么样子的？

教师小结：蛋有多种多样，有些比较大，有些比较小，有些是深红色，有些是浅绿色，我们可以通过观察蛇肚子里蛋的大小来判断蛇偷吃了谁的蛋。

6. 组织幼儿进行拯救蛋宝宝游戏，收获最快乐的学习体验

通过阅读绘本故事和护蛋行动，幼儿们俨然都成了一个个蛋妈妈，模仿故事进行扮演、亲手创作的蛋贴画、共同收集的鸡蛋壳，这些都是幼儿在参与活动时的作品。但幼儿依旧兴趣盎然，“拯救蛋宝宝”大型户外体育游戏应运而生。

游戏规则：幼儿依次排好队进行爬越软垫、钻过障碍山洞网到达终点将沉在水盆的里的蛋宝宝用过滤网捞起放置在安全窝里之后快速返回，后面幼儿依次进行拯救活动。

反思评价

本次主题探索活动，以幼儿的生活经验为契机，结合绘本故事的剧情进行一系列的探索并衍生出相关活动。通过活动丰富了幼儿对蛋经验的梳理和对蛋的精细化认知，在故事中进行观察，比较发现各种各样的蛋。在艺术表现形式上也展现了幼儿丰富多元的创造力，用语言、扮演、创作、协作等方式促进了幼儿的全面发展。

(作者：罗丹 单位：西安市未央区学府蒲公英幼儿园)

五、雨天里的小蜗牛

设计意图

幼儿们对下雨天充满了好奇心。教师可以引导幼儿观察雨天中植物和小动物们的变化，并感受在雨中活动的乐趣。

活动目标

1. 观察下雨天周围环境产生的变化，能大胆地表达出来。
2. 鼓励幼儿能自主更换雨鞋。
3. 寻找雨中的小动物，观察小动物的基本特征。
4. 观察雨中的植物有什么变化。

基本结构

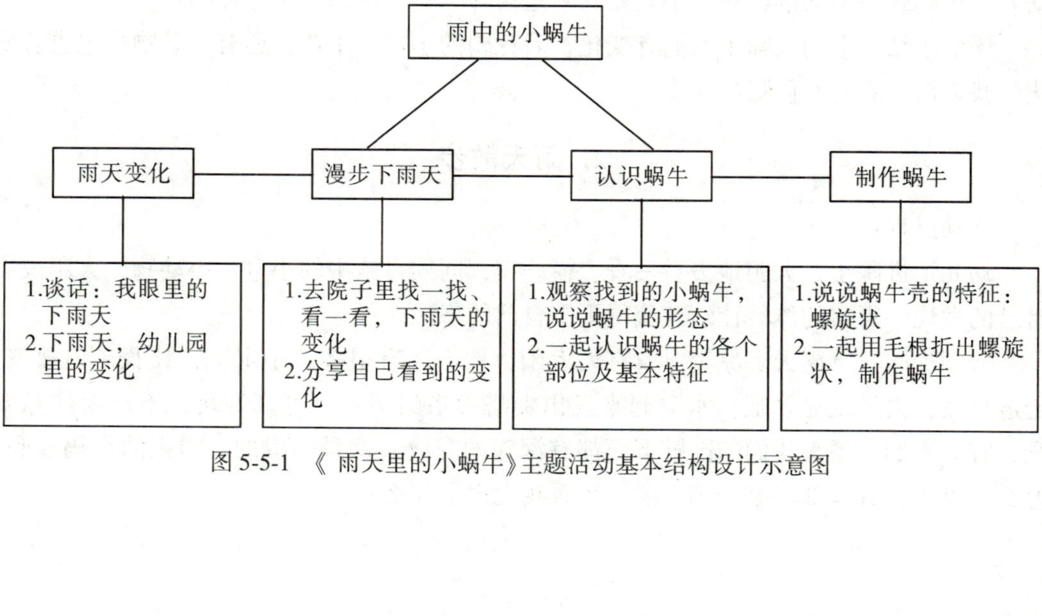

图 5-5-1 《雨天里的小蜗牛》主题活动基本结构设计示意图

整合准备

表 5-5-1 《雨天里的小蜗牛》教育领域整合与支持准备一览表

活动名称	领域类别	活动准备
下雨了	语言、科学	让幼儿看到下雨天
雨天散步	社会、科学	雨鞋、活动前安全教育、雨伞
小小蜗牛	社会、科学	观察小蜗牛
蜗牛的壳	艺术	毛根、纸、彩笔

活动过程

1. 下雨了

活动过程：

教师通过谈话的方式，引导幼儿说出自己的发现，发展幼儿们的语言表达，使教师与幼儿、幼儿之间产生了更多更有趣的共同话题。通过教师的适当引导，让幼儿对下雨天的院子产生更浓厚的兴趣。

谈话：下雨了，你发现了什么变化？幼儿：穿上了雨衣、雨鞋，路上的伞有好多颜色，还有花伞。出门堵车了、爸爸汽车开雨刷了。猜一猜幼儿园的园子里有什么变化？幼儿：小蚂蚁会不会淋到啊，小蚂蚁的伞是树叶吗？大树的叶子还在吗？

谈话小结：下雨天除了人们有变化，后花园的小树、小草，还有小动物肯定也有变化，我们出去看看它们吧！

2. 雨天散步

活动过程：

幼儿走进院子，大胆地去看一看、摸一摸，问候自然中的小草、小动物，大胆说出自己的发现，真实的体验让幼儿获得更多自己的想法。

教师提问：下雨天真凉爽，没有大太阳，地上还有很多的小水坑，让我走出教室、走进自然，去发现更多吧！水溅起来发出啪嗒啪嗒的声音，可真好玩，不过要注意安全，容易滑倒。原来我们的雨鞋下面都有深深的花纹，这是防滑的。雨天的小蚂蚁呢？怎么不见了，难道都回家了吗，咦，快看我发现了什么？

3. 小小蜗牛

活动过程：

幼儿的发现需要教师的引导和升华，对于意外发现：蜗牛，教师及时地捕捉到幼儿这一兴趣点，给幼儿最基本的引导和讲解，幼儿不仅仅停留于看到了，更是向学到了迈进一步。

教师提问：原来是小蜗牛，一起观察一下小蜗牛吧。回班里做客吧。小蜗牛吃什么呢？它的家在哪里呀？为什么下雨天它还不回家？

教师通过 PPT，讲解关于蜗牛的一些小知识：(1)蜗牛的壳很坚硬，就是它的保护伞。(2)蜗牛喜欢潮湿的环境，所以下雨天也出来活动。(3)蜗牛有两对触角，长的触角是它的眼睛。

教师提问：小蜗牛的食物是什么呢？小朋友开始了大胆的猜测：树叶、小草等。那么，我们找来试试吧。通过实验原来小蜗牛也爱吃黄瓜呀。

4. 蜗牛的壳

活动过程：

教师提问：小蜗牛的壳真有意思，是一圈一圈的螺旋状，我们一起动手，给小蜗牛做个壳，让它背着去旅行吧。缠一缠、绕一绕，快看我的蜗牛做好了。

教师讲解制作方法：请幼儿拿起一根毛根，学着蜗牛壳纹路的样子折成圆圈，然后粘到一张纸上，画上蜗牛的头，就做好了。

反思评价

幼儿善于发现新鲜事物，也喜欢追问到底。本次主题活动引导幼儿认识蜗牛、了解蜗牛、照顾蜗牛，给它找食物，还自己动手做了“蜗牛”模型。幼儿参与的积极性很高，并且注意力集中。但是，幼儿制作“蜗牛壳”尚存在一定的困难，需要加强训练和引导。

（作者：董芳 单位：山东省济南市济空蓝天幼儿园）

六、神奇的“蚂蚁王国”

设计意图

随着天气渐渐暖和，小蚂蚁的出没越来越频繁了，幼儿在户外活动时，总会情不自禁地去寻找小蚂蚁。根据幼儿们对于“蚂蚁”的讨论引起话题，专门设计了本次主题探索活动。

活动目标

1. 激发幼儿的探究欲望，让幼儿在观察中学会发现问题、解决问题。
2. 通过主题活动的开展，引导幼儿了解蚂蚁的外形特征及生活习性。

基本结构

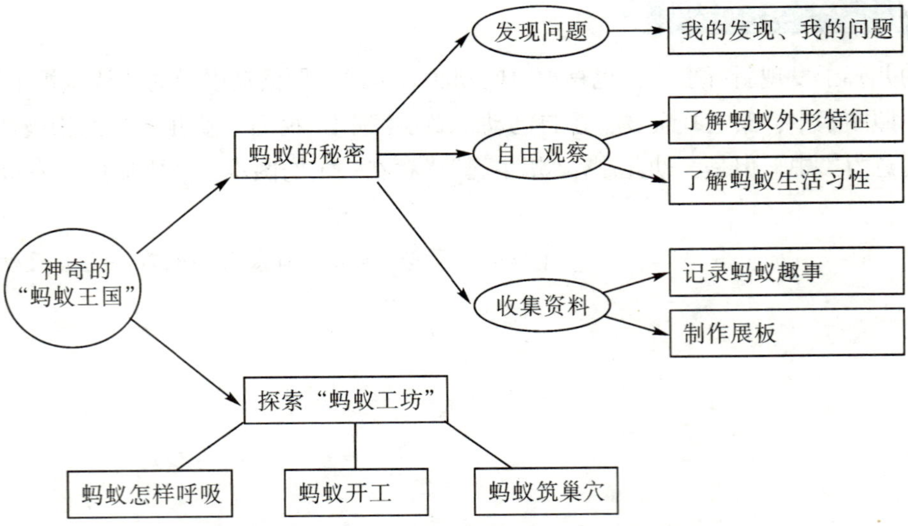

图 5-6-1 《神奇的“蚂蚁王国”》主题活动基本结构设计示意图

整合准备

表 5-6-1 《神奇的“蚂蚁王国”》教育领域整合与支持准备一览表

活动名称	领域类别	活动准备
我的发现	科学	带幼儿到户外寻找蚂蚁
我的问题	语言、科学	记录纸、记录笔
歌曲《蚂蚁搬豆》	艺术	音乐《蚂蚁搬豆》
你认识我吗?	综合	户外环境、放大镜、饼干
神奇的本领	科学	有关蚂蚁的视频、图片
小蚂蚁运粮	健康、游戏	户外器械(沙袋、地垫)
蚂蚁趣事	语言、社会	让家长带幼儿到大自然中观察、寻找蚂蚁的趣事
制作展板《小蚂蚁 大趣事》	艺术	展板、照片、各种手工材料
我是大力士	艺术、游戏	头饰、有一定重量的箱子
“蚂蚁工坊”的秘密	科学	蚂蚁工坊的器具
蚂蚁城堡	艺术	纸、蜡笔、彩笔

活动过程

1. 激发幼儿的好奇心，让幼儿学会发现问题、解决问题

(1)发现问题、解决问题

一到操场上，幼儿就自由组织，三个一群、五个一组地开始找蚂蚁，他们对小蚂蚁充满了好奇与猜想。草坪下面、大树上、墙角里，地缝里，幼儿投入在了找蚂蚁的快乐中，好奇心得到了充分的激发，兴趣也随之自然而生。

幼儿在对小蚂蚁好奇心的驱使下，一个个问题也应运而生：“小蚂蚁，你在干什么?”“咦? 小蚂蚁的脚怎么会长在头上呢?”“快看，小蚂蚁把食物搬到哪里去了?”一系列的问题萌发了幼儿探索的欲望。

(2)自由观察

为了让幼儿了解蚂蚁的外形特征和生活习性，引导幼儿拿着放大镜自由观察蚂蚁。“小蚂蚁吃饼干吗?”晗晗的这一问题激起了大家的兴趣，幼儿纷纷找来饼干准备试一试。幼儿通过给小蚂蚁放置饼干，发现小蚂蚁见面会彼此碰碰触角，实际上它们是在进

行交流呢。

(3)通过多种途径寻找、收集资料

为了让幼儿了解更多有关蚂蚁的趣事，邀请家长利用周末，带幼儿到大自然中去寻找蚂蚁的秘密，并将幼儿的发现用文字和照片的形式记录下来。我们还将幼儿发现的“蚂蚁趣事”做成了展板，通过展板让更多的小伙伴都来了解蚂蚁的秘密。

(4)游戏体验

幼儿通过玩“小蚂蚁传递信息”、“我们是大力士”、“说悄悄话”的游戏，进一步巩固了对小蚂蚁的认知。幼儿在游戏中体验着快乐、体验着无穷的乐趣。

2. 探索神奇的“蚂蚁工坊”

蚂蚁工坊来到我们班第一天，幼儿就被这个从来没见过的东西吸引住了。他们一下子围了上来，趴在工坊前目不转睛地看着里面的小蚂蚁。通过幼儿的观察，发现工坊的四周全是密闭的，于是一个小朋友问：“小蚂蚁在工坊里怎么呼吸呢?”教师没有急于告诉他们答案，而是让他们继续观察，终于有一个小朋友发现了盖子上的小孔，原来小蚂蚁就是靠每个工坊盖子上的小孔呼吸的。

第二天，幼儿一大早就来到了教室，因为“蚂蚁开工”是个令人期待的时刻。看，工坊的玻璃壁上布满了凝胶，小蚂蚁已经将凝胶搬运出来了。瞧！一只小蚂蚁钻进凝胶里开始挖隧道了。不一会儿，第二只小蚂蚁也进来帮忙啦。看来隧道可不是这么好挖，过了一会儿，它们又叫来了第三只蚂蚁，大家齐心协力挖隧道。

第三天，幼儿来到教室后就偎在工坊的旁边，左看右看，期待着去发现小蚂蚁更多的秘密。乔乔发现小蚂蚁在给同伴传递食物，凡凡发现小蚂蚁打隧道的本领越来越大，迪迪发现小蚂蚁的巢穴越打越深啦……今天，小蚂蚁们将这条隧道完全打通了，它们又去开辟新的巢穴啦！

反思评价

幼儿在探寻神奇的“蚂蚁王国”中，通过直接感知、亲身体验和实际操作来学习，形成了受益终身的学习态度，发展了初步的探究能力。教师应充分尊重幼儿的探究欲望和问题意识，并在解决问题的过程中发挥自己的观察力、想象力、思维力及创造力。

(作者：张晶　单位：山东省济南市槐荫区实验幼儿园)

第六章 中班项目主题案例

一、走进昆虫世界

设计意图

昆虫是我们生活中常见的小动物，它们有的精灵古怪、有的张牙舞爪、有的舞姿翩翩，还有的翁翁鸣叫，昆虫是大自然中数量最多的物种，但是现在的小孩儿很多从小生活在城市，对于昆虫的认识和了解知之甚少，有的甚至对蜜蜂、蝴蝶、蜻蜓、螳螂等昆虫都分不清楚。同时幼儿园中班的幼儿正处于对各种事物好奇的阶段，他们不仅对昆虫的形态和生活环境感兴趣，还对昆虫与人类的关系感兴趣。通过学习昆虫的基本特征和生活习性，引导幼儿科学地认识昆虫。这个活动内容的选择既符合幼儿心理需要，让幼儿感受认识昆虫的快乐，又有利于丰富他们的自然科学知识，培养幼儿的学习兴趣和科学探索精神。

活动目标

1. 探索奇妙的昆虫世界，通过寻找昆虫踪迹、掌握昆虫特征、了解昆虫生活习性、学会辨别昆虫、认识昆虫与人类的关系。

2. 激发幼儿热爱大自然，保护大自然的积极热情，培养幼儿的学习兴趣和科学探索精神。

基本结构

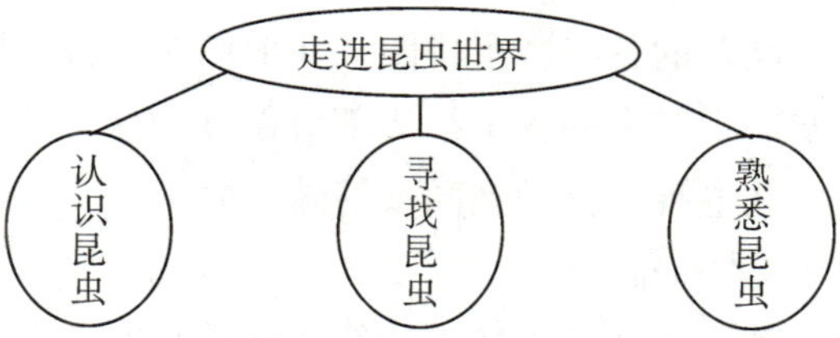

图 6-1-1 《走进昆虫世界》主题活动基本结构设计示意图

整合准备

表 6-1-1　《走进昆虫世界》教育领域整合与支持准备一览表

活动顺序	活动名称	领域类别
活动 1	认识昆虫	科学
活动 2	寻找昆虫	语言、科学
活动 3	熟悉昆虫	科学

活动过程

1. 认识昆虫

活动准备：

蜻蜓、蜜蜂、螳螂、蚂蚁、蝴蝶等昆虫的拼图若干；一只蝗虫的完整图片；观察记录表；电脑和电视的移动终端技术设备。

活动过程：

1. 游戏导入：《昆虫变变变》

师：小朋友们，老师今天带来了一只神秘的袋子，里面装着一只来我们班做客的昆虫朋友，谁能帮我请出来，请一名小朋友把图片一张一张地摸出来(图片是蜻蜓拼图被分解后的零件)这是怎么回事呢？别急，让我们一起对它说："变！变！变……"(在此过程中，老师迅速把蜻蜓拼图的零件拼成一个完整的蜻蜓)瞧！是不是一只可爱的蜻蜓变出来了。

2. 创设情景：《寻找神秘的昆虫》

(1)初步认识昆虫的基本特征

师：小朋友们，我们一起来观察一下蜻蜓的拼图，让我们来认识一下蜻蜓的各个组成部分：头、胸、腹、触角、足、翅膀，并把他们分别贴在记录表上。

(2)巩固强化昆虫的基本特征

请幼儿动手拼摆老师准备的各种昆虫拼图，让他们在拼拼、摆摆中去认识昆虫的各个组成部分，并请小朋友们把昆虫的各个组成部分贴在记录表上。(利用移动终端技术直接把幼儿拼摆的画面放在电视上，做到同步的效果)

(3)灵活掌握昆虫的基本特征

集体观察蝗虫图片，利用移动终端技术让幼儿动手在电脑上指画，说出各个部分的名称，巩固幼儿对昆虫各个部分的认识。

(4)老师和幼儿一起讨论记录表上的内容，比较这些昆虫有哪些地方是一样的?

教师小结：昆虫的基本特征是身体分为头、胸、腹三个部分，有六只足、有一对触角、大部分有一对翅膀。

3. 活动延伸

利用休息的时间，请爸爸、妈妈带上放大镜，和幼儿们一起到户外去找一找大自然中还有哪些有趣的昆虫。

附：观察记录表

表 6-1-2 昆虫的基本特征记录表

昆虫	相同点					
	触角	身体			翅膀	足
		头	胸	腹		
蜻蜓						
蜜蜂						
螳螂						
蚂蚁						
蝗虫						

2. 寻找昆虫

活动准备：

谜语 PPT 图片、瓢虫、独角仙、萤火虫、蝉、蚱蜢、蜘蛛、蚯蚓、甲虫等昆虫或非昆虫(暂时统一称为：虫子)的图片；《昆虫档案记录表》、电脑和电视的移动终端技术设备。

活动过程：

1. 游戏导入：《猜谜语》

小朋友们，我们已经认识了一些昆虫朋友们，今天我们一起玩一个猜谜语的游戏吧。

游戏说明：

(1)分组：把全班幼儿分成人数相近的 5 个小组，每组 5~6 人。

(2)规则：猜得又快又对的小组为胜。

谜语 1：“长相俊俏，爱舞爱跳，春花一开，它就来到。”谜底：“蝴蝶”。

谜语 2：“小小直升机，飞到东来飞到西，不吃米来不吃菜，是个扑蚊的小能手。”谜底：“蜻蜓”。

谜语 3：“身小力气大，团结又勤劳。有时搬粮食，有时挖地道。”谜底：“蚂蚁”。

2. 主体活动：《寻找昆虫》

师：在我们日常生活中除了上面谜语中提到的昆虫，还有哪些昆虫呢？让我们一起看一看、找一找(利用移动终端播放)。

(1)观看视频图片：

引导幼儿认真观察图片、比较昆虫的不同，鼓励幼儿用语言表达“我发现××(虫子的名称)有……有……有……还有……”的句式表达出自己的发现，并将结果填写在记录表中。

独角仙：居住在我国南方是夜晚出现的昆虫，白天躲在木头里或土缝中不见踪影，到了晚上才爬上树干吸食树汁。

瓢虫：多半栖息在蔬菜的叶子的背面，尤其是枯叶的背面，喜欢吃蚜虫。

萤火虫：是一种晚上发光的昆虫，萤火虫发光，是它们和同伴打招呼的一种方式。

蝴蝶：外表光鲜亮丽，居住在树丛、草丛中。

蝉：又名“知了”，在我国北方夏季比较常见，喜欢在树上“知了知了”地鸣叫。

蚱蜢：身体绿色，和蝗虫一样在草丛中常能见到，可以用手或捕虫网捕捉。

蜘蛛：是一种自己会吐丝的虫子，把家布置成天罗地网的样子，安静地静卧其中，一身淡黑的颜色。

蚯蚓：它喜欢生活在土壤里，身体软软的、滑滑的，像一根细长的圆柱管子。

甲虫：身穿黑褐色衣服，只有米粒大小。

(2)完成昆虫档案记录表

在观看昆虫视频图片的基础上，引导幼儿观察自己的《昆虫档案记录表》，根据昆虫的基本特征进行分类，老师再帮助幼儿整理《昆虫档案记录表》，制成昆虫档案。

通过上述操作，引导幼儿认识昆虫，能正确辨别昆虫。

3. 活动延伸

教师：昆虫是一个大家族，在我们身边还有许许多多的昆虫，请家长们带我们找一找，然后大家一起分享一下吧。

表 6-1-3　昆虫档案记录表

<table>
<tr><td rowspan="7">虫子的名称：________
是否是昆虫：是□
否□
虫子的图片：</td><td>部位</td><td>有</td><td>无</td><td>数量</td></tr>
<tr><td>头</td><td></td><td></td><td></td></tr>
<tr><td>胸</td><td></td><td></td><td></td></tr>
<tr><td>腹</td><td></td><td></td><td></td></tr>
<tr><td>触角</td><td></td><td></td><td></td></tr>
<tr><td>翅膀</td><td></td><td></td><td></td></tr>
<tr><td>足</td><td></td><td></td><td></td></tr>
</table>

3. 熟悉昆虫

活动准备：

彩色昆虫图片若干张；昆虫生活的视频资料；天空、地面、土壤、池塘(水中)、人体(被寄生的动物)五幅图画。

活动过程：

1. 昆虫生活在哪里？

(1)观看视频：昆虫的生活。

(2)集体讨论：昆虫生活在哪里？

教师引导幼儿结合视频资料和生活经验，说一说昆虫生活在哪里？

2. 总结提升

在幼儿讨论的基础上，老师总结：从草地到森林，从野外到室内，从天空到土壤，从荷塘到小溪，到处都有昆虫的身影。但按照主要虫态的最适宜的活动场所来区分，大致可分为以下五类。

(1)在空中生活的昆虫：这些昆虫大多是白天活动，成虫期具有发达的翅膀，通常有发达的口器，成虫寿命比较长。如蜜蜂、马蜂、蜻蜓、苍蝇、蚊子、牛虻、蝴蝶等。这些昆虫在空中飞来飞去，有传播花粉的作用，像蜜蜂、蝴蝶等都是人类的朋友。但也有很多是人类的敌人，例如：苍蝇、蚊子、蚱蜢、蝗虫等。

(2)在地面生活的昆虫：这类昆虫无翅，或有翅但已不善飞翔，或只能爬行和跳跃，如：蚂蚁。也有些善飞的昆虫，其幼虫期和蛹期也都是在地面生活，如：蝉。

(3)在土壤中生活的昆虫：这些昆虫都以植物的根和土壤中的腐殖质为食料。由于它们在土壤中的活动和对植物根的啃食而成为农业、果树和苗木的一大祸害。这些昆虫最害怕光线，大多数种类的活动与迁移能力都比较差，白天很少钻到地面活动，晚上和阴雨天是它们最适宜的活动时间。这类昆虫常见的有蝼蛄、地老虎(夜蛾的幼虫)、蝉的幼虫等。

(4)在水中生活的昆虫：有的昆虫终生生活在水中，如负子蝽、田鳖、龟蝽、划蝽、龙虱、水龟虫等。有些昆虫只是幼虫(特称它们为稚虫)生活在水中，如蜻蜓、石蛾、蜉蝣等。

(5)寄生性昆虫：这类昆虫的体型比较小，活动能力比较差，大部分种类的幼虫都没有足或足已不再能行走，眼睛的视力也减弱了。有些寄生性昆虫终生寄生在哺乳动物的体表，依靠吸血为生，如跳蚤、虱子等。有的则寄生在动物体内，如马胃蝇。

3. 贴图活动：帮昆虫回家

教师将彩色昆虫图片发放在幼儿手里，请他们帮昆虫找到它们各自的家。老师引导幼儿：将自己手里的昆虫图片进行分类，并把它们贴到老师准备好的五幅图画中。

(1)集体讨论：在刚才视频中，你看到的昆虫是怎样生活的？

(2)总结提升：昆虫的习性，包括昆虫的活动及行为。主要生活习性分为食性、趋性、假死性和群集性。

反思评价

本次主题活动激发了幼儿浓厚的探究兴趣，培养了幼儿的观察能力，特别首次尝试使用“移动终端”技术对支持幼儿亲自动手尝试在电脑上指画并同步展现在电视屏幕上，对其观察昆虫身体细微部分和生活习性的观察也发挥了重大作用，非常吸引幼儿的眼球。信息技术的应用值得幼儿教师今后特别关注。

（作者：亢新颖 单位：河北省高碑店市第二幼儿园）

二、家乡的银饰

设计意图

福建莆仙的工艺手工在全国享有盛誉。莆仙人素来有小孩童佩戴银长命富贵锁、银项圈等银器物件的习俗，因此莆仙人家中也是常备银锁、银手镯作为给幼小孩童的祝福。随着园本课程的推进，莆仙的手工艺文化进入了我们的视线。本次活动旨在引导幼儿通过了解、调查、访问、制作等形式，亲历对家乡银饰的探秘，从而激发他们对家乡民间艺术文化的兴趣，萌发热爱家乡的情感。

活动目标

1. 参观家乡的银饰工艺城，了解银饰的生产、制作过程，丰富幼儿对银饰的认知，激发探索的欲望。

2. 通过收集、交流、探索等形式走进家乡的银饰，初步了解莆仙银饰的特色经济。

3. 能够大胆积极地进行表现表征，体验制作的成就感。

基本结构

1. 银饰大揭秘：和幼儿一起探究银饰的制作工艺，了解它的制作过程以及感受和了解莆仙工匠们的匠心精神。

2. 银饰大搜索：通过调查访问，了解家乡的银饰无所不在，不仅是在街道的首饰店，甚至在幼儿的生活中都有几件银饰首饰。古老的银饰在日新月异的今天，也在发生着不一样的碰撞和变化。

3. 银饰大创想：让幼儿了解当代美丽的银饰作品，知道银饰不仅仅是一种装饰，也广泛用于生活器具中。通过观察、发现进行游戏表征，尝试自己动手运用替代物制作银饰。

整合准备

表 6-2-1 《家乡的银饰》教育领域整合与支持准备一览表

活动名称	领域类别	活动准备
美丽的银饰(讲述)	语言	收集相关的银饰图片，制作成相关的 PPT
我家的银饰(讲述)		1. 经验准备：收集银饰品上的花纹与图案 2. 物质准备：与家长共同寻找家中的银饰品
寻找老银匠(社区活动)	社会	1. 经验准备：事先了解一些有关银饰的知识经验 2. 物质准备：导游证、导游旗、小导游绶带、自制小喇叭
家乡的银饰店(社区活动)		
银饰加工站(认知)	科学	1. 经验准备：参观过银饰加工店 2. 物质准备：事先录好的银饰加工视频。按加工步骤整理好的银饰加工图若干
银饰小手链(数学)		1. 经验准备：了解手链设计的串珠排列特点 2. 物质准备：银珠子、彩色珠子、穿绳等
我设计的银饰)(绘画)		1. 经验准备：已经和爸爸妈妈一起参观过银饰城，对银饰的种类有一些了解 2. 物质准备：彩色笔、纸张等
银饰小匠人(手工)	艺术	1. 经验准备：已经画过设计图 2. 物质准备：线、各式各样的珠子
银饰发布会(表演游戏)		1. 物质准备：表演服饰、银饰作品 2. 环境创设：银饰发布会舞台
和乐银工坊(自主游戏)		1. 经验准备：参观过家乡的银饰加工店、银铺 2. 环境创设：根据主题游戏内容创设相关的游戏区

活动过程

1. 布置主题展板

主要包括 4 个内容：家乡的银饰；银饰大揭秘；银饰大搜索；银饰大创想。

2. 家园协作深入社区

通过分析和讨论，确立主题教育目标，有计划地开展活动。由于中班幼儿的年龄较小，独立收集资料的能力不够，可以巧妙利用家长自愿，发动家长协助幼儿留意有关信息，走访相关的场地，开展相应的亲子活动，收集有关的书籍、图片、实物，以供幼儿欣赏和使用。

3. 创设主题游戏区《莆银工坊》

利用共同收集和制作的材料布置相应的活动区，让幼儿亲近银饰，激发幼儿对银饰的兴趣。随着幼儿们的主题探究不断深入，我们和幼儿们一起创设了主题游戏区“和乐银工坊”，再现家乡的银饰的创作和制造。在工坊中幼儿们不仅担任着小银匠，还担当着银饰设计者的身份。游戏区中融合了美工制作、表演展示更有角色的扮演。幼儿是游戏的主体，幼儿在游戏中逐渐了解家乡的传统特色工艺。

4. 通过作品获得成功的体验

选择适宜的活动，让幼儿感受到成功的喜悦，注重选材，注意活动的游戏性和简易型，在活动中我们注重设计游戏情境让幼儿去探索，在不知不觉中达成教育教学目标。在主题银饰区中我们特地开辟了一块展示区，将幼儿手工制作的银饰品分别展示在展示架和展示台上，让幼儿们体验成功的喜悦。每次他们的作品被陈列出来的时候是幼儿们最快乐的时刻，他们会迫不及待地对同伴和家长进行介绍。

反思评价

本次主题活动引导幼儿主动参与感知、认识家乡的银饰文化，提升了幼儿大胆搜索、勇于发现问题并主动解决问题的能力，激发了幼儿的探索精神、审美情趣及爱家乡的情感。在主题探究过程中，幼儿园与家长们还联合拓展了家园共建课程的新模式。

（作者：林明敏　曾惠容　单位：福建省莆田市涵江区实验幼儿园霞徐分园　指导老师：董荔红　陈杭）

三、跟着豆爸去西藏

设计意图

教育幼儿爱父母长辈，老师和同伴，爱集体、爱家乡、爱祖国是《幼儿园教育指导纲要》社会领域的内容之一。3~6 岁的幼儿正处在具体形象思维阶段，他们对许多抽象概念难以理解，只有对鲜明的形象以及具体的事物会印象深刻。所以当看到班里的豆爸发照片要去援藏，而豆妈却怕豆豆想爸爸，打算不告诉豆豆时，老师决定让情绪焦虑的豆豆对爸爸的外出有个更全面的了解。于是我们在班级中播放豆爸援藏的照片，让父女之间的关爱得到延续，同时让班里的幼儿在了解豆爸援藏的过程中，学会关心、爱护远方的人们。整个活动的过程豆豆从对爸爸援藏的焦虑，转变为对爸爸援藏工作的自豪。家长们在参与活动的过程中也觉得这样的关爱对幼儿的成长是有意义的，都积极配合使主题能深入开展。

活动目标

1. 缓解豆豆“因为爸爸去西藏”而产生的焦虑情绪。

2. 通过豆爸“西藏—海盐”的现场连线（图片、视频）增加幼儿对西藏的了解。也在主题的多种活动形式中促进幼儿自主表达、大胆质疑以及协商合作的能力。

3. 通过对此微课程的梳理与总结，提高教师组织、实施以及评价微课程的能力。

基本结构

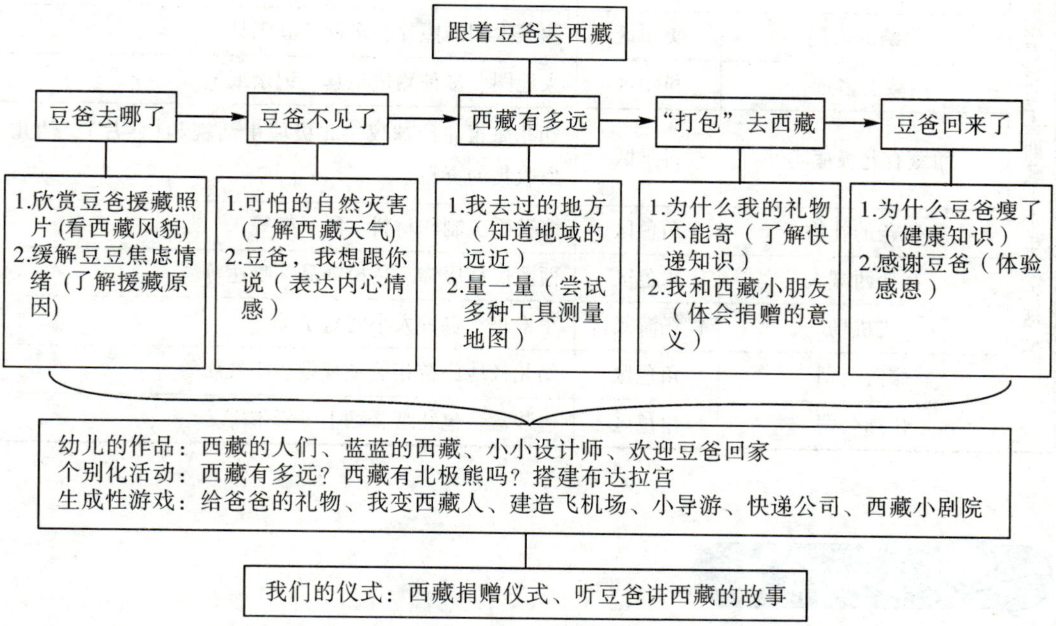

图 6-3-1 《跟着豆爸去西藏》主题活动基本结构设计示意图

整合准备

表 6-3-1 《跟着豆爸去西藏》教育领域整合与支持准备一览表

	活动名称	领域类别	活动准备
跟着豆爸去西藏——集体活动	爸爸去援藏	社会、语言	援藏照片
	裹链条的车子	科学	西藏视频
	蓝蓝的西藏	艺术	视频、水粉颜料、水粉笔、纸
	豆爸，我想跟您说	语言、社会	提前录制好视频、现场拍摄工具
	可怕的自然灾害	科学、社会	西藏环境视频、记录纸笔
	藏族舞曲	艺术	西藏舞蹈音乐视频、大教室
	我去过的地方	语言	家中准备已去过地方的相册与视频
	测量	数学	多种测量工具、记录纸笔、地图
	我的礼物为什么不能寄	综合活动	提前联系快递公司准备相关视频
	小小设计师	艺术	提前录制好西藏服饰介绍视频、图片
	豆爸瘦了	综合活动	西藏相关饮食资料

续表

	活动名称	自主游戏区	活动准备
跟着豆爸去西藏——生成性活动	布达拉宫	建构区	布达拉宫照片、多种搭建材料
	西藏的人们	美术区	西藏人们的照片、多种绘画工具
	西藏有多远？	科学区	大地图、多种测量工具、记录纸笔
	西藏有北极熊吗？	科学区	幼儿海报、地球仪、北极熊生活视频（照片）、幼儿所收集的资料
	爸爸的礼物	角色区	多种手工制作材料、展示架等
	我变西藏人	角色区	西藏民族服饰、装扮饰品、哈达等
	飞机场	机场游戏区	小推车、多种大小的盒子等
	旅游公司	角色区	幼儿各地旅游相册及视频、小红旗等
	快递公司	角色区	包装盒、包装纸、黏土、彩带等

活动过程

1. “西藏是不是最远的地方”之“最远是哪里？”

表 6-3-2　“如何去西藏”讨论记录表

幼儿经验	幼儿的观点	教师的支持策略	幼儿的探究过程
上海机场	一共乘了三次汽车才到的，所以很远啊	1. 制作并张贴中国地图展板 2. 标注西藏的具体位置 3. 放置幼儿带来的地球仪 4. 班中创设“最远是哪里”的区域 ……	幼儿 1：拿起西藏的那块拼图放在“公鸡”的尾巴上，用手指在地图上的跨度了解到“西藏到底有多远” 幼儿 2：用绘画记录的方式描述“西藏有多远”：汽车+高铁+飞机+火车+汽车……
嘉兴	坐汽车，睡了一觉还没有到，肯定是最远的		
西藏	爸爸是乘了飞机还要乘火车还要乘汽车才能到，西藏才是最远的		
外国 ……	妈妈说乘飞机要过一夜才能到国外，好远的 ……		

2. 西藏有北极熊吗？

因为××小朋友的一个疑问：西藏到处都是雪，那西藏有北极熊吗？而引发了部分幼儿讨论“西藏有北极熊吗？”

表 6-3-3 “西藏有北极熊吗?”讨论记录表

幼儿初期经验	幼儿的观点	幼儿的验证方式	教师的支持策略
幼儿 1：有的	北极熊就是生活在很冷、有很多雪的地方，西藏就有很多雪	1. 从家中带来了北极熊书 2. 在家长的陪同下在图书馆查阅相关资料，制作小海报 3. 翻看哈尔滨旅游的照片寻找是否有北极熊 ……	1. 允许幼儿带各种有利用探究的物品到幼儿园，用自己的方式去发现问题，尝试解决问题 2. 及时分享，给予幼儿在大家面前表达、讲述自己探究发现的机会 3. 在与幼儿商讨中布置其探究后的环境，引发更多共鸣
幼儿 2：没有的	北极才有的，电视里、书上都看到过		
幼儿 3：没有的	哈尔滨和西藏一样都有很多雪，哈尔滨没有北极熊，西藏也应该没有的		
幼儿 4：可能有可能没有……	我没去过西藏，问问豆爸吧		

3. “打包”去西藏(举行爱心捐赠活动)

因为豆爸发来了西藏小朋友的照片；因为班中幼儿把中午不想吃、挑食的菜倒进了垃圾桶；因为小朋友生日收到了一样的玩具而生气不要时；班中几位内心敏感的幼儿开始埋怨“看，西藏的小朋友那么可怜，饭都吃不饱，玩具都没有”“老师，我们把这些打包送到西藏可以吗?”从这几位幼儿提出的建议中可以看到，大家似乎慢慢地体会到“什么是珍惜”。所以在幼儿的主张下，在群里家长们的号召下，大家搬了整整两大箱的礼物送到了邮政中心，这里装着 34 位幼儿的爱。

一个多月后，再次打开微信，大家看到了一场隆重的爱心捐赠活动“×××幼儿园×××班 爱心捐赠 西藏那曲加勤乡幼儿园”。那一刻老师听到最多的是“哇，你看他在玩我的拼图”、“我的玩具在他的手里啊，是真的!”、“你看，西藏小朋友在看我的书，他好开心啊”。此时的老师不想去打扰幼儿们，静静地去体会，去表达、去感受，这也许就是幼儿心底的声音吧!

4. 豆爸回来了

学期末当知道“豆爸快要回来了”的消息后，大家都满怀期待地要打扮教室来欢迎豆爸：“老师，买一束花送给豆爸吧!”、“买点好吃的送给豆爸吧，豆爸好久没有吃到了”、“在教室里挂上气球，贴上豆爸的名字吧，豆爸看到肯定会很开心!”最后，当老师看到幼儿们从午睡室冲出来都想要拥抱豆爸时，我们才真切地感受到了幼儿脸上最真实的笑容，因为“荧屏上的西藏之旅”真的让幼儿和老师都成长了许多。

反思评价

在“跟着豆爸去西藏”的微课程中，教师一直站在幼儿的身后关注着、推动着、支持着。所有的经验、方法、体会以及收获都是属于幼儿自己的：面对西藏种种新鲜的事情而不断提问时，幼儿获得的是一份"好问的品质"；因为西藏的话题而争论不断时，幼儿获得的是一份"坚持与探究的品质"；把对西藏的各种经验结合游戏材料玩时，幼儿获得的是一份"创造与想象的能力"；当豆爸失去联系的那一刻，当幼儿想着把心爱的物品寄到西藏送给有需要的人时，幼儿获得的是"关爱他人的品质"；面对西藏的幼儿，面对把饭菜倒进垃圾桶的同伴，此时幼儿获得的是"爱惜粮食的品质"；从欢迎豆爸回来到豆爸把哈达献给老师的那一刻，幼儿明白的是"什么是感谢"。总之，幼儿所有的收获都是他们以后生活所必不可少的财富，也是未来人生道路上最基础、最扎实、最重要的奠基石。

（作者：许诗佳　单位：浙江省嘉兴市海盐县实验幼儿园；指导教师：黄迪）

四、绘声绘演

设计意图

本学期开学，老师在大屏幕上展示幼儿们假期拍摄的照片，小朋友们看到自己游玩的照片，显得很激动，忍不住跟旁边的小朋友分享自己假期的生活。鉴于本班幼儿的兴趣和经验，本学期我们开展以绘本创编为主题的活动，结合幼儿们的生活经验，创编绘本故事，并通过语言和动作以及表情来深刻的展现绘本内容，同时渗透五大领域的技能。

活动目标

1. 知道绘本故事创编的几个基本要素：时间、地点、人物和事件，并能够在自己创编的绘本中体现出来。

2. 能够通过清晰、流利的语言将具有逻辑性的故事情节表达出来。

3. 热爱各种形式的阅读，在阅读中感到乐趣，同时愿意与同伴分享自己喜欢或者创编的故事。

基本结构

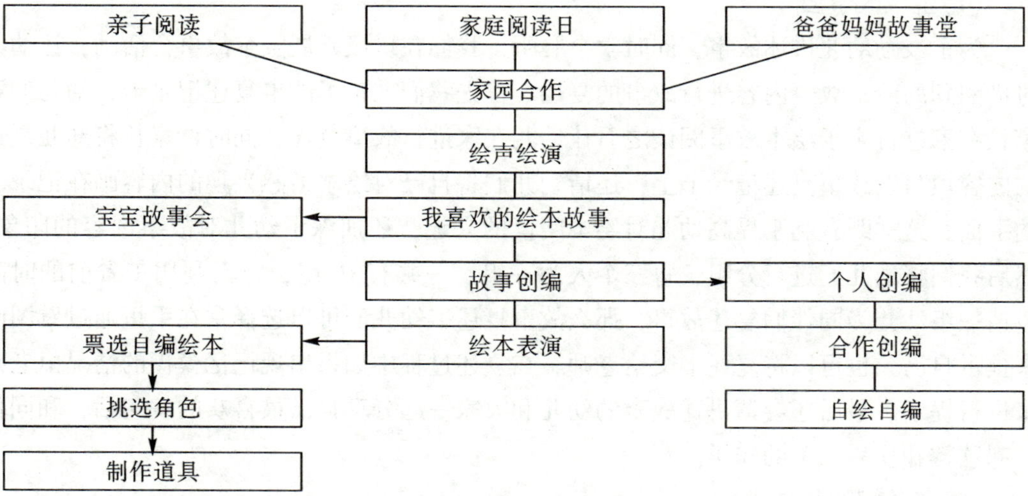

图 6-4-1 《绘声绘演》主题活动基本结构设计示意图

整合准备

图 6-4-1 《绘声绘演》教育领域整合与支持准备一览表

活动名称	领域类别	活动准备
我的假期生活	语言、艺术、社会	假期活动照片、一体机
分享我喜爱的绘本	语言、社会	绘本、话筒、音箱
我们一起选绘本	语言、游戏	绘本、黑板、名字印章
绘本改一改	语言	绘本、话筒、音箱
我来编故事	语言、艺术	磁性白板、磁贴、人物、场景、动物等彩色图片
合作编故事	语言、艺术	磁性白板、磁贴、人物、场景、动物等彩色图片
自绘自编	语言、艺术	白纸、彩笔、黑板、话筒、音箱
民主票选自编绘本	语言、艺术、社会	自编绘本、黑板、白纸、名字印章
挑选角色	语言、艺术	自编绘本、白字、彩笔
制作道具	艺术	纱巾、发卡、动物图片
绘本表演	艺术	自制道具、动物服装、话筒、音箱

活动过程

1. 让绘本阅读融入生活和学习中

(1)宝宝故事会

为了鼓励幼儿讲述故事，同时学会聆听，我们在班级开展宝宝故事会活动，让幼儿对借阅到的绘本故事内容进行故事的复述。首先我们准备了故事复述记录卡，幼儿们和家长在家进行亲子绘本故事阅读之后让幼儿在家进行故事复述，同时请家长将幼儿复述的内容填写在故事复述记录卡上，还请幼儿们将自己对绘本最感兴趣的内容画在记录卡的下面，这样既有利于提高幼儿对绘本阅读的兴趣，还加深了幼儿对故事内容的印象。然后我们将幼儿们进行分组，每三个人为一组，一共有 10 组，每天利用午餐前的时间邀请一组幼儿为同伴们复述故事，那么故事复述卡幼儿们可以选择拿在手里通过看图画来提示自己，也可以将复述卡交给老师，在复述过程中如果出现记忆模糊的情况由老师来进行提示。最后还会请讲述故事的幼儿和大家一起分享自己最喜欢的一句话，和同伴一起欣赏和积累优美的句子。

(2)爸爸妈妈故事堂

每周我们还会邀请一位爸爸或者妈妈走进课堂，为幼儿们讲述绘本故事。看到自己的爸爸妈妈为小朋友们讲故事，幼儿们都会从心底里油然升起一股自豪感，这样更加激发了幼儿们对绘本阅读和故事讲述的热情。在这个活动中，爸爸妈妈不仅仅是为幼儿们讲了一个故事，还起到了非常好的示范引领作用。

2. 以主题的形式开展绘本故事创编活动

在一次的故事讲述中，幼儿对自编故事表现出了浓厚的兴趣，为了遵循幼儿们的意愿，更加有效地提高其故事创编的能力，我们决定以主题的形式来开展故事创编活动。

(1)第一阶段——个人创编

活动一开始，我们为幼儿们提供了磁板和人物、动物磁贴，幼儿们非常兴奋和激动，每个人都沉浸在自编故事的活动中，故事编完之后，我们还请幼儿就自己的故事磁板上的内容进行讲述。

在这一阶段，教师主要是仔细倾听幼儿的想法和意见，以便及时给予支持和鼓励，从而使幼儿热爱故事，勇于表达自己的见解、思想。同时也要多注意幼儿的反应，对说不出、不爱说的幼儿，要在日常生活中给予更多关心、理解和引导，帮助他们融入同伴学习的氛围中。

当然幼儿在故事创编的过程中也存在许多的问题，如，毫无逻辑地罗列故事磁板上的内容；出现“一只小朋友”、“鲸生活在河里”等知识性的错误。因此每次活动后我们都会进行讨论和总结，为幼儿梳理故事的构成要素、常规结构，同时将知识性的错误提取出来进行讲解。

(2)第二阶段——合作创编

经过一段时间的故事创编，幼儿们的故事情节越来越复杂、内容越来越丰富，因此某些幼儿会出现“编不下去”的情况，此时一些想象力丰富的幼儿常常会加入一些“点睛之句”，不知不觉中幼儿们开始和同伴进行分享学习、合作创编。

此时，教师可围绕故事情节给幼儿提一些创造性的、理解性的问题，从而锻炼幼儿的思维，促进其大脑的灵活运用以及想象力的提高。教师还可以假装成故事中的某个角色来引导幼儿进行创编

(3)第三阶段——自绘自编

随着幼儿创编的角色越来越多，故事场景越来越复杂，而磁贴的种类和数量有限，因此难以满足他们的需要，于是我们鼓励幼儿根据自己创编故事中的角色和场景来进行绘画，并逐渐从单幅场景过渡到多幅场景。接下来我们请家长为幼儿们搜集废旧台历，让幼儿们在台历上粘贴彩色卡纸，并将故事内容以绘画的形式展现在卡纸上，幼儿们的自制绘本就这样完成了。最后我们将幼儿们的自制绘本投放到语言区中供幼儿们自由讲述。

(4)第四阶段——自编自演

这一阶段的到来源于我们在区域活动中对幼儿行为的观察。我们发现幼儿们在表演区活动时，将自己创编的故事进行了表演，而且在表演的过程中进一步修改了故事内容，让其变得更加符合逻辑了，这也验证了“讲述和表演，好像可以帮助幼儿更好地理

解怎样组织连贯的故事，怎样发展故事的开头、中间和结尾。尤其是表演故事时的想法，帮助他们认识到什么样的因果顺序可以让观众接受，什么样的表演顺序是不成熟和无法决断的”。因此首先我们请幼儿自由组合来进行故事创编，然后请组长就创编的故事进行讲述，组员可以提示；接下来请幼儿根据自己组创编的故事进行角色分配，并进行初次的表演；第三步就是请幼儿回去讲述自己组的故事，并请家长帮助幼儿记录下自己的台词；第四步为幼儿准备表演所需的道具，并就故事内容再一次表演，接下来在每一次表演中逐渐增加情节和对话，使故事更加完美。在这一过程中，幼儿意识到自己的故事情节、主题和内容，使自己对所创编的故事有了深刻的体验，从而使以后的创编更加清晰、有序、丰富和完美。

在这个过程中，教师可作为表演的支持者和故事的朗读者。作为表演支持者，教师为故事角色的表演提供舞台空间和背景道具，然后鼓励幼儿们表演他们的角色，同时根据表演内容进行故事记录，并请幼儿说出他们的思路，故事的记录和幼儿的叙述起到了穿针引线的作用，将角色的表演和剧情的展开紧紧连接起来。有老师的引导，其他小朋友的评价和建议，这些都将帮助幼儿更好地理解自己创编的故事。

反思评价

本次主题活动设计来源于我们幼儿的假期生活分享，跟着幼儿的脚步将绘本创编分为了个人创编—合作创编等四个步骤来开展活动，将绘本借阅与幼儿的故事复述相结合，进一步提升了绘本借阅的故事阅读的效果和教育价值。主题是区域的提炼：教师在区域中对幼儿行为的观察与解读促进了主题内容的生发。区域是主题的延伸：幼儿在主题活动中经验的丰富与提升提高了其在区域中的操作能力。

（作者：彭鹏　单位：广州市黄埔区香雪幼儿园）

五、最美白塘湖

设计意图

莆田市涵江白塘湖公园是福建省最大的天然湖，也是莆田二十四景之一，“白塘秋月”胜景的所在地。景区自然风光优美，文化积淀深厚，文物内涵丰富，人文景观与自然景观交相辉映，是宝贵的历史文化遗产。本次主题活动旨在促进幼儿们更全面地了解白塘湖公园，尝试应用各种表征方式大胆表现自己眼中的白塘湖，激发幼儿爱家乡的情感。

活动目标

1. 喜欢与他人交流自己眼中的白塘湖公园，学习用简单的语句介绍白塘湖公园。

2. 能用撕、画、剪、贴等技能表现白塘湖公园的桥，桃花、亭子等景物。

3. 感受乱扔垃圾的危害，萌发保护环境的意识，初步养成环境保护的行为。

4. 能大胆制作白塘湖公园景区内的环保标志或者指示牌，树立自信心，获得合作意识。

5. 愿意扮演白塘湖各小吃店的各类工作人员，明确工作职责，能大胆介绍家乡特色小吃。

6. 了解家乡饮食习俗，萌发爱家乡的情感。

基本结构

围绕《最美白塘湖》这个主题创设互动式、多元化、色彩浓厚的“活”的主题教育环境，班级充分利用活动室内外三维空间进行环境创设，同时结合各领域活动，构建莆仙特色文化课程，力求能够让幼儿在玩中学、生活中学、做中学，从而快乐、自主地获取有益经验。

整合准备

表 6-5-1 《最美白塘湖》教育领域整合与支持准备一览表

活动名称	领域类别	活动准备
白塘环保小卫士	综合	小树苗、植树工具、事先设计好的环保标志图片等
我眼中的白塘湖	语言	幼儿事先已参观过白塘湖公园、参观照片等
撕贴塔桥	艺术	报纸、卡纸、水彩笔等
绘画白塘秋月	艺术	水彩笔、油画棒、纸、马克笔等
桃花朵朵开	科学、艺术	课件、图片等
我是白塘小导游	语言、社会	幼儿参观照片、图片等
公园环保标志	社会、艺术	环保标志图片、水彩笔、图画纸等
有趣的叶子	科学	实物叶子、课件等
白塘乐	社会、艺术、科学	智高乐搭建材料、纸盒、各种自制小吃、餐具等

活动过程

1. 制定分发主题调查问卷

通过主题开展前期的亲子参观游览，以图文并茂的形式进行记录，便于幼儿分享所见所闻，也有利于老师预设主题活动开展的进程。

“最美白塘湖”主题调查表

幼儿姓名：　　　　　　　　　　　　　　　　　　　　家长姓名：

白塘湖公园是福建省最大的天然湖，也是莆田二十四景之一，“白塘秋月”胜景的所在地，景区自然风光优美，文化积淀深厚，文物内涵丰富，人文景观与自然景观交相辉映，是宝贵的历史文化遗产，因此，在主题开展前期，请爸爸妈妈带宝贝去白塘湖公园寻找美丽的景色，并将这精彩瞬间用照片记录下来，贴在下面的框框里，也可以用绘画或剪贴画等形式展示。完成后请带来幼儿园与伙伴们一起分享交流哦！

表 6-5-2 “最美白塘湖”主题调查表

你去过白塘湖公园吗？你在公园里都玩些什么？	
你最喜欢白塘湖公园的哪些地方？为什么？	
你认识公园里的哪些标志？	
你有什么好方法让白塘湖变得更美？	

2. 家园合力

活动开展前积极争取家长的支持、理解，家长的生活环境各不相同，我们充分利用这些资源，发动家长通过各种渠道帮助幼儿收集有关主题的材料，为幼儿创设主题环境、开展各类活动提供保障。与此同时我们还让家长参与主题活动的布置，在幼儿园的室内摆放、走廊悬挂等利用幼儿的家庭小制作，不仅美化环境，更加满足了幼儿和家长的成功感，节省了教师的时间和精力，同时，家长通过参与主题活动的布置，也近一步了解了幼儿园的教育内容，从而更好地协助幼儿园开展教育活动。

3. 环境创设

通过各活动区、活动室内外、主题墙等环境的创设，让环境由“静”变“动”，融入到我们的主题教学中，成为我们主题活动的有机组成部分，成为幼儿学习的互动平台，让幼儿与环境进行有效地对话，从而促进主题的进展，让幼儿们获得更多的知识经验。如活动室主墙面利用幼儿的作品布置“白塘秋月”一景、活动室大门的“公园大门”创设以及各活动区各类主题材料地投放、幼儿作品的摆放等。

4. 活动进程

根据幼儿的兴趣点及实际发展需要，我们将本主题分为四个活动进程来进行：

(1)寻白塘。以亲子游白塘湖公园为主，让幼儿了解、熟悉白塘湖公园，感受景区的美。

(2)赏白塘。在参观的基础上引导幼儿分享、探究有关白塘湖公园的自然风光及其文化内涵，尝试用各种表征方式进行表现，萌发爱家乡的情感。

(3)美白塘。以谈话活动、组织到公园捡垃圾、亲子植树、设计环保标志等形式，激发幼儿美化家乡景区的情感，萌发环境保护的意识。

(4)戏白塘。开展有关白塘湖公园的活动区游戏，如建白塘、乐白塘等，进一步了解白塘湖公园，萌发爱的情感。

5. 资源利用

根据主题开展需要，强化为绿化白塘湖公园献出自己的一份力，主题进展过程中组织开展了《我为白塘添绿彩》亲子植树活动，在活动中进一步明确保护环境的重要，增强植绿护绿的环保意识，促进亲子间的交流。

反思评价

本次主题活动整合了语言、艺术、科学、社会等五大领域的教育内容，师幼共同在室内外营造了浓厚的主题环境氛围，通过参观、谈话、探索、绘画、游戏等多种形式，贯穿着对幼儿们进行爱家乡的教育，陶冶着热爱大自然的情感，总体保证了主题活动达到了预期效果。

（作者：卢帧文　董荔红　单位：福建省莆田市涵江区实验幼儿园霞徐园　指导教师：曾惠容　陈杭）

六、吉祥葫芦

设计意图

小葫芦形态可掬，朴拙无华，在生活中常常见到。动画片里葫芦娃的形象深入童心，使幼儿对葫芦有天然的亲近感。而葫芦在中国传统文化中含有美好的寓意。在秋天收获的季节里，收获的葫芦可以让幼儿体验果实的成熟之美，以葫芦为主线，玩转葫芦，挖掘葫芦蕴含的人文知识，不仅激发他们探寻植物特性的兴趣，还可以满足幼儿对葫芦喜爱和探究的愿望，又使幼儿受到优秀传统文化的熏陶，拓宽幼儿的视野，培养幼儿的情感和感受美、创造美的能力。

活动目标

1. 理解儿歌、神话故事等内容，初步了解葫芦的美好寓意。
2. 乐于参加音乐游戏和集体活动，学会合作分享，从中获得愉悦和美感。
3. 做力所能及的事，孝老敬亲，养成文明礼貌的习惯，自信勇敢，有初步的责任感。
4. 能发现和感受生活中的美，萌发审美情趣。
5. 尝试运用语言及其他非语言方式表达和表现生活，具有一定想象力和创造性。
6. 亲近自然，能积极关注周围事物，对科学活动感兴趣，有探究的欲望，有良好的科学态度和方法。

基本结构

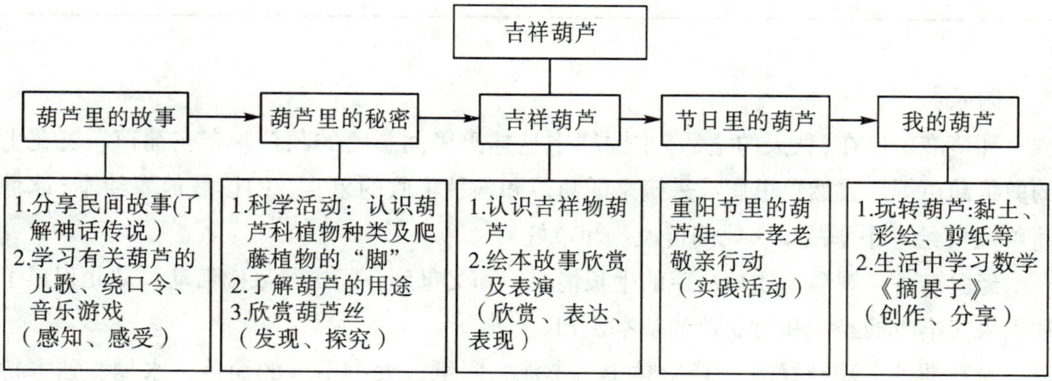

图 6-6-1 《吉祥葫芦》主题活动基本结构设计示意图

整合准备

表 6-6-1 《吉祥葫芦》教育领域整合与支持准备一览表

吉祥葫芦	活动名称	领域类别	活动准备
葫芦里的故事	故事欣赏《孟姜女》	社会、语言	故事书、多媒体课件
	儿歌《种葫芦》	语言	多媒体课件
	歌曲《葫芦藤 葫芦花》	艺术	音乐伴奏带
	音乐游戏《种葫芦》	艺术	头饰、音乐
	运葫芦	健康	平衡木、障碍圈
	绕口令《数葫芦》	语言	教学挂图、字卡
葫芦里的秘密	葫芦兄弟们	科学	写生板、白纸、彩笔
	会爬的植物	科学	作业单
	葫芦的用途	社会	作业单
	好听的葫芦丝	艺术欣赏	葫芦丝、视频
吉祥葫芦	认识吉祥物	社会	剪纸窗花、布葫芦等
	绘本故事《冰糖葫芦谁买》	绘本剧表演	布景道具、头饰等
节日里的葫芦	重阳节里的葫芦娃	生活课程	家长配合拍照片
我的葫芦	玩转葫芦(黏土、彩绘)	美工区	黏土、模具、水彩、丙烯等
	剪纸葫芦	美工区	剪刀、彩纸、胶棒
	摘果子	数学	教具、作业单

附录：

环境准备：在《秋天的童话》主题墙中悬挂出民间彩绘的葫芦、布艺葫芦、窗花上的剪纸葫芦等。自然角里摆放采摘来的葫芦和各种丰收的果实。阅读区放置绘本《冰糖葫芦》、《绘本中华故事·民间传说：葫芦娃》。

经验准备：观察植物角葫芦的生长情况，和父母到乡间进行采摘活动。幼儿积累了秋天果实丰收的经验和对葫芦的基本认知。

材料准备：葫芦模具、轻型黏土、彩泥、彩纸、大小不一的葫芦、水桶、独木桥等；工具：剪刀、透明胶、双面胶等。

活动过程

1. 教学活动学习《葫芦里的故事》

首先开展阅读分享活动讲述民间故事《孟姜女》，使幼儿对传统文化产生亲近感，感受古代劳动人民的淳朴善良、坚贞不屈，了解葫芦的美好传说。孟姜女名字的来历与葫芦发生勾联，引起了幼儿的好奇与想象，葫芦这一美好的意象根植于他们的脑海。再通过学习儿歌《种葫芦》、绕口令《数葫芦》、歌曲《葫芦藤 葫芦花》、音乐游戏《种葫芦》，培养幼儿语言表达、艺术表现能力，激发对葫芦的喜爱之情和探究的欲望。最后通过健康活动《运葫芦》，创设情境搬运葫芦、走平衡木、穿越障碍等系列体能活动，锻炼幼儿平衡、攀爬能力，学会合作，分享集体游戏的快乐。

2. 社会实践活动探索《葫芦里的秘密》

幼儿对葫芦产生极大的兴趣。引发了《葫芦兄弟们》的探究活动，要了解葫芦生长特性，进而生发下一个科学活动《葫芦兄弟们的脚》。活动策略：由家长陪同到农科园采集并画出葫芦及相似植物，幼儿在家长帮助下完成调查表，回到班级集体展示探究的方法和成果。

通过观察探究爬行植物，知道了它们名称和特性。发现这些植物是靠螺旋状的卷须做脚来攀爬的。总结出像葫芦一样有绿色叶片、有长长的藤、能开花能结瓜会攀爬的植物都是葫芦科植物，包括西瓜、南瓜、丝瓜、香瓜、瓠子等。它们既可以供人们观赏乘凉，还可以食用。进一步了解了它们的用途。

3. 区域自主游戏《吉祥葫芦》

顺势挖掘葫芦文化，继续搜集生活中的葫芦。在搜集的材料中幼儿发现除了过年贴的窗花上有葫芦造型，在北方过端午节时几乎人人都戴过布葫芦。通过向老人们的访谈，了解了民间习俗的来历，知道葫芦在中国人心目中能驱灾避邪，保佑人们吉祥平安，是名副其实的“吉祥葫芦”。接下来分享阅读绘本故事《冰糖葫芦谁买》。绘本讲的是在很冷的冬天，一位卖冰糖葫芦的老爷爷不忘随手照顾冬天难以觅食的小猫，而小猫们的报恩也在关键时候帮助了等着卖了冰糖葫芦换钱买药的老爷爷。为增强幼儿表达表现的能力，将《冰糖葫芦谁买》排演成绘本剧，接下来区域整合将美工区自制的道具、小猫头饰、冰糖葫芦剪纸雪花等，投放到表演区，供幼儿自主游戏，表演绘本剧。

4. 生活活动开展《节日里的葫芦》

收获完葫芦，重阳节随之来临。葫芦有福寿延绵、子孙万代之意，为强化理解葫芦的美好寓意，理解节日的内涵，通过谈话活动让幼儿了解重阳节是老人的节日，再启发幼儿去行动，重阳节里做什么？开展《重阳节里的葫芦娃》的生活课程，活动目标就是幼儿为爷爷奶奶献上一份爱，身体力行尽孝道，日常养成文明礼貌的习惯。活动过程让爸妈给拍照录视频，传到班级 QQ 群，由幼儿来分享讲述。通过为爷爷奶奶捶背洗脚、唱儿歌、画画、端茶、洗菜，不仅是作为节日里的礼物，而且成为幼儿孝老敬亲、做生活小主人的常态。把幼儿行动的照片配上童谣张贴在走廊上，激励幼儿做更好的自己。

5. 区域自主学习《我的葫芦》

通过走向田野采摘，在自然界观察探究，再到神话传说、传统节日里去体验感受，视野的开阔让幼儿回到课堂后，创作更有灵感。在区域中提供多样化的美工材料，通过彩绘葫芦、给葫芦娃穿新衣、葫芦上的线条画、做黏土葫芦、剪纸等美工创意活动。体验不同材料不同材质创作的艺术效果。

数学活动《摘果子》在生活中学习数学，联系幼儿的生活，结合生活实践和知识经验设计数学活动，感知和判断 7 以内的数量，引导幼儿逐渐建立数的概念，体验分享与助人的快乐。

反思评价

本次主题活动以葫芦为主线生发课程，体现课程游戏化，将秋天的果实与传统文化的熏陶相融合，神话故事、民间传说中的养料极大地满足幼儿的好奇心和想象力；走出课堂、走向自然、接触社会让幼儿觉得更好玩；从了解葫芦在自然中的生长状态到生活中的应用，从感受语言韵律的灵动可爱，到进一步了解传统文化的美好内涵，促进了幼儿情感的发展，幼儿们懂得尊老敬祖、喜爱中国文化，培养了人文素养。

（作者：赵丽华 单位：河北省廊坊市直属第二幼儿园）

七、鸡的秘密

设计意图

进入动物园的主题后，幼儿对于各类动物的话题是乐此不疲。在阅读过程中，幼儿对于有关鸡的问题非常感兴趣，迫切想要知道这其中的为什么？又是怎么样的等。基于幼儿们的需求，我们将“鸡”作为项目化学习活动的主题内容，引导幼儿们开展一次探索之旅。

活动目标

1. 在探究学习的过程中，能主动发现问题，并通过多渠道、多样化的方式尝试解决。
2. 尝试使用不同的工具及多元化的方式寻找、了解鸡的相关知识；能够将自己探索后的发现进行分享与表达。
3. 在活动的过程中敢于质疑、勇于解决，有进一步探究动物世界的兴趣及欲望。

基本结构

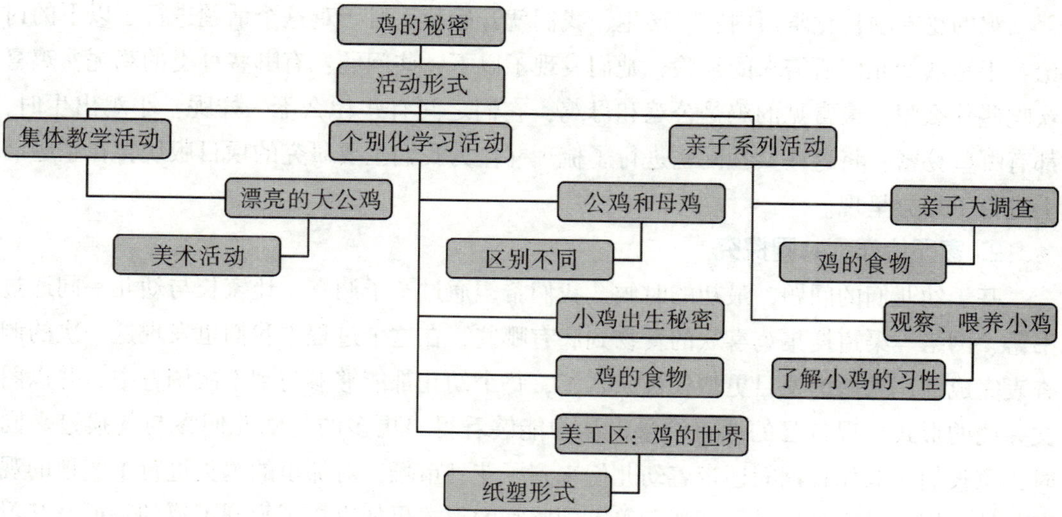

图 6-7-1 《鸡的秘密》主题活动基本结构设计示意图

整合准备

表 6-7-1 《鸡的秘密》教育领域整合与支持准备一览表

活动类别	活动名称	领域类别	活动准备
亲子活动	鸡喜欢吃什么？	综合	调查表、水彩笔
	参观花鸟市场	综合	记录表、水彩笔
集体活动	漂亮的大公鸡	美术	公鸡图片、炫彩棒
	鸡的一家	美术	鸡图片、卡纸、剪刀、双面胶
	鸡蛋宝宝站起来	科学	米、鸡蛋、大小不同的瓶盖、瓶子、纸盒、积木、沙包、橡皮泥、玩具（塑料插塑、酒杯、凳子）、擦手毛巾、报纸、皱纹纸等辅助材料。
区域活动	公鸡和母鸡	综合	鸡的书籍、笔、记录纸
	小鸡是如何出生的？	综合	视频、书籍、笔、记录纸
	制作关于鸡的大图书	美术、语言	鸡的百科书籍、手工纸、炫彩棒、剪刀、订书机
	鸡的身体	科学	视频、鸡的百科书籍、记录纸、笔

活动过程

1. 对话项目，发现问题

鸡的秘密项目化学习内容一产生，我们就开始着手对于鸡这个话题进行了以下的讨论：于是从幼儿们所需求的经验，她们发现了以下一些问题：有哪些种类的鸡呢？鸡喜欢吃些什么呢？最常见的鸡是公鸡和母鸡，它们之间有些什么不一样呢？小鸡出生时，都有哪些秘密？将这些共性问题进行了梳理并作为我们主要研究的项目版块，在主题墙上进行了划分呈现。

2. 家园协作，共同探究

基于幼儿们的问题，最初的时候，我们希望通过亲子调查，让家长与幼儿一同通过书籍、网络等渠道搜集鸡喜欢的食物到底有哪些，在这个过程中我们也发现这一次的调查表完成度比之前的项目更加积极认真了，每个幼儿都能够参与到本次调查中，并以图文并茂的形式呈现自己的调查结果，从中能够看得出更多的是幼儿们参与的痕迹。同时，家长们在双休日期间还带着幼儿们来到了花鸟市场，对那里的鸡类进行了实地的观察，幼儿们通过观察、触摸、喂养等不同感官的形式更加直接了解到了鸡的特征及其习性，对鸡有了进一步的探索兴趣。在交流分享的过程中，幼儿能够积极表达自己所看到的，他们开始尝试运用不同的工具来解决问题，也能够将自己的发现用自己的方式进行表达。在这个过程中，幼儿的学习方式也在不断地改变及更新。

3. 多元学习，自主探究

针对幼儿们之前提出的问题，我们有针对性地搜寻了关于小鸡是如何出生的，母鸡和公鸡相关故事的视频，供幼儿在个别化学习中进行观看、探索等。通过视频的观赏，幼儿们发现了原来小鸡孵化出来之后，要经过 21 天才能破壳出来。于是幼儿们又生成了一个新问题："在这 21 天里小鸡会有哪些变化呢。"于是通过亲子调查、自主阅读、视频搜索等不同的方法寻求答案，在这个过程中，幼儿能够比较主动地呈现自己发现的结果，他们开始尝试制作了一本本的自制小书及小鸡出壳的日记来呈现自己探索的痕迹，且这个过程中，幼儿对于如何做书的兴趣度是逐渐增强了。

在研究的过程中，我们发现幼儿们特别乐意在区域中制作跟鸡有关的作品，初期时，他们更倾向于画公鸡和母鸡，在绘画的过程中，他们也在探索着这两种鸡的不同之处；于是，通过阅读"鸡"的绘本故事，幼儿们发现了以下秘密：公鸡的尾部是大羽毛叫翎羽；母鸡的尾部较短是尾羽；公鸡的鸡冠尖尖的；母鸡的鸡冠圆圆的；公鸡的垂肉长又尖；母鸡的垂肉短又圆。

4. 链接纸艺，多元表达

现在幼儿已经不单单只用画来表现鸡，他们会利用各种材料进行表现，从最初用纸杯来做小鸡的身体，用彩纸制作小鸡身体的各个部位；到现在，幼儿们尝试将纸进行卷、折、剪、塑型等不同的方式来表现公鸡和母鸡的特征，在这个过程中我们发现幼儿能够善于思考，有较强的专注度，同时，幼儿们在艺术表现方面也有了很大的提高，不管是制作的技能上，还是想象创作上，都让我们有一种"哇"的惊叹！

反思评价

本次主题活动基于幼儿的经验及兴趣，采取项目化学习方式推进，指导幼儿通过自主调查、亲子调查、运用多种感官形式来发现问题，并且解决自己或者同伴提出的问题，显著提升了幼儿自主学习能力。

（作者：王敏瑕　单位：上海嘉定区嘉秀幼儿园）

八、车鼓声声

设计意图

“擦锣鼓”是莆田传统文化中的瑰宝之一，每当逢年过节，开业庆贺，总少不了车鼓表演。本园临近庙宇，一到寺庙节日，车鼓声声，热闹非凡，幼儿在耳闻目睹中，渐渐对车鼓产生了浓厚兴趣。《指南》中指出：成人要善于发现和保护幼儿的好奇心，充分利用自然和实际生活机会，帮助幼儿不断积累经验，并运用于新的学习活动，形成终身受益的学习态度。因此，遵循幼儿的兴趣，本学期开展了“车鼓声声”系列主题教育活动，旨在让幼儿们感受家乡车鼓文化的丰富和优秀，以及人们积极向上的精神面貌，从而激发幼儿爱家乡的情感。

活动目标

1. 感受莆田车鼓的热闹气氛，能大胆地与同伴交流自己的感受。
2. 探索莆田车鼓道具的制作过程及种类，乐于分享交流自己的发现。
3. 学习用简单的统计方法统计车鼓队表演的人数及道具的数量。
4. 能运用多种手段进行表现和表达莆田车鼓，体验成功的乐趣。

基本结构

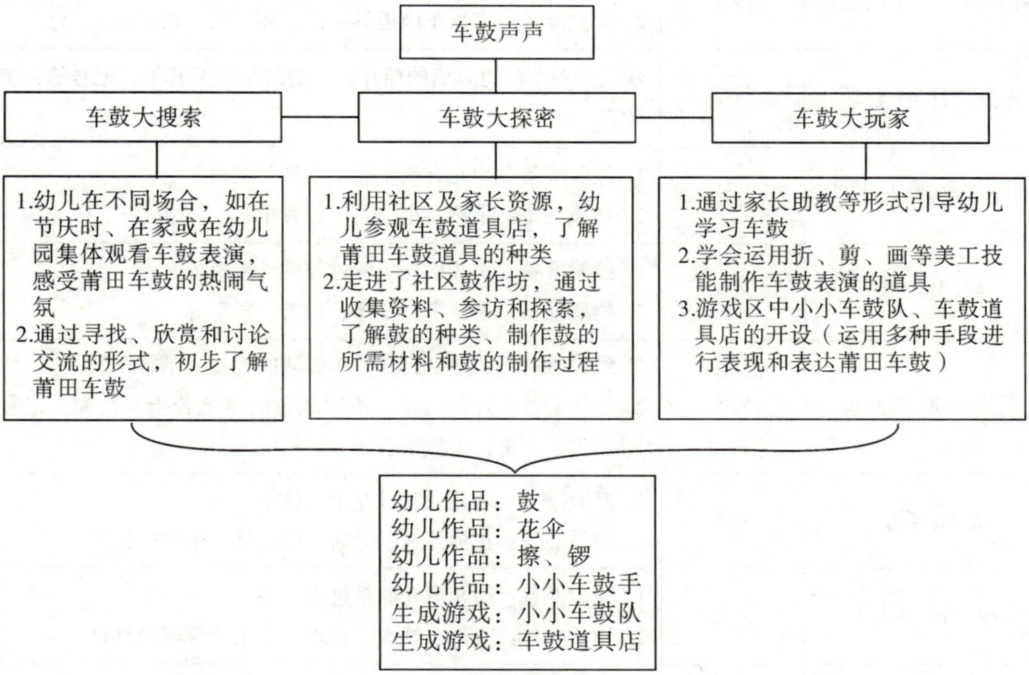

图 6-8-1 《车鼓声声》主题活动基本结构设计示意图

整合准备

表 6-8-1 《车鼓声声》教育领域整合与支持准备一览表

活动名称	领域类别	活动准备
车鼓咚咚锵(童谣)	语言	1. 经验准备：能听懂家人讲本地话 2. 物质准备：车鼓队道具的图片，录音《车鼓咚咚锵》
车鼓队表演(谈话)	语言、游戏	1. 经验准备：事先参观车鼓道具店，了解车鼓道具的名称，拍照作为资料 2. 物质准备：幼儿收集的车鼓图片，车鼓队的视频，车鼓道具等
莆田车鼓	语言、社会	1. 经验准备：事先与车鼓表演的家长联系 2. 物质准备：车鼓表演道具
鼓的秘密(探索)	科学、社会	事先与社区鼓作坊联系好参观时间

续表

活动名称	领域类别	活动准备
各种各样的车鼓道具	科学	1. 经验准备：幼儿事先了解一些车鼓道具 2. 物质准备：实物车鼓道具：镲、锣、鼓、花伞等
车鼓统计员(数学)	科学	幼儿参观车鼓道具店的照片，点赞的小贴纸若干，记号笔，统计表
咚咚隆咚锵(打击乐)	艺术	1. 经验准备：幼儿有玩小锣、小鼓的经验 2. 物质准备：小锣、小鼓若干；音乐
鼓(装饰画)	艺术	1. 经验准备：幼儿事先了解过鼓的外形特征 2. 物质准备：手工纸、胶棒、白纸、彩笔等
车鼓小演(剪贴画)	艺术	1. 经验准备：幼儿事先观看车鼓队的视频，了解车鼓手 2. 物质准备：红包若干，不同颜色的卡纸若干，浆糊，记号笔人手一把，小篮子若干
花伞(手工)	艺术	1. 经验准备：幼儿欣赏过花伞的样子 2. 物质准备：花伞范例、纸筒、皱纹纸、塑料吸管等
镲、锣(手工)	艺术	1. 经验准备：幼儿事先欣赏过镲、锣 2. 物质准备：范例、纸盘、铁盘、手工纸等辅助材料
小小车鼓队 车鼓道具店	游戏活动	1. 物质准备：提供自制车鼓表演道具等游戏材料 2. 环境创设：车鼓道具店的情境创设

活动过程

1. 借助现代化媒体及家园同步，感受热闹的莆田车鼓

(1)幼儿通过在不同场合，如在节庆时、在家或在幼儿园集体观看车鼓表演，感受莆田车鼓的热闹气氛。通过寻找、欣赏和讨论交流的形式，初步了解莆田车鼓。

(2)根据幼儿搜索和感受车鼓的进程，师幼共同在走廊上创设主题展板一“车鼓大搜索”的内容。在室内主题背景墙上，展示主题前期收集的一些相关的资料，主要分为四个方面的内容：车鼓队的表演形式、车鼓队的道具、车鼓队的动作、车鼓队的队列。

2. 利用社区及家长资源，探索有趣的车鼓道具

(1)让幼儿走进社区，参观车鼓道具店，观察各种车鼓道具的外形特征，看一看、摸一摸，敲一敲，了解道具的使用方法，与同伴分享自己的发现和收获，从中体验玩车鼓道具的乐趣。

(2)根据主题探究所需，把活动环境转移到社区中的鼓作坊进行。“鼓面是什么做的?”“鼓为什么会响?”“这些木头就是用来做鼓的吗”，鼓作坊的师傅一一为幼儿们解

答。

(3)师幼共同制作主题展板二“车鼓大探密”的内容。利用幼儿创作的鼓、镲、锣及花伞等作品做成挂饰或墙饰布置活动室。

3. 开拓区域、乐吧游戏及其他活动，童玩多彩的车鼓艺术

(1)区域游戏：美工区：投放纸盘、光盘、红包、皱纹纸、卡纸、蜡光纸、宣纸、双面胶、固体胶及一些辅助材料，引导幼儿运用剪、贴、画等艺术表现形式进行创作《花伞》、《镲、锣》、《小小车鼓手》等作品。语言区：投放照片墙《我喜欢的车鼓道具》、自制图书《我的车鼓之旅》供幼儿讲述。益智区：投放自制车鼓迷宫路线图、车鼓道具拼图供幼儿探索操作。

(2)乐吧游戏。投放大型建构材料、纸箱、纸盒、易拉罐等废旧材料供幼儿搭建游戏场景；以及店牌、自制车鼓道具等游戏材料。在整个游戏中，从游戏的道具到角色的分配再到游戏场地的规划都由幼儿全程参与。教师通过细心的观察，根据幼儿的游戏情况，适时地介入与指导，与幼儿共同讨论，不断地调整与推进，最后生成乐吧游戏活动《小小车鼓队》、《车鼓道具店》等。

(3)其他活动。家长助教——《你教我学》。借助家长资源，将车鼓演员请进园，主要以观看表演与助教演示两种形式相结合，进一步让幼儿了解车鼓场面气势宏大，热闹、喜洋洋。在家长与幼儿互动的过程中产生共鸣，把原本复杂的鼓点简单化，使幼儿更积极地参与活动，能大胆地表现自己的情感和体验。庆“六一”亲子制作《车鼓演出服装》。在活动中幼儿与幼儿、家长与家长在互学中提高自己的审美观，做出一件件漂亮的车鼓演出服装。

(4)根据主题进程，师幼继续营造丰富的车鼓主题环境，呈现主题展板三“车鼓大玩家”的内容。

反思评价

本次主题活动通过谈话、参观、探索、游戏等形式，使主题活动不断推进，在指引幼儿走进了社区参观莆田特色工艺——鼓作坊，从中进一步丰富了一定的生活经验，使他们了解到鼓的制作材料及制作过程；借助家长资源，让家长参与助教，与幼儿一起欣赏莆田车鼓，寻找车鼓表演道具，亲子制作道具等，帮助幼儿了解莆田车鼓队的风采，体验车鼓表演的欢乐气氛；在活动中将主题活动与区域游戏、乐吧游戏相融合，使幼儿们在玩中生疑，在探索中发展，对家乡特有的民俗文化——“镲锣鼓”有了更深了解，从中进一步萌发爱家乡的情感。

(作者：陈 燕　陈 杭　单位：福建省莆田市涵江区实验幼儿园霞徐园　指导教师：董荔红　曾惠容)

九、海产总动员

设计意图

莆田市地处沿海，作为沿海之滨的幼儿园，有着丰富的海上资源。幼儿在餐桌上经常吃到海产做的各种食品，如海蛎、蟹、花蛤、蛏、虾、鱼、花蛤等。但是这些海产品生活在哪里、怎样生长、它本来是什么样子的、有什么作用，幼儿了解得不是很深入。通过与幼儿讨论，我们选择开展《海产总动员》主题探究活动，引导幼儿体验、探究、发现、制作等，以多元化形式让幼儿了解家乡的海产品，从而激发幼儿热爱大海、热爱家乡的美好情感。

活动目标

1. 认识常见的海产品，了解各类海产品的食用部分。
2. 会用恰当的词句描述品的外形特征，尝试自编海产品儿歌或谜语。
3. 能用不同的艺术形式表现海产品。
4. 知道海产营养多，吃海产品对身体有益，激发爱家乡的情感。

基本结构

1. 海产大搜索：亲子前往海产市场、超市海鲜区、海鲜干货店等地方，认识各种海产品干货，通过照片、调查表等形式记录寻找过程及结果，以分享交流的方式帮助幼儿进一步了解家乡海产品。

2. 海产大品尝：通过“家长助教”的形式，让幼儿了解海产品的做法和吃法，品尝各种海产品的鲜美，进一步激发幼儿对家乡海产品的喜爱。

3. 海产大创作：通过艺术活动、区域游戏、创造性游戏等多种形式，鼓励幼儿尝试运用折、剪、粘贴、画等多元化表征形式，进行有关海产品的创作。

4. 我爱大海：通过故事、绘画等方式，让幼儿了解保护大海的重要性，培养环保意识。

整合准备

表 6-9-1 《海产总动员》教育领域整合与支持准备一览表

活动名称	领域类别	活动准备
大鱼小鱼生病了(故事)	语言	故事图片、大海被污染的视频
小螃蟹找工作（故事)		故事 PPT
我认识的海产品（谈话)		虾、鱼、螃蟹等海产品图片、玩具
纸盘鱼(手工)	艺术	纸盘、剪刀、双面胶、水彩笔
小螃蟹(泥塑)		橡皮泥、泥工板
海底世界(绘画)		水彩笔、画纸
保护海洋(绘画)		大海被污染的视频、保护海洋的图片、水彩笔、画纸
各种各种的鱼(折纸)		各种鱼的图片、手工纸、剪刀、胶棒、水彩笔
爱护幼儿园的小河	社会	幼儿园小河的图片、文明及不文明行为的视频
有趣的贝壳(数学)	科学	形状、大小、颜色不同的各类贝壳、记号笔、记录本
种各样的鱼(认知)		海底世界视频
奇怪的水母(科学)		有关水母的视频、海蜇实物、盘子、筷子

活动过程

1. 主题展板

海产大搜索、海产大品尝、海产大创作、我爱大海。

2. 室内环境

幼儿创作的一系列有关海产品的作品，布置成班级的主题背景墙及三维空间，营造大海的氛围。

3. 区域游戏

语言区：主题故事书讲述《家乡的海产世界》、图书制作及讲述《海底总动员》。

美工区：泥塑《海产品总动员》、手工《各种各样的鱼》、《贝壳拼贴画》、《水母》。

益智区：贝壳排序、捕鱼达人、海产跳舞毯。

4. 创造性游戏

《海鲜市场》、《海鲜小吃街》、《海鲜烧烤》、《海底时装秀》

5. 资源利用

(1)社区资源：充分利用社区资源，主题前期准备及主题开展中，亲子在超市、市场中寻找、认识各种各样的海产品，寻找海鲜干货，对家乡海产品有初步的认识和了解。

（2）家长资源：充分发挥家长的教育作用，邀请爸爸、妈妈、奶奶们带上各种海鲜，现场烹饪美味的海鲜菜肴，让幼儿了解吃法和制作过程，亲子品尝海鲜。亲子利用废旧材料 DIY 制作海产品服装，幼儿进行时装秀，不仅增进亲子关系，也让家园共育更紧密、一致。

反思评价

本次主题活动设计与实施具有亲身体验具体化、主题活动多样化、主题环境生动化等三个突出特征，围绕主题开展了不同类型、不同内容、形式多样的课程活动，让幼儿在活动中学习、在操作中探究，在游戏中体验，丰富了关于海产品的知识，增进了对海产品的了解，显著拓宽了幼儿的眼界和思维，丰富了幼儿的生活经验，同时萌发了幼儿爱家乡、保护海洋的情感。

（作者：丁李洁　董荔红　单位：福建省莆田市涵江区实验幼儿园后坡园　指导教师：曾惠容　陈杭）

十、岩画的故事

设计意图

岩画，既是一种文化又富含历史；既是一种直观艺术又涵盖意义，对幼儿有很大的吸引力。中班阶段的幼儿，思维比较活跃，喜爱探究新事物，各项能力的储备和提升为他们在这项活动中奠定基础。本活动旨在引导幼儿感知、体验岩画这一事物，并和同伴相互合作学习中建构对岩画的认知；同时激发创意，运用多种形式来表达自己的想法和情感。

活动目标

1. 幼儿在活动中体验轻松愉悦的情绪，发展社会交往与同伴合作学习能力。
2. 培养幼儿对岩画这一事物的自主学习和独立思考，初步了解岩画的意义。
3. 鼓励幼儿运用多种材料大胆表现和创意，发展口语表达能力和肢体表现力。

基本结构

活动主题《岩画的故事》

↓

谈话活动《图片里的秘密》
（物质准备：岩画景区图片、电子白板、岩画仿制品挂件）

↓

戏剧活动《岩画里的故事》
（环境准备：电子白板、岩画景区图片、歌曲、大空间场地、小垫子）

↓

美术活动《多彩的岩画》
（物质准备：岩画图片、电子白板、彩色纸、黏土、雕刻工具、纸芯筒、水彩笔、油画棒、塑封膜、曲别针）

↓　　　　　　　　↓

亲子活动《盒子变变变》 (环境准备：大空间场地、大方垫若干、墙面布置已制作好的岩画作品；岩画图片、纸盒子、白纸、双面胶；颜料、排刷、水彩笔)	区域延伸："做岩画" (材料准备：彩色纸、黏土、雕刻工具、纸芯筒、水彩笔、油画棒、曲别针；岩画主题墙)

↓

亲子戏剧活动《我们的岩画故事》 (环境准备：大空间场地、已做好的岩画盒子和拼图、小垫子；表演区所有材料、乐器等，电子白板、音乐)

图 6-10-1 《岩画的故事》主题活动基本结构设计示意图

整合准备

表 6-10-1 《岩画的故事》教育领域整合与支持准备一览表

活动名称	所属领域	活动准备
图片里的秘密(集体)	语言	活动前，教师前往岩画景区及岩画馆参观、拍照，制定初步活动方案；将岩画照片制作 PPT，并收集国内和国外其他岩画图片
岩画里的故事(集体)	综合	
多彩的岩画(分组同步)	美术	
盒子变变变(集体)	综合	
我们的岩画故事(集体、分组)	综合	

活动过程

1. 谈话活动《图片里的秘密》

(1)出示岩画图片，引起兴趣。请幼儿观察，发现不同。教师提问：这些图案来自哪？在哪里见到过这样的图案？

(2)引入话题"什么是岩画？"出示国内国外岩画图片，提问幼儿，鼓励幼儿表达自己的观点。引导幼儿观察、指认岩画上自己熟悉的图案。

(3)发现"太阳神"。出示太阳神岩画图片，幼儿观察。组织讨论：这是什么图案？教师小结，岩画里有很多秘密，激发幼儿去探索。

2. 戏剧活动《岩画里的故事》

(1)暖身游戏"打招呼"。幼儿围坐半圆，教师介绍游戏。开始游戏：幼儿随机分成面对面两队，每次各队最前面的人走到圆圈中间，进行有礼貌的打招呼问候，教师鼓励幼儿用不同的方式和语言，营造宽松愉悦的氛围。

(2)歌曲欣赏《走宁夏 看岩画》。播放歌曲，幼儿和教师聆听，感受歌词和律动。教师提问：哪里有岩画？歌词里唱到什么样的岩画？再次播放歌曲，教师与幼儿跟唱。组织讨论：石头上怎么会有岩画？是谁留下的岩画？石头上怎样刻岩画？

(3)肢体造型和动作模仿。教师播放纯音乐，请幼儿随音乐节奏模仿刻岩画的动作。音乐暂停时，幼儿单人或与同伴合作以肢体造型表现一种岩画图案。增加角色幼儿自选小组，以肢体动作表现小动物、刻岩画的人、岩画图案。教师小结，请幼儿再次观察岩画图片讨论：为什么以前的人类要在石头上刻岩画？你发现岩画里不一样的故事了吗？

3. 家长支持

(1)教师提示家长多与幼儿交流关于岩画的话题，协助幼儿收集相关资料。

(2)收集不同长度、干净的纸芯筒(装饰材料)、干净的小型纸箱(未使用过)若干。

4. 美术活动《多彩的岩画》

(1)教师提问：岩画都是一种颜色吗？

(2)教师出示图片，幼儿观察不同颜色的岩画石头和彩色的岩画图片。

(3)教师出示三组材料，幼儿自选小组制作多彩的岩画。A 组：用水彩笔在不同形状的色卡纸上画岩画。B 组：用水彩笔、油画棒在不同长度的纸芯筒上画岩画故事。C 组：用黏土制作岩画石板，待稍干后用工具刻画，随后拿水彩笔描绘。

(4)教师观察幼儿活动，提醒幼儿完成作品后进行展示。

(5)教师小结，请幼儿介绍自己的作品。

5. 亲子活动《盒子变变变》

(1)幼儿与家长围坐成半圆，营造温馨氛围。

(2)教师出示岩画图片，与幼儿一起回顾岩画的秘密。

(3)请个别家长谈谈自己对岩画的了解。

(4)“盒子大变身”。出示小型纸盒若干，请幼儿想想，怎样把盒子变成有岩画的石头？鼓励幼儿大胆表述自己的想法。幼儿和家长、同伴自由组合，选取围裙和大垫子，找到教室中可用的材料和工具做好准备。教师提示活动注意事项，幼儿和家长合作给盒子四周粘白纸，进行刷底色、画岩画，鼓励幼儿画出自己的创意。先完成的家庭尝试用盒子制作大型“太阳神”拼图。活动结束，作品展示，幼儿做介绍和交流。

6. 亲子戏剧活动《我们的岩画故事》

(1)暖身活动。幼儿与家长围成大圆圈，小手拉大手。游戏开始：幼儿和家长随音乐顺时针小步走，双手拍拍前面人的后背；听到口令时，所有人逆时针走，拍拍自己的肩膀；音乐停时，大家面朝圆心做一个造型。

(2)歌曲律动《走宁夏 看岩画》。播放歌曲，幼儿和家长拍手跟唱，感受歌词和律动。教师提问：歌词里说岩画上有什么图案？组织讨论：谁最早发现了岩画？他怎么告诉大家的？讨论故事情节和角色分工，以及背景音乐。

（3）造故事场景。A 布置场景组：幼儿和家长将岩画盒子搭建成长廊或大山；B 人物组：幼儿和家长给自己进行角色妆扮和选择道具；C 音效组：幼儿和家长选择表现故事情境的乐器，做好音效伴奏；

（4）故事演绎：播放音乐，家长即兴讲解故事开场；小动物上场表演快乐舞；刻岩画的古人们上场，找工具表演雕刻岩画；旁边（家长）讲述：很多很多年过去，有一天……发现岩画的人物上场，发现岩画开心的舞蹈、做研究。教师小结，鼓励幼儿用画笔创作不一样的岩画故事。

7. 活动整理

（1）教师将每一次活动进行拍照或录制短视频。

（2）定期将幼儿或亲子作品布置在主题墙。

（3）将活动素材制作电子相册、美篇发布到家长微信群；将活动流程关键照片贴入主题墙，便于幼儿构建经验。

活动反思

岩画这个主题具有地方性地域色彩，能与幼儿生活环境相联系，又可以进一步激发他们的探索欲。本次活动设计以戏剧的手法使各领域相互渗透，将语言艺术、音乐艺术、视觉艺术等有效结合，旨在拉近城市与山野的距离，让幼儿真实地、直观地接触自然和人类文明，因此特别重视幼儿多感官的参与，并在一种宽松愉悦的氛围中进行，从而吸引幼儿持续的兴趣，并在同伴合作学习中让幼儿体验自信和成功。教师为幼儿提供丰富的活动空间和材料，家长的参与又使活动意义得到升级。

（作者：曾晓玉　段丽　单位：宁夏回族自治区银川市第一幼儿园）

第七章　大班项目主题案例

一、小蚱蜢学跳高

设计意图

儿歌能用不同的方法来诵念，也可以用来表演，能让幼儿感到学儿歌是件有趣的事，并将这种喜爱的情感延展到学习状态中去。《小蚱蜢学跳高》这首儿歌源于生活，语言精练，节奏琅琅上口，蕴含着韵律美，透过儿歌能感受到一只既调皮又有些骄傲的小蚱蜢的拟人化形象，能丰富幼儿的生活经验。

活动目标

1. 体会儿歌的韵律美及趣味性，对好听的儿歌产生兴趣，愿意学习有节奏的朗诵。

2. 尝试创编肢体动作，利用打击乐器来表现儿歌，并能大胆表演，感受自由表达的快乐。

基本结构

1. 认识小蚱蜢：出示小蚱蜢头饰，引导幼儿了解小蚱蜢的生活习性和特征。

2. 欣赏故事：利用 PPT 图片，引导幼儿欣赏故事，充分调动幼儿的学习兴趣。

3. 快乐诵念：利用肢体动作(如拍手、拍肩、扭腰、拍腿、跺脚等)诵念，利用声音强弱不同对歌，利用打击乐器诵念，有递进地反复深入内容，感受节奏，找到朗诵的快乐。

4. 儿歌表演：幼儿戴上头饰扮演小蚱蜢进行表演，满足了幼儿积极表现的欲望，从而锻炼幼儿的胆量和展示自我的表现精神。

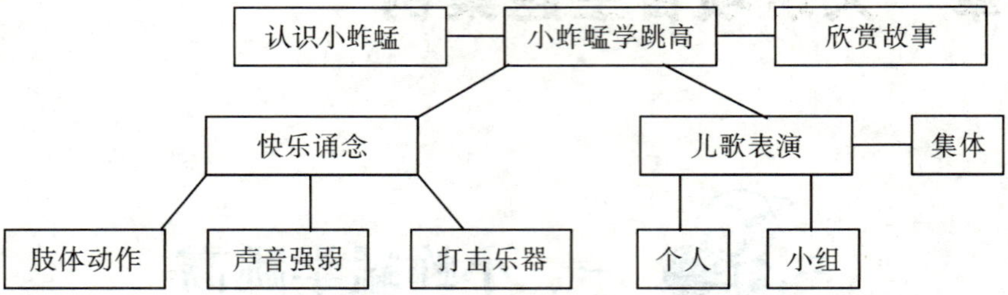

图 7-1-1　《小蚱蜢学跳高》主题活动基本结构设计示意图

整合准备

表 7-1-1　《小蚱蜢学跳高》教育领域整合与支持准备一览表

活动名称	领域类别	活动准备
嗨，你好！	音乐　社会	场地布置、节奏图谱
小蚱蜢学跳高	语言 科学	头饰、PPT 图片
跳一跳	语言	图片、手偶等
快乐动起来	音乐　健康	肢体动作、儿歌音乐
对歌	语言 音乐	指挥棒、儿歌音乐
小小绘画师	美术	图片、彩笔、白纸等
儿歌演奏会	音乐	打击乐器、儿歌音乐
我来秀一秀	表演、音乐	场地、背景音乐

活动过程

1. 教师利用拍手打节奏，和幼儿打招呼，拉近教师与幼儿之间的距离

小朋友们好！　　　　小朋友，你好！　　　　小朋友，上午好！

2. 教师出示挂图，讲述“小蚱蜢学跳高”的故事

(1)出示小蚱蜢头饰，了解小蚱蜢的生活习性。

(2)逐一出示挂图，生动讲述“小蚱蜢学跳高”的故事，幼儿欣赏。

(3)教师提问，导出儿歌内容。

3. 请幼儿操作几种不同形态的小蚱蜢及狗尾草图片，进一步学习儿歌

4. 请幼儿自编肢体动作，并大胆表演，巩固、理解儿歌

(1)利用拍手、拍肩、拍头、叉腰、挤眼、点头、跺脚、拍腿等动作诵念儿歌。

（2）按声音强弱不同说儿歌。

5. “儿歌演奏会”——利用打击乐器为儿歌伴奏

（1）幼儿选择自己喜欢的乐器，介绍乐器使用方法。

（2）利用打击乐器边说儿歌，边按节奏齐奏。

（3）幼儿分成两组练习对歌。

（4）在幼儿具备一定的节奏基础上，可以练习加后缀儿说儿歌。

6. 儿歌表演

（1）找个别幼儿上台模仿小蚱蜢，表演儿歌。（个人表演）

（2）几个幼儿上台表演，可以互动。（小组形式）

（3）所有幼儿一起表演。（集体形式）

7. 区域活动

（1）美工区：提供彩纸、彩笔、剪刀、布料、胶棒等各种材料，绘画小蚱蜢；制作小蚱蜢手指偶。

（2）表演区：提供小蚱蜢图片，让幼儿跟随音乐，模仿、表演小蚱蜢跳高的语气神态。

（3）语言区：提供小蚱蜢的图书和图片、与小蚱蜢有关的故事、儿歌，幼儿讲故事，制作故事小书。

8. 家园共育活动

（1）在家长园地向家长介绍活动内容。

（2）请家长提供和小蚱蜢有关的图书和图片。

（3）请家长给幼儿介绍小蚱蜢的生活习性，和幼儿合作完成绘画。

反思评价

本次主题活动充分考虑到了幼儿的年龄特点和认知规律，引导幼儿在快乐中去体味朗诵的快乐，既满足了积极表现的欲望，又锻炼了胆量和展示自我的表现精神。

（作者：王薇　单位：河北省保定市定兴县幼儿园）

二、我是骑楼设计师

设计意图

在开展岭南特色教育活动，考虑充分挖掘一些具有岭南特色的文化元素，以在美术活动设计中融入到主题教学活动中去。

活动目标

1. 了解广州的岭南文化，让幼儿动手尝试用简单的材料设计、绘画并制作具有岭南特色的骑楼。
2. 大胆表达自己的感受，倾听同伴的表达。
3. 激发幼儿参与操作的兴趣和热情。

基本结构

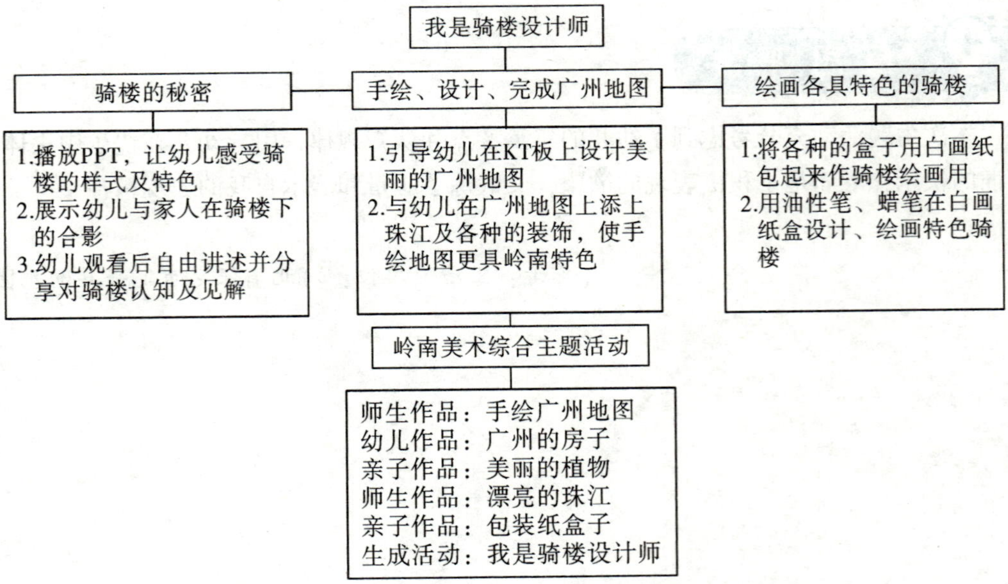

图 7-2-1 《我是骑楼设计师》主题活动基本结构设计示意图

整合准备

表 7-2-1 《我是骑楼设计师》教育领域整合与支持准备一览表

活动名称	领域类别	活动准备
骑楼的秘密	语言、社会	骑楼的 PPT、幼儿与家人在骑楼下的合照
手绘广州地图	艺术	大长方形 KT 板一张
广州的房子	艺术	20 厘米左右长条形的 KT 板若干条
美丽的植物	艺术	用彩纸制作花草树木
漂亮的珠江	艺术	用牙签制作桥廊、扶手
各具特色的骑楼	艺术、语言	把大大小小的纸盒用白画纸包装成可以绘画的盒子

活动过程

活动以老师刚接到了一个任务，想要大家变身为设计师协助帮忙在珠江旁边修建一条复古的骑楼街，要让美丽的花城——广州更有浓郁的岭南特色，吸引更多的客人来参观旅游。以带幼儿参观广州，引起幼儿的兴趣。

1. 了解、引导、观察岭南特色的骑楼，让幼儿更深入认知骑楼

幼儿观看骑楼 PPT，教师提问以前骑楼样貌是怎么样的呢？他有几层呢？骑楼是有什么用的呢？骑楼外部还需要哪些装饰呢？等等。

2. 设计、规划、准备广州手绘地图，让幼儿共同参与共同制作

让幼儿出示广州的手绘地图，引导幼儿寻找地图中间这条河流并告知他们这是珠江。为了使广州更具有岭南特色，现在，有规划在我们的珠江边上要建设一条复古的骑楼街来吸引更多的游客，让广州的旅游业更兴旺。引导幼儿在手绘地图上学会布局、设计广州及适当增设一些装饰。

3. 构思、选用、制作具有岭南特色的骑楼，让幼儿共同建设美丽的广州

让幼儿选择用各种盒子设计、绘画各具特色的复古骑楼，还可以给漂亮的骑楼添置一些复古的人群。幼儿单独设计、绘画作品或选择与好朋友一起完成任务。

4. 动脑、设计、动手绘画出美丽的骑楼街，让广州更有浓郁的岭南特色

任务完成后幼儿们自己介绍作品。

反思评价

本次活动使幼儿们对广州骑楼有了更深刻的了解，一方面增长了幼儿对广州传统岭南知识的了解、认知，另一方面又提高了幼儿的动手能力及思维能力。幼儿以自己的感受化作手中的笔，把漂亮并具有岭南特色的骑楼绘画得有声有色。

（作者：黄颖懿 单位：广州市广东省委机关幼儿院）

三、快乐的皮影人

设计意图

当今现代社会，幼儿接触的大多是动画片。皮影、皮影戏作为中华瑰宝，在幼儿们的生活中很少见。走进民俗文化、了解中国艺术，是弘扬中华民族历史、实现中国梦的很好的方式。因此，本次活动拟通过认识皮影、观看皮影戏、表演皮影人舞蹈的形式让幼儿们深入了解“皮影”这一中国传统民间艺术，传承中华民族传统文化，增强爱国和热爱民俗文化的情感。

活动目标

1. 认识皮影、了解皮影戏这一艺术形式。
2. 能控制身体的关节随音乐表演。
3. 模仿并创编皮影人的各种动作，控制身体创意造型。

基本结构

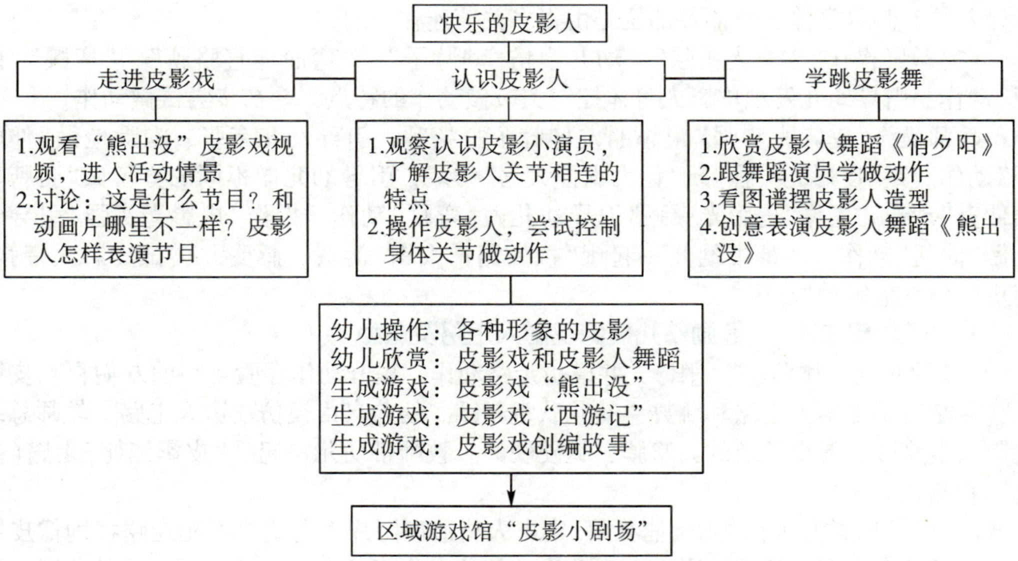

图 7-3-1 《快乐的皮影人》主题活动基本结构设计示意图

整合准备

表 7-3-1 《快乐的皮影人》教育领域整合与支持准备一览表

活动名称	领域类别	活动准备
认识皮影	语言、社会	各种皮影形象
制作皮影	社会、艺术	卡纸、小棒、铆钉、彩笔
皮影戏欣赏	艺术	各种皮影戏《龟与鹤》、《孙悟空三打白骨精》、《武松打虎》
表演皮影戏	语言、艺术	皮影手偶若干、多媒体设施
皮影戏道具制作工作室	艺术	纸、硬纸壳、毛线、纸盒、胶棒、剪刀
游戏馆活动	游戏活动	表演区“皮影小剧场”

活动过程

1. 皮影戏“熊出没”导入活动，激发幼儿活动兴趣

(1)教师带幼儿去看大戏，请幼儿欣赏皮影戏《熊出没》。

(2)组织讨论：刚才的表演是什么节目？跟我们平时看的动画片《熊出没》一样吗？小朋友们喜欢吗？

2. 认识“皮影人”，了解并初步体验皮影人控制身体关节做动作的特点

(1)认识皮影小演员：“皮影光头强”、“皮影熊大”、“皮影熊二”，知道皮影人都是侧着脸、侧着身体、身体各部位是由很多关节连在一起的。

(2)教师操作“皮影光头强”，幼儿模仿“动脖子”、“弯曲伸直胳膊”、“弯腰”“曲腿”动作，引导幼儿发现皮影人身体控制关节做动作的特点，并初步尝试做动作。

教师操作“皮影光头强”跟小朋友伸脖子打招呼，引导幼儿夸张、幽默地做“伸脖子”动作。跟“皮影光头强”玩“拉大锯扯大锯”游戏，引导幼儿向不同的方位做“胳膊弯曲伸直”动作。操作“皮影光头强”引导幼儿做“弯腰”动作。操作“皮影光头强”引导幼儿做“曲腿”动作。教师带幼儿一起玩“拉大锯扯大锯”游戏，感受并尝试皮影人夸张、俏皮、僵直地做动作。

3. 学做“皮影人”，鼓励幼儿模仿皮影人走路及造型

(1)幼儿欣赏舞蹈《俏夕阳》，并模仿走路动作，提升动作经验。小朋友们喜欢皮影人，姥姥会学皮影人走路和跳舞。幼儿欣赏舞蹈。幼儿自由模仿皮影人走路，教师总结皮影人走路脖子伸得长长的，胳膊、腿硬硬的。教师带幼儿一起学“皮影姥姥”走路(左侧、右侧各一次)。

(2)幼儿欣赏并模仿舞蹈《俏夕阳》皮影人物造型图片。老奶奶不光走路特别像皮影人，而且还有很多独特的皮影人造型动作。幼儿自由模仿皮影人造型图片。幼儿展示模仿皮影人造型图片。游戏“我是一个皮影人”，听老师指令摆造型。教师指导幼儿站成

两排，一组摆造型，一组帮助同伴纠正动作，引导幼儿自主、合作学习。

（3）幼儿根据“皮影人”图片指示完整表演“皮影人”。

4. 参加“熊出没”皮影舞会，引导幼儿创编皮影人动作及造型。

（1）宣布“熊出没”皮影舞会的好消息，激发幼儿表演的欲望。

（2）引导幼儿创编“熊大、熊二、猴子、松鼠”的皮影动作及造型。请幼儿创编皮影熊大走路动作及修房子、吃蜂蜜造型。请幼儿创编皮影熊二走路动作及吃蜂蜜、睡觉造型。请幼儿创编皮影吉吉小猴子走路动作及拿权杖、保卫家园造型。请幼儿分别创编皮影蹦蹦小松鼠蹦跳动作及掐腰、撅尾巴造型。

（3）皮影舞会正式开始，幼儿自由分熊大、熊二、吉吉、蹦蹦四组，四个人一组。

（4）“皮影熊大”、“皮影熊二”“皮影吉吉”“皮影蹦蹦”四组分别进行皮影人表演展示。

（5）教师带所有幼儿一起表演皮影“光头强”，最后，一起大声点头说出“我是快乐的皮影人”。

5. “传承中华传统民俗艺术文化”德育教育

皮影是我们中华民族特有的传统民间艺术，通过讨论勉励幼儿长大后制作更多的皮影人，学跳更多的皮影人舞蹈，为我们中国艺术加油添彩。

6. 活动延伸

将各种皮影和皮影舞蹈动作图片投放在“表演区”，请幼儿继续表演各种皮影人物，创编更多皮影人动作和造型。

反思评价

本次主题活动依据幼儿在游戏中主动学习的理念和幼儿艺术领域的指导要点，采用“动作—故事—表演”的设计思路，引导幼儿在故事中听音乐做动作，体验音乐游戏的快乐。

（作者：胡迎迎　单位：山东省肥城市河西小学幼儿园）

四、连江海鲜探秘

设计意图

连江地处福建东南沿海，拥有得天独厚的海产资源，是全国有名的水产大县。极具特色的海洋文化为本地幼儿园教育提供了丰富的教育资源。为了充分利用社会资源，引导幼儿实际感受祖国文化的丰富与优秀，激发幼儿爱家乡的情感，本次活动以海鲜种类、海产养殖、海产小吃等为载体，让幼儿对家乡的海洋文化有一定的了解，让幼儿在主题活动实施过程中走近本土文化，促进其多元表达创造性。

活动目标

1. 知道家乡有丰富的海洋资源，认识主要的海产品，能较清楚地描述它们的名称、外形特征。

2. 通过实地参观、实践等活动，了解海带、紫菜、鲍鱼等海产品养殖、加工的过程。

3. 能运用看、闻、品尝等多种途径，了解家乡的海鲜小吃。乐意把自己了解到的海产小吃的制作方法与同伴分享，尝试制作一些特色海鲜小吃。

4. 能运用唱、跳、画、泥塑等多种艺术形式表达对家乡海产的认识，体验创作的乐趣。

基本结构

1. 黄金海岸线。
2. 渔船归来兮。
3. 海鲜美食汇。
4. 印象海连江。

整合准备

表 7-4-1 《连江海鲜探秘》教育领域整合与支持准备一览表

活动名称	领域类别	活动准备
各种各样的海	科学 语言	1. 物质准备：(1)师幼共同收集连江各种海鲜的图片、录像、实物等。(2)多媒体设备 2. 环境创设：设置“海鲜图片展览会”
渔民伯伯辛苦了	语言	物质准备：(1)渔民出海的视频、照片。(2)多媒体设备
养殖种类多	科学 语言	1. 经验准备：事先与家长一起到鱼排、养殖厂等地实地参观过。 2. 物质准备：(1)参观养殖基地的照片、视频等；(2)多媒体设备
紫菜的营养	健康 语言	1. 物质准备：(1)新鲜紫菜、干紫菜若干，即食海苔若干袋。(2)有关紫菜加工视频。(3)轻音乐、多媒体设备 2. 环境创设：布置“紫菜品尝会”
海带的秘密	科学	物质准备：(1)每组干、湿海带各一根，凉拌海带结若干、盘子、叉子若干。(2)课件、多媒体设备
鱼排乐	建构健康	1. 经验准备：已有过在沙地上或水上搭建的经验 2. 物质准备：(1)碳化积木、弧形塑胶板、沙包、硬纸板、竹梯等。(2)鱼排的图片、视频等
我爱吃的海鲜	语言	1. 经验准备：已随父母到海鲜市场了解自己喜欢的海鲜的名字、外形特征等 2. 物质准备：(1)幼儿人手一份“我最爱吃的海鲜”调查表、展板若干块、海鲜品种标志。(2)品尝海鲜时的图片、照片或者视频。(3)课件、多媒体设备
美味海蛎煎	亲子 实践	1. 经验准备：(1)参观过“连江第一煎”了解海蛎煎制作过程。(2)有洗、切、拌等经验 2. 物质准备：(1)煎锅、砧板、刀(不太锋利的水果刀)、碗、筷子、盘子、一次性手套、围裙等。(2)海蛎、芹菜、鸡蛋、地瓜粉、水等
紫菜小吃	劳作	1. 经验准备：(1)已初步了解不同紫菜小吃的需要的原材料及制作工序。(2)有卷、切、拌、煎等经验 2. 物质准备：(1)煎锅、砧板、刀(不太锋利的水果刀)、竹帘、碗、筷子、盘子、一次性手套、围裙等。(2)干、湿紫菜、紫菜片、黄瓜、胡萝卜、鸡蛋、地瓜粉、各类调味品等

续表

活动名称	领域类别	活动准备
鱼骨拓印(手工)	艺术	1. 经验准备：幼儿已有版画的经验 2. 物质准备：(1)清洗干净的鱼骨、以及蛏、花蛤等贝壳类、各色颜料、大张底图。(2)水彩笔、皱纹纸等
多变的贝壳(手工)	艺术	1. 经验准备：收集生活中用各种贝壳制作的工艺品，陈列在班级的美区，供幼儿欣赏 2. 物质准备：(1)各类洗净的贝壳：鲍鱼壳、扇贝壳、淡菜壳、蛏壳等。(2)珠片、彩色塑棒、创意彩泥、金线等每组若干。(3)木纹卡纸做成的空白相框底版、旧草席剪成的各种形状的底版等若干。(4)课件、多媒体设备 3. 环境创设：展示架若干，铺上蓝印花布，布置成作品展示台
海连江美食街	游戏	1. 物质准备：(1)肉燕店、海蛎煎店、蛋燕店所需的各种原材料及配料。(2)锅、煎锅、砧板、刀(不太锋利的水果刀)、碗、筷子、勺子、盘子、各类调料一次性手套等。(3)各美食店的菜单、钱币等。(4)厨师、服务员等服装、帽子、小广播、轻音乐等 2. 环境创设：(1)悬挂、张贴美食街的广告招牌、广告单。(2)每家店的摊位、桌椅等
印象海滩	区域	1. 物质准备：(1)网兜、地龙若干、小泥鳅、小鱼虾等若干。(2)碳化积木、弧形塑胶板、沙包、硬纸板、竹梯等。(3)小渔船、渔网半成品、小梭子。(4)已捞熟的蛏、小竹匾若干 2. 环境创设：(1)户外各个区的活动标牌。(2)各种贝壳(内中空，外粘合)埋入沙地中，供幼儿寻宝。(3)将小泥鳅、小鱼虾等投入池塘

活动过程

1. 外出实践丰富主题体验

活动初期，通过主题问卷、微信群、QQ 群等渠道向家长、幼儿征集关于主题开展过程中最想了解的信息。请家长利用周末时间和幼儿一起去海鲜市场，了解连江的特色海鲜，如鲍鱼、紫菜、海带、蛏等。一起收集相关图片、文字、视频等资料，张贴在活动室、走廊或投放在阅读区，供幼儿欣赏交流。

通过交流，幼儿更加向往着能亲自去海边走走、看看，了解家乡的海鲜种类以及养殖文化。于是，组织亲子游一起去黄岐、苔箓等渔港参观，了解渔民们的生活、渔业养殖等。游览过程中，邀请“民间文化资源志愿者”详细为幼儿介绍各种不同海产品养殖的特点、需要使用的设备、工具，以及不同天气、养殖环境对海产品生长的影响。他们还亲自到鱼排上体验撒网、喂食的乐趣。

开展《海鲜美食汇》阶段，充分利用家长、社区资源，通过参观"顺发鱼丸店"、"连江第一煎"等本地名店，亲自观看师傅们制作鱼丸、鱼面、海蛎煎、海鲜锅边等海鲜美食的工序，体验海鲜美食的多样性与劳动的艰辛。

实地的参观、体验活动，幼儿对家乡的海洋文化有更直接的认识，更深入地了解海产大县连江的风貌，了解家乡的海产饮食文化，为主题活动的开展奠定了良好的基础。

2. 环境展示海洋文化魅力

(1)园所环境凸显海洋元素。

幼儿园操场边围绕"海连江"打造了船型大型艺术馆。教学楼也体现了浓郁的海洋文化，走廊墙面张贴有"海上情结"、"海天一色"等表现连江特色海景、海产品、渔民活动等。走廊上方悬挂着贝壳、海绵纸等制作的各种海鲜的手工作品；颇有几分潜游海底的乐趣。洁白的墙上，锚、罗盘、一张大渔网收获海星、海鱼等，送来了清新的海风和咸咸的海水味道。

(2)班级环境创设具有创意

班级内的墙面喷绘出蓝色的底色，区域上空垂挂深浅不一的蓝色细纱布，通过打结、褶皱等方式随意进行造型，就像大海中起伏的浪花，给人朦胧、飘逸的感觉，显得既有情调又十分别致。各种各样材料制作的海洋生物：大螃蟹、长带鱼、小虾，在蓝色细纱布的衬托下，仿佛遨游在海洋里，不仅起到分隔各个区域的作用，而且具有别具一格的装饰效果。渔民们使用的各种劳动用具，渔网、渔篓、斗笠等随处可见。一幅幅用各种海鲜外壳制作的装饰画悬挂在墙上……充满海味的班级环境创设，让幼儿更好地感受海洋文化。

(3)主题墙面凸显活动痕迹

主题墙面创设始终坚持"海洋文化"为基石，墙面整体背景以"渔家环境——鱼网、海贝"为图案，以蓝色、白色为主要色调。在内容呈现上体现以"主题开展"为脉络，将整个版面分隔成黄金海岸线、渔船归来兮、海鲜美食汇、印象海连江等四大版块，清晰地展现主题每个阶段的活动内容，如展示幼儿参观、实践的照片，了解养殖产业和海产品再加工的流程图片、与家人共品海鲜的照片等。以"幼儿参与、家长支持、教师统筹"为原则，体现幼儿与环境的积极互动，"螃蟹的舞会"、"热闹的渔港"、"未来的海上养殖"等一幅幅充满着幼儿奇思妙想的绘画、手工作品组成大型组画《悦连江之海滩印象》妆点着班级环境，大胆、夸张的风格彰显着幼儿的无限想象力和创造力。

3. 亲子活动体现文化传承

为了让家长全面了解班级主题开展的进程，充分挖掘家长资源，利用亲子活动促进家长对主题活动的支持，更好地实现家园共育。

亲子活动《美味海蛎煎》中，充分发挥擅长制作海鲜小吃的家长资源，家长义工们指导幼儿使用紫菜、海蛎等原材料，运用搓、团、捏、拨等技能制作海产小吃海蛎煎，并在其帮助下学习调味、煎炸。

在“童眼看连江·最美是家乡”亲子手抄报绘制活动，家长负责文字的编排和撰写，幼儿用油画棒、彩笔或水粉颜料绘制图画，图文并茂地展现家乡的海鲜小吃、海边风光，展现了他们心目中的家乡，表达了对家乡的热爱之情。

在户外区域活动《悦连江·印象海滩》中，家长和幼儿一起游戏，有的教幼儿织渔网、有的一起与幼儿用地龙、网兜等在小池塘里捉小鱼、还有的与幼儿一起搭建鱼排……

亲子活动充分调动家长和社区资源，不仅促进亲子间的交流和互动，而且使其成为主题活动课程实施的助推器。

反思评价

本次主题活动立足连江的海洋资源，围绕体验家乡海洋文化、感受家乡渔业发展、品味家乡海鲜美食，展现家乡海滩印象等方面，充分利用社区、家长等各种资源，通过实地参观、实践体验、室内外区域活动、创造性游戏、领域活动、亲子活动等多种活动形式，探索以本土文化为特色的主题活动课程，每一个活动开展都充分体现了幼儿与环境的互动、资源的共享，游中学，玩中学，做中学，使幼儿在自由、轻松、愉悦的氛围中被丰富的海洋文化教育资源润泽。

（作者：陈仰清　单位：福建省福州市连江县实验幼儿园）

五、畅游世葡园

设计意图

暑假过后，班中幼儿们畅聊着自己假期旅游的经历，他们兴奋地和小伙伴讲述自己旅游的所见所闻，当几个幼儿讲到去世界葡萄博览园游玩的趣事时，很多小朋友对这个地方充满着好奇和兴趣，“这地方在哪?”“这地方有什么好玩的呢?”“我也好想去的。”本次活动设计根据幼儿对旅游的热情，利用世界葡萄博览园这一教育资源，抓住幼儿的热点话题开展“畅游世葡园”实践主题活动，并围绕游前、游中、游后开展丰富的连续活动，从中萌发幼儿爱家乡的情感，体验旅游的乐趣，并初步培养幼儿按计划做事情的能力。

活动目标

1. 感受家乡的美景，萌发爱家乡的情感。
2. 尝试实现自己的游玩计划，感受游玩的乐趣。
3. 活动前能制定活动计划，并尝试用简单符号记录。
4. 能围绕一个话题进行讨论，并大胆说出自己的想法。
5. 能大胆地用自己喜欢的方式进行艺术创作，表达自己的情感和体验。
6. 有外出活动的安全常识，知道如何保自己和他人。

基本结构

1. 第一阶段：调查世葡园。
2. 第二阶段：游览世葡园。
3. 第三阶段：描绘世葡园。

整合准备

表 7-5-1 《畅游世葡园》教育领域整合与支持准备一览表

活动名称	领域类别	活动准备
延庆的世葡大会	社会	1. 物质准备：“延庆大事件”视频、图片等资料 2. 经验准备：对延庆的近期新闻有播报的经验
世葡园资料大分享	语言	1. 物质准备：幼儿和家长共同调查收集到关于世葡园的资料 2. 经验准备：部分幼儿有游玩的经验、了解了世葡大会
谈话——回忆游园趣事	语言	1. 物质准备：幼儿收集游览世葡园照片、视频 2. 经验准备：进行了“世葡园资料大分享”的活动、部分幼儿有游世葡园的经历
我的游园小计划	社会	1. 经验准备：区域游戏中有制定游戏计划的经验 2. 物质准备：每人一份“我的游园小计划”表格、水彩笔
游园我要怎么做	社会、语言	1. 物质准备：旅游不正确和正确行为的图片 2. 经验准备：有外出旅游的经验
游玩安全我知道	健康	1. 经验准备：有外出游玩的经验 2. 物质准备：白卡纸、水彩笔
我和叔叔学拍照	科学、社会	1. 经验准备：幼儿能正确使用相机和手机、体验过用手机和相机拍照 2. 物质准备：幼儿拍摄的问题照片、相机、手机
游玩世葡园	综合	1. 物质准备：幼儿按照自己计划自带游玩物品 2. 经验准备：制定了秋游世葡园小计划、有外出游玩的安全意识
谈话——游园真快乐	语言	1. 经验准备：进行了“亲子秋游世葡园“实践活动 2. 物质准备：幼儿游园的照片、视频、“秋游世葡园”记录表
主题绘画——游园真快乐	艺术	1. 经验准备：有游世葡园的经历 2. 物质准备：水彩笔、油画棒、绘画纸
创意制作——美丽的世葡园	艺术	1. 经验准备：小组制定了“制作世葡园小计划”并按照计划收集了材料 2. 物质准备：幼儿收集的各种废旧材料

续表

活动名称	领域类别	活动准备
我们的宣传小计划	语言	1. 经验准备：有小组讨论的经验；幼儿有想要宣传世葡园的想法 2. 物质准备：水彩笔、白纸
结题展示——我来宣传世葡园	社会	1. 经验准备：有一次宣传世葡园的活动经验 2. 物质准备：幼儿自制宣传世葡园展板、海报、照片相册等；师幼布置好幼儿园操场场地；宣传绶带

活动过程

1. 调查世葡园

(一)延庆的世葡大会

1. 延庆大事谈话，引出世葡大会。

师：你们知道延庆今年有什么大事吗？什么是世界葡萄大会？(幼儿自由讨论)

小结：世界房车露营大会，世界葡萄大会。

2. 幼儿观看视频、图片了解世葡会，激发爱家乡情感。

(1)观看世葡会开幕式视频。

师：从视频上你了解到了什么？

小结：第十一届世界葡萄大会在延庆开幕，每四年举办一次世界葡萄大会，原来的十次都在国外举行。大会的口号是：相约长城，品味自然，吉祥物是“阿葡阿萄”。

(2)分别看图片了解。

师：你觉得大会的标志是什么意思？口号是什么意思？“阿葡阿萄”是做什么的？

小结：葡萄兄妹，阿葡和阿萄从小生长在雄伟壮观的长城脚下，是延庆葡萄家族里的种植高手。他们踏实肯干、吃苦耐劳，将从父辈那里继承的葡萄种植技艺发扬光大，用辛勤的汗水和探索的精神建设长城脚下的葡萄家园。

(3)交流感受，激发爱家乡情感。

重点提问：世界葡萄大会在家乡举办，你的心情是什么样的？为什么？

3. 谈论世葡园，激发对世葡园的兴趣

师：在家乡举办世界葡萄大会，延庆的葡萄在哪呢？(葡萄主题公园，世界葡萄博览园)

重点提问：谁去过？你玩了什么？那里怎么样？你想不想去？

小结：世界葡萄博览园这个地方真神秘，有这么多美景和好玩的地方，小朋友迫不及待想去了解。

4. 活动延伸：和爸爸妈妈共同调查收集世界葡萄博览园的资料以及游玩的照片、视频。

(二)世葡园资料大分享

1. 谈话导入，引出内容。

师：昨天小朋友了解了延庆的世界葡萄大会，而且知道了世界葡萄博览园这个地方，你们和爸妈都收集了世葡园的资料，现在我们就来分享。

2. 交流世葡园资料，体验交流快乐。

(1)小组交流分享。

师：每个小组用你们收集的资料来说一说你们了解到的世葡园。

重点提问：怎么给小朋友讲你的资料呢？别人讲的时候你应该怎么做？

小结：小组轮流用完整流利连贯的话来说，别人说话时自己要认真倾听。

(2)集体交流分享。

师：世葡园在哪儿？有什么？好玩的有什么？好吃的有什么？你从哪里收集到的资料？

小结：咱们小朋友通过上网、看报纸、问爸爸妈妈、看电视了解到世葡园在张山营，离咱们这儿有点远，开车坐车才能到，知道了世葡园有薰衣草花海、科技馆，有葡萄基地、草坪、户外玩具等，还知道世葡园可以吃葡萄，喝葡萄汁。

3. 交流了解世葡园的感受，激发游玩兴趣。

师：了解了世葡园这么多，你现在心情怎么样？

小结：老师和你们一样特别想去世葡园玩一玩、看一看。

4. 活动延伸：师幼共同用收集的资料布置主题墙：世葡园资料库。

(三)回忆游园趣事

1. 谈话直接引出。

师：小朋友都收集了自己游世葡园的照片、视频，特别想和大家分享自己的游园趣事。

2. 幼儿照片、视频讲述游园趣事，回忆游园快乐。

师：讲述的小朋友用好听、连贯、流利的话来说，其他小朋友请你认真倾听。

(1)个别幼儿讲述。

师：你和谁去的世葡园？你玩了什么？你心情怎么样？你还想起去世葡园吗？

重点引导：幼儿大胆并用连贯、流利的话讲述。

(2)幼儿小组讲述。

师：请每个小组的小朋友来讲一讲你游玩的趣事。

3. 幼儿交流游玩想法，再次激发秋游世葡园兴趣。

师：小朋友回忆起很多去世葡园游玩的趣事，那你们觉得世葡园这个地方怎么样？再去那你还想玩什么？

小结：秋天马上来了，到了丰收的季节，世葡园的葡萄也熟了，我们这次秋游就去世葡园玩一玩。

2. 游览世葡园

(一)我的游园小计划

1. 谈话导入，激发游玩兴趣。

师：小朋友已经了解了世葡园，你们想去玩什么？

2. 了解并制定游园计划，尝试符号记录。

(1)了解“计划”的含义。

师：在游玩之前我们需要做一个游园计划。什么是计划？为什么要做计划？

小结：计划就是活动前我们知道要干什么准备什么，制定计划是让我们去世葡园玩得更高兴。

(2)幼儿交流去世葡园做的事情。

师：世葡园这么多好地方，你想去世葡园做什么？

师幼共同小结：可以去去摘葡萄、尝葡萄、看薰衣草、照相、分享好吃的——

(3)幼儿交流去世葡园的准备。

师：游览世葡园要准备什么东西呢？为什么？

小结：游园要准备小背包、相机、卫生纸、水、一点零食……穿舒服的衣服和运动鞋，因为要走很长的路，这样活动起来灵活舒服，保护自己的身体和脚。

(4)幼儿符号记录完成计划表格。

师：请小朋友用简单的画或者小符号把你要做的事情画在相应的表格里。

重点指导：幼儿用简单的小符号记录。

3. 交流游世葡园计划，感受计划的重要性。

师：请小朋友来说一说自己去世葡园的计划。

4. 活动延伸：幼儿回家和爸爸妈妈说一说自己游世葡园的计划，并按照计划进行准备。

(二)游园我要怎么做

1. 谈话导入，引出内容。

师：这周小朋友就要按照自己的计划和爸爸妈妈、小朋友们一起去世葡园玩，外出游玩你要怎么做呢？

2. 出示旅游行为图片并讨论，学会游玩正确的行为。

(1)出示旅行中幼儿哭闹图片。

师：这个小朋友怎么了？你觉得她对吗？你在游园时应该怎么做？如果有你特别想要的东西，怎么办？

小结：我们小朋友在游园中不能哭闹，和爸爸妈妈要东西，有自己喜欢的东西和爸爸妈妈商量。

(2)出示幼儿旅行排队、文明图片。

师：这些小朋友在干什么？你觉得他们对吗？我们游园应该怎么做？小朋友之间怎么做？

小结：小朋友要做文明的小游者，玩玩具要排队，不乱扔垃圾。和工作人员说话要有礼貌。小朋友之间要互相帮助。

(3)出示幼儿旅行乱跑图片。

师：这个小朋友和家长在干什么？这种行为对吗？我们应该怎么做？

小结：拉着爸爸妈妈的手，不疯跑疯闹，小朋友之间相互提醒。

3 教师结束语：奖励方法。

师：小朋友都知道游览世葡园要怎么做，那在游玩的当天陈老师要看看谁最像大班哥哥姐姐，回来咱们颁发"游园我最棒"小奖状。

(三)游玩安全我知道

1. 谈话导入，引出内容。

师：马上咱们就要游览世葡园了，我们想一想在游玩的时候要注意什么。

2. 讨论游玩注意的安全，学会保护自己和他人。

(1)讨论保护自己的方法。

师：游世葡园怎么保护自己？其他小朋友出现危险动作你怎们做？

师幼共同小结：在游玩的时候一定注意安全。在人多的地方拉着爸爸的手走，不疯跑。不去危险的楼梯、高处。注意脚下的路。不跟陌生人走。还要带防晒伞，保护自己的皮肤。

(2)预设出现的危险情况，讨论应对办法。

师：如果小朋友在游园的时候走丢了，怎么办？

小结：可以在原地等爸爸妈妈，也可以请求其他小朋友的爸爸妈妈帮助，或者找幼儿园任何老师。

3. 师幼共同制作游园安全展板。

师：小朋友们都知道了安全游园怎么做，那怎么让全幼儿园小朋友都能安全出游呢？

幼儿绘画，老师写字记录，共同完成一张"游园安全我来说"海报。

4. 活动延伸：在升旗时，幼儿用"游园安全我来说"海报向全园小朋友宣讲游园安全。

(四)家长助教——我和叔叔学拍照

1. 家长自我介绍，引出活动内容。

家长：叔叔是一位摄影师，听说小朋友要去世葡园玩，还想拍出好看的照片，叔叔就给小朋友讲一讲怎么拍照。

2. 学习拍照的简单方法并进行尝试，体验拍照乐趣。

(1)出示平拍照片，学习平拍方法并尝试。

家长：平拍就是相机和人或者物水平拍摄。

(2)出示俯拍照片，学习俯拍方法并尝试。

家长：俯拍就是相机从上面往下拍摄。

(3)出示仰拍照片，学习仰拍方法并尝试。

家长：仰拍就是相机从下面往上拍摄。

(4)浏览幼儿拍摄的照片，寻找平拍、仰拍、俯拍的照片特点。

家长：平拍、仰拍、俯拍的照片有什么不一样的呢？

3. 相互欣赏照片，体验拍摄成功感。

家长：请小朋友相互欣赏拍摄的照片，看一看谁的照片效果好。

小结：不管用平拍、仰拍、俯拍的方法，我们应该顺光，不逆着阳光。拿稳相机，不抖动，出现完整的画面，再进行拍摄，不能着急。

4. 活动延伸：回家后用学过的拍摄方法为爸爸妈妈拍照，在 APP 上进行分享。

(五)游玩世葡园

1. 回忆游玩计划，激发兴趣。

师：我们现在来到哪儿了？我们秋游世葡园要做什么事情？

2. 幼儿按照计划游览世葡园，体验游玩快乐。

(1)交流游玩的安全和自我保护方法。

师：马上小朋友就要按照计划游览世葡园，我们要注意什么？

小结：做一个文明和会保护自己安全的游客。

(2)幼儿在家长的陪同下，按照计划进行游园活动。

师：请小朋友按照自己的计划和爸爸妈妈一起游玩世葡园。

重点引导：幼儿按照自己的计划进行游玩，可以用照片的方式进行记录，教师跟随幼儿游玩，引导幼儿去观察发现。

3. 交流游玩体会，感受计划游玩的重要。

师：今天秋游世葡园心情怎么样？你的游园计划都完成了吗？

小结：因为小朋友制定了游园小计划，所以这次秋游活动我们都非常快乐、高兴，做了很多自己想做的事情。

(六)开展区域活动

表 7-5-2　区域活动计划一览表(一)

	语言区	益智区
区域目标	连贯、清楚地用“游园小计划表”讲述自己的游园计划	能遵守进退棋的游戏规则，体验游戏中获得新知识的愉悦
	能有意识地倾听他人讲述，并愿意和他人交流自己的想法	学习看图示进行棋类游戏的方法

续表

	语言区	益智区
区域材料	幼儿完成的“游园小计划”表格	师幼共同制作“旅游行为规则棋”、“旅游保护好方法游戏棋”
重点指导	鼓励幼儿和同伴互相讲述自己的游园小计划	和幼儿按规则进行游戏，使幼儿在下棋游戏中有成功的体验
	引导幼儿认真倾听后，交流自己的想法和建议	引导幼儿看图示进行“旅游行为规则棋”、“旅游保护好方法游戏棋”的玩法

3. 描绘世葡园

(一)游园真快乐

1. 谈话导入，引出话题。

师：周六我们一起秋游了世葡园，你们玩得怎么样？

小结：既然这么高兴，今天咱们一起分享自己游玩的趣事。

2. 幼儿讲述游玩趣事，回味游玩快乐。

(1)个别幼儿交流。

师：你去世葡园玩了什么？看到了什么？有什么感受？

重点引导：用自己的照片、记录表进行讲述；鼓励幼儿大胆用完整、流利的话讲述出来。

(2)分组进行交流。

师：别人来讲述时，你应该怎么做？

小结：每个人轮流讲，别人说时我们要认真听，不插嘴。

师：请每个小组的小朋友互相说一说自己游玩的趣事和新发现。

(3)集体交流新发现。

师：这次游园你有什么新发现吗？

3. 集体观看游玩视频、照片，再次回忆出游快乐。

4. 活动延伸：用照片、绘画、记录表布置主题墙饰“游园真快乐”。

(二)主题绘画——游园真快乐。

1. 回忆游园趣事，引出活动。

师：游览世葡园你最高兴的事情是什么？为什么？

小结：这么高兴的事，今天咱们就用绘画记录下来。

2. 绘画表达游园趣事，体验绘画乐趣。

(1)交流游玩最高兴的事情。

师：你要把什么高兴的事画下来？怎么画？

(2)幼儿进行绘画创作。

师：请小朋友把你去世葡园最快乐、最高兴的事情画在纸上。

重点引导：鼓励幼儿大胆绘画，提示个别幼儿坐姿、握笔姿势；引导幼儿小面积用水彩笔涂色，大面积背景用油画棒涂色。

3. 相互欣赏作品，增强绘画自信。

师：你喜欢谁的画？为什么？

小结：每个小朋友的画都有不同的特点，能大胆绘画的小朋友都非常棒。

(三)创意制作——美丽的世葡园

1. 浏览照片，激发制作兴趣。

师：照片是哪儿的美景？把这些美景带到我们班怎么样？

小结：我们今天就来完成创意制作世葡园。

2. 小组按照计划创意制作世葡园，体验动手快乐。

(1)回忆小组制作计划。

师：你们小组要制作什么样的世葡园？

(2)讨论分工制作方法

师：你们小组要怎么制作世葡园这么多美景？怎么合作？

小结：要先商量好谁做什么，分工进行制作，然后再组合成一个漂亮的世葡园。

(3)交流制作工具安全的使用方法。

师：使用剪刀、胶枪要注意什么？

(4)小组进行创意制作。

重点引导：鼓励每个小组发挥创意大胆动手制作，引导分工合作完成作品。

3. 小组之间作品欣赏，交流感受。

师：你们小组制作的世葡园怎么样？你还喜欢哪个小组作品？为什么？

(四)我们的宣传小计划

1. 谈话引出话题。

师：咱班小朋友都觉得世葡园特别好玩，想把世葡园介绍给所有幼儿园的人，今天我们讨论怎么宣传。

2. 宣传世葡园的方法，感受交流的快乐。

师：我们怎么向别人宣传世葡园呢？需要用什么来宣传呢？

(1)个别幼儿交流想法。

(2)小组讨论宣传计划。

师：每个小组来说一说你们的宣传小计划？想一想你们需要怎么做？

重点引导：鼓励幼儿大胆表达自己的想法，并认真倾听他人的想法；可以引导幼儿把小组的宣传计划记录在纸上。

(3)集体交流宣传计划。

师：你们小组打算怎么为幼儿园的人宣传世葡园？

小结：每个小组的想法都不一样，有的小组想要用海报的方法介绍，有的小组想用照片来讲解，有的小组想用自己的世葡园作品来介绍。

3. 分组讨论宣传的准备，体验分工做事的方法。

师：每个小组都有了宣传计划，接下来我们需要做什么？

小结：每个小组需要按照宣传计划进行准备，每个人都分好工。

4. 活动延伸：幼儿按照小组计划分工准备，进行宣传世葡园活动。

(五)结题展示——我来宣传世葡园

1. 谈话直接导入，激发兴趣。

师：马上我们就要进行第二次宣传世葡园活动，每个组准备得怎么样了？

2. 利用材料来宣传世葡园，体验与人交往的快乐。

(1)再次回忆宣传方法。

师：为叔叔阿姨、弟弟妹妹们讲世葡园时应该怎么做？

小结：我们要大胆、有礼貌地和他人说话，用准备的照片、海报、展板进行宣传。

(2)幼儿分组进行宣传。

重点引导：鼓励幼儿大胆、有礼貌地主动为周围人介绍世葡园；引导幼儿询问叔叔阿姨，进行互动交流。

3. 交流宣传感受，增强自信心。

师：这次宣传世葡园活动你们完成得怎么样？心情怎么样？

颁发"我是世葡园宣传员"大奖状结束活动。

(六)开展区域活动

表 7-5-3　区域活动计划一览表(二)

	积木区	美工区	语言区
区域目标	尝试大胆使用积木和辅助材料搭建来表现世葡园景色或特色建筑	能按照计划用富有个性的绘画、制作方式表现游园感受，体验动手的乐趣	大胆地运用语言讲述自己的游园经历，感受交流与讲述的乐趣
	通过同伴商量，学会分工、合作搭建作品	尝试自己解决绘画、制作、玩泥的过程中遇到的问题	讲述时运用连贯、完整的语句来回忆游玩的过程
区域材料	积木、废旧材料、辅助材料	水彩笔、油画棒、绘画纸、颜料、毛笔、墨汁等绘画材料和工具；废旧材料、剪刀、卡纸等制作材料和工具	幼儿用照片、绘画方式自制"我和爸爸妈妈游园故事册"

续表

	积木区	美工区	语言区
重点指导	引导幼儿运用积木、各类废旧材料进行搭建世葡园	与幼儿按照计划共同进行绘画和制作，引导幼儿大胆富有个性地表现	鼓励幼儿和同伴通过讲述来分享自己游世葡园的所见所闻
	在搭建前，引导幼儿同伴商量并进行分工、合作来完成	鼓励幼儿动脑筋解决游戏中的问题，并适当对幼儿进行夸奖	引导幼儿讲述时用上语气词和形容词来丰富词汇

反思评价

本次活动借助世界葡萄博览园教育资源，积极开展本土化的实践主题活动。在开展过程中，能够结合大班幼儿的学习和年龄特点进行教学活动，采用分小组的形式进行。在这些活动中幼儿和同伴合作做事的能力逐渐增强，而且能够尊重他人的意见，动手能力也有所提高。由于充分利用家长资源进行活动，家长积极参与引导幼儿，较好达成了教育目标。尚存在的问题是部分活动欠缺幼儿自主探索学习的空间，主题和区域游戏联系不够紧密，尚稍欠缺主题背景下的区域游戏。

（作者：陈 露　单位：北京市延庆区第一幼儿园；指导教师：张俊燕）

六、我和红薯有个约会

设计意图

本园地处郊区，周围有许多生态农庄。但是，平时幼儿们走进大自然、走进农田的机会很少。金秋时节，田野里一派丰收的景象。地里长满了红薯。红薯的营养价值很高，已越来越多地出现在人们的饭桌上，成为人见人爱的绿色食品。为了让幼儿们亲身体验秋天是收获的季节，专门设计此体验式主题活动，意在让幼儿走进自然，让幼儿与红薯亲密接触，亲近自然，学会观察，学会交往与合作，使幼儿更多地了解自己家乡的特色，让幼儿体验劳动人民的辛苦及体验劳动的快乐，同时让幼儿留下童年美好的回忆。

活动目标

1. 喜欢探索，积极运用多种感官感知红薯。

2. 与家长亲自去找、挖红薯，认识几种常见红薯，了解其名称、外形特征、用途，体验与父母共同劳动的兴趣，增进亲子感情。

3. 通过实践操作，体验自己动手用红薯制作食品的快乐。

4. 激发幼儿的创造欲望，设计制作红薯造型。

5. 引导幼儿在观察、比较、探究以及解决问题的过程中养成细心、不怕困难的品质，从中获得自信。

6. 体验劳动的快乐、培养幼儿的合作意识。

7. 发展幼儿钻、爬、平衡的能力以及动作的协调性和灵活性。

8. 通过绘本阅读激发幼儿的阅读兴趣，理解故事内容。通过有趣的挖红薯经历描述，让幼儿体验文字的韵律美。

基本结构

1. 认识红薯。

2. 准备的工具。

3. 一起挖红薯。

4. 红薯干品尝会。
5. 绘本:《我们一起挖红薯》。
6. 一起挖红薯。
7. 红薯造型。
8. 送红薯。

整合准备

表 7-6-1 《我和红薯有个约会》教育领域整合与支持准备一览表

<table>
<tr><th>活动名称</th><th>领域类别</th><th>活动准备</th></tr>
<tr><td>认识红薯</td><td rowspan="2">科学</td><td rowspan="7">前期准备:给家长的一封信,请大家准备好一些工具,人手一份
物质准备:1. 和浩宇农庄联系好,物色好长有红薯的地方,准备好挖红薯的用具:人手一只能装红薯的小篮,人手一把小铲刀。2. 与家长联系,为幼儿准备一双轻便鞋、一顶太阳帽。3. 提醒幼儿参与买菜做菜等家务,观看过家长制作的多样菜肴。4. 微波炉或烤箱、彩泥、纸、油画棒等
环境准备:1. 主题墙的创设(1. 红薯生长在哪里? 2. 我们一起去挖红薯(等挖红薯活动结束后布置活动照片墙)
3. 各种好吃的红薯食品
4. 布置红薯制作作品展览会
区域环境的创设:美工区:1. 食物:红薯。皱纹纸、毛笔、水粉欣赏画等,用油画棒画的红薯图,用纸团粘贴的红薯,用水粉画的红薯图。进行红薯造型活动。2. 制作图书《我和爸爸妈妈一起挖红薯》。语言区:自制图书《我和爸爸妈妈一起挖红薯》,图书《秋天到了》、小手偶等。音乐表演区:歌曲磁带《一起挖红薯》,幼儿模仿红薯在地里的样子的照片。小动物头饰。自然角:红薯(带秧、藤的红薯)</td></tr>
<tr><td>准备的工具</td></tr>
<tr><td>一起挖红薯</td><td>亲子社会实践活动</td></tr>
<tr><td>红薯干品尝会</td><td>科学实践</td></tr>
<tr><td>绘本:《我们一起挖红薯》</td><td>语言</td></tr>
<tr><td>一起挖红薯</td><td>音乐</td></tr>
<tr><td>红薯造型</td><td>美术</td></tr>
</table>

活动过程

1. 科学活动:认识红薯

活动准备:
生红薯一个
活动过程:

1. 教师拿出一个红薯，请小朋友观察红薯的外形。

(1)这个红薯是什么样子的？它有什么特点？你还见过什么样子的红薯？

(2)你吃过红薯吗，是什么味道的？用什么方法做的？

教师小结：红薯又叫地瓜、番薯，皮有白色、红色、紫色。红薯吃起来甜甜的，还可以制糖、酿酒、制酒精。红薯不仅是健康的食品，还可以预防疾病。能有效预防糖尿病、心脏病，还有通便、减肥的作用。

2. 幼儿猜测红薯的生长环境。

教师：你们猜猜红薯长在哪里，是结在树上吗？红薯有叶子吗？我们把红薯叶子叫什么呢？

3. 然后分小组请每位幼儿说出自己的猜想。

4. 请每位小朋友把自己的猜想画在纸上。(有的幼儿可能会猜想，却画不出来，这时教师可根据幼儿的描述，帮助画出来。)

5. 教师小结：我先不说答案，等你们去红薯地里一看就知道了

2. 科学活动：准备的工具

活动准备：

挖红薯的工具、表格

活动过程：

1. 观察工具：教师将幼儿带来的工具进行展示，请幼儿观察。

教师：你看到了什么工具？它是什么材料做的？

2. 请个别幼儿介绍自己所带的工具。

3. 请小朋友猜一猜哪样工具挖红薯最方便。幼儿讨论、猜测、记录。

4. 出示记录表，请幼儿对所有的工具进行简单的分类。

5. 教师小结，选出最合适的挖红薯的工具。

3. 亲子实践活动：一起挖红薯

活动准备：

1. 事先勘察行走路线，并联系好活动场地。

2. 给每位家长发一份活动教案，提醒家长在活动中引导幼儿用多种感官感知红薯。

3. 幼儿穿着轻便的衣服和鞋子，并携带工具。工具：麻袋、铲子、铁锹、手套等。

4. 教师准备创可贴、手纸、塑料袋等物品。

活动过程：

1. 观看课件《好吃的红薯食品》，引起幼儿兴趣，激发幼儿挖红薯的愿望。小朋友，影片中的红薯条你吃过吗？他们看起来味道怎么样？你知道这些红薯它们长在哪里？是什么样子的？引起幼儿对红薯的猜想。现在老师就和爸爸妈妈一起带你们去寻找这些红薯。

2. 组织幼儿和家长去浩宇农庄挖红薯。

(1)教师对家长和幼儿进行安全教育。向家长、幼儿交代途中注意事项。

(2)请有经验的家长分别介绍红薯的生长特征。

(3)幼儿在家长的带领下挖红薯，学习正确使用铲刀和剪刀，体验劳动的辛苦与喜悦。

(4)教师轮流指导，与家长和幼儿共同分享经验。教师在活动中引导幼儿正确地使用工具，观察幼儿的兴趣点，及时发现可生成的教育活动。

(5)让幼儿把各自挖的红薯分类放好，集中起来，欣赏劳动成果。

3. 小结：小朋友们真能干，挖了这么多的红薯，一会儿我们就把这些新鲜的红薯拿到幼儿园，一起做成可口的菜肴，让大家品尝。

4. 科学实践活动：红薯干品尝会

活动准备：

1. 蒸好的红薯若干。

2. 幼儿体验室：烤箱、电磁炉、微波炉、各种调料、塑料刀。

3. 洗手、穿倒穿衫。

活动过程：

1. 老师提问：你们吃过红薯吗？红薯有几种吃法？幼儿自由回答问题。

小结：原来红薯有这么多吃法，可以做成红薯汤、红薯饼，还可以烤红薯、蒸红薯、炸红薯，今天我们就来学烤红薯。

2. 老师拿出蒸好的红薯，请小朋友将红薯切成薄片，送往烤箱，体验红薯干的制作过程。

3. 师幼共同品尝红薯干。教师将制作好的红薯干摆放在桌上，组织幼儿以自助餐的形式品尝红薯干，体验劳动的快乐。

4. 师幼共同小结：红薯很好吃，而且非常有营养，还有丰富的维生素和粗纤维，我们以后要多吃红薯。

5. 语言活动：绘本：我们一起挖红薯

活动准备：

绘本《我们一起挖红薯》PPT。

活动过程：

1. 欣赏封面和扉页，激发兴趣。

老师：今天老师给你们带来一个非常有趣的故事，想知道吗？

老师：多有趣的插图啊，你都看到了哪些好玩的有趣的地方？

老师：我们一起来看看，我们一起把故事的名字说出来吧。

介绍扉页：这是书本的第一页，叫做扉页，上面有什么内容？

2. 欣赏故事，情境感受。

教师讲述故事，幼儿认真倾听。提问：鼹鼠一家四口去做什么？怎么去的？什么交通工具？路上的风景怎样？跑回玉米地的声音是什么样的？跑回村庄里的声音是什么样子的？跑回车子上的声音是什么样的？

3. 让幼儿体验故事里的儿歌：我们要去挖红薯，红薯大大香甜甜。天蓝蓝，云白白，烤红薯，香甜甜。

4. 引导创编. 让我们来欣赏一下这个故事里的儿歌吧，你还可以说说村庄里的景色吗？来创编相同句式的儿歌吧。

5. 幼儿自由创编。共同分享。教师小结。

6. 音乐活动：一起挖红薯

活动准备：

钢琴、方向盘若干个。复习歌表演《摘果子》。

活动过程：

1. 听音乐发声练习。

2. 复习歌表演《摘果子》。

3. 集体一起学唱新歌曲《一起挖红薯》(2 遍)。

4. 大家一起边唱边玩音乐游戏，一半幼儿拿着方向盘做邀请者，被请到了的小朋友跟在他的身旁。

5. 个别幼儿表演。

6. 组织幼儿一起玩该音乐游戏，并引导他们改编歌词。

附歌曲：一起挖红薯

蓝蓝的天，宽宽的路，我和伙伴去挖红薯。快乐的你，快乐的我，我们一起去挖红薯。嘿嘿，我们一起去挖红薯。

7. 美术活动：红薯造型

活动准备：

1. 大小不一，形状各异的红薯若干；彩泥、牙签、小棒、画笔若干；装饰用的各种纸等。

2. 范例若干。

活动过程：

1. 出示范例谈话。

小朋友你们看，今天老师为你们带来了什么？这些有趣的小动物、小饰物老师是用什么做出来的？

2. 启发思维。

(1)教师随意地取出一个红薯，引导幼儿观察这个红薯的外形像什么？可以做成什么？

(2)想一想一个或几个红薯拼起来，可以做成什么？

3. 讨论交流。

(1)请小朋友相互讨论交流：我准备用红薯可以做什么？彩泥可以做成红薯的什么？

(2)再次引导幼儿观察老师带来的作品，说说老师用几个红薯做成了什么？

4. 幼儿操作。教师观察指导。

(1)启发幼儿根据红薯的不同外形，大胆想象，创造出与别人不同的作品。

(2)教师巡视观察指导，及时发现幼儿的需要和特殊的创意，并及时给予幼儿一定的帮助。

5. 展示幼儿作品，相互介绍。

(1)请个别幼儿介绍自己的作品，说说自己作品的名称，用了哪些材料制作而成的？

(2)师幼一起评出最具形象奖若干个。

8. 体育活动：送红薯

活动准备：

1. “红薯”若干袋(用报纸做的)。(数目比幼儿多)

2. 小篮子3只、贴有房子图案的椅子3张、平衡木3条、山洞6个、垫子3张。

3. 布置好场地。

活动过程：

1. 开始部分

(1)幼儿随音乐“健康舞”做准备运动。

(2)游戏“做相反”，幼儿听老师的口令做相反的动作。

2. 基本部分

(1)引导幼儿说出运红薯的多种方法。幼儿自由回答。教师发现好的玩法及时向幼儿介绍。

(2)游戏“运红薯”。

①教师讲解并示范动作要领：

兔妈妈家的红薯丰收，今天要我们帮忙把红薯送给山羊朋友尝一尝，要运红薯到山羊家。到山羊家要走过独木桥，钻过山洞，越过沼泽。一袋袋的“红薯”放在仓库里，要先拿一袋红薯放在篮子里，走过独木桥，钻过山洞，越过沼泽，最后把红薯运到山羊家里。

②幼儿练习走平衡木、钻山洞、越过沼泽，教师巡回指导。

③比赛游戏“运红薯”：

每位幼儿每次只能运一袋红薯，过平衡木时不能跑，要注意安全。运完红薯把篮子交给下一位幼儿后要站到队伍的最后面，以运红薯最快的一队为胜利。

3. 结束部分

幼儿随音乐“健康舞”做放松运动。

活动反思

本次主题活动充分利用本地区的自然条件，调动幼儿的各种感官活动，让幼儿在轻松愉快的氛围中、在老师和家长的帮助下认识了红薯并了解到红薯是长在地下的，我们通常食用的都是红薯的根部，以及食用红薯的好处。体验学习了挖红薯，参与了制作做红薯干，使教学活动变得开放、直观、生动，大大激发了幼儿的活动兴趣和愿望。既扩展了幼儿的知识面，又通过幼儿的自主活动，与他人分享成果和快乐，促进了幼儿的社会性发展。充分体现了以幼儿为中心的现代教育观念，提高了幼儿的观察能力、思维能力和动手操作能力。幼儿在整个活动过程中都是主动的、积极的。我们把幼儿从课堂中解放出来，把学习的课堂搬到大自然中，活动中让幼儿们亲身感受到了秋天的气息，体验到了秋天的收获，体验到了劳动的快乐和童年的乐趣。让幼儿们真正领略到了大自然赋予人类的万物生长以及秋天里特有的各种美好色彩。

（作者：张玲　单位　：安阳幼儿高等师范专科学校第二附属幼儿园）

七、苏菲生气了

设计意图

幼儿园应密切关心幼儿的情绪感受，高度重视其不良情绪疏导。为了帮助幼儿认识负面情绪，并初步学习怎样摆脱生气愤怒的情绪。本次活动借助绘本《苏菲生气了》予以综合设计推进。

活动目标

1. 学会认识到生气原来是普遍现象，也是正常的。
2. 懂得生气是一种不良的情绪，体验摆脱生气后的快乐。
3. 分享几种简单、积极有益帮助他人和自己摆脱生气的好办法。
4. 养成积极的情绪宣泄意识和习惯。

基本结构

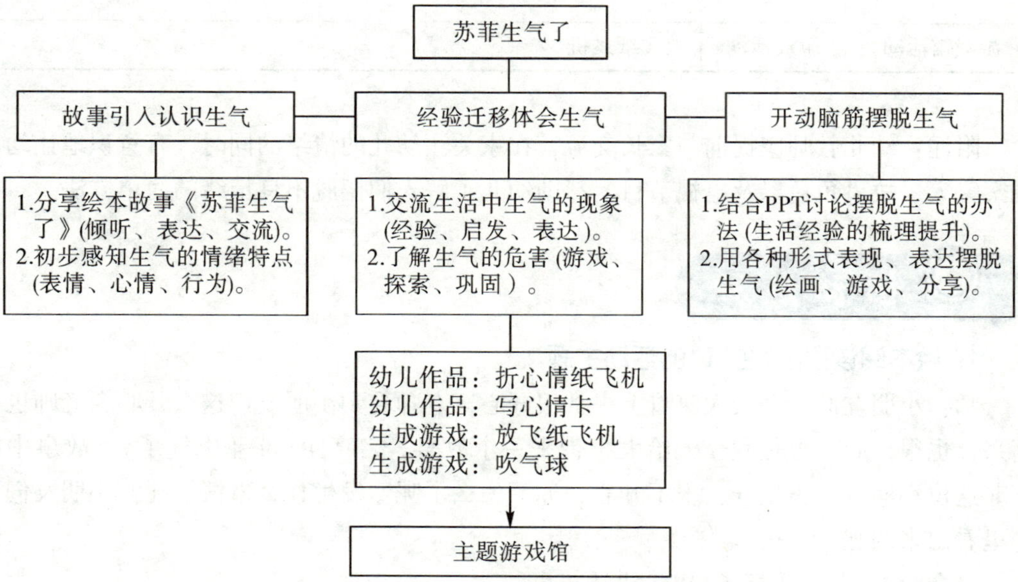

图 7-7-1 《苏菲生气了》主题活动基本结构设计示意图

整合准备

表 7-7-1 《苏菲生气了》教育领域整合与支持准备一览表

活动名称	领域类别	活动准备
苏菲生气了	综合活动	材料准备 绘本 PPT《苏菲生气了》，背景音乐，纸、彩笔，折纸飞机的正方形彩纸与幼儿人数相当
哭脸和笑脸	科学	自制娃娃脸若干张，脸部形状有圆脸和椭圆形两种，脸部表情有哭脸和笑脸两种，颜色有红、黄两种
做我的心情树	艺术	自制表情娃娃若干、剪刀、水彩笔、环境创设“树”
心情跳舞娃	艺术	音乐《幸福拍手歌》、《二泉映月》等
心情预报	语言、社会	1. 纸箱做的电视机、话筒、猴 2. 子木偶；操作图片：狮子躺在床上的场景、小鸟、小羊、小青蛙、小鸡、小鸭；小动物心情图若干
折心情纸飞机	游戏	欢快音乐和垫子，小兔子胸饰、萝卜、蘑菇玩具
心情与表情	语言、科学	课件、表情卡、背景音乐《表情歌》
我的心情我做主	健康	小竹梯 20 个、轮胎 10 个、空地一片
看得见的情绪	语言、艺术	1. 六个情绪脸谱(兴奋、高兴、悲伤、愤怒、害怕、烦恼) 2. 做有六个情绪脸谱的大色子 3. 每个幼儿一个情绪温度计
游戏馆活动	游戏活动	放飞纸飞机

附注：幼儿教师应提前与家长交流，在家关注幼儿的情绪的同时，有意识地让幼儿观察家人、故事角色以及电视节目，帮助幼儿了解人们摆脱不良情绪的简单方法。

活动过程

1. 绘本阅读引出“生气”的活动主题

师：小朋友们，今天大家看上去都很开心，老师看到小朋友们这么开心，老师也很高兴，也很开心。可是我今天给大家带来一个故事，名字叫《苏菲生气了》。故事中的苏菲这位小朋友，很生气，很不开心，苏菲怎么了呢？发生什么事情了呢？小朋友们从哪里看出来的呢？

结合绘本《苏菲生气了》PPT 讲述故事：

师：苏菲抱着玩具大猩猩玩得正起劲的时候，姐姐把大猩猩抢走了，苏菲不给，妈妈让她把大猩猩给姐姐，苏菲很生气。她生气的时候怎样了？她想怎样？她怎样做的？从家跑出来她去了哪里？看到了什么？心情怎样了？苏菲后来怎样了呢？

幼儿回答，教师小结：妈妈说该轮到姐姐玩大猩猩了，可是苏菲不想给，姐姐拿走了玩具，所以她很生气，很愤怒。她简直像火山一样爆发。然后她跑出了家门。

苏菲跑出家门，跑啊跑，苏菲感觉到委屈，有一会甚至哭了起来。慢慢的她放慢了脚步。她看着眼前美丽的景色：各种形状的岩石，漂亮的山毛榉树，绿绿的小草，听着树上的小鸟儿“哩哩哩”地叫着，心情开始慢慢地好了起来。她又来到一棵粗壮可是不太高的山毛榉树前，爬上去。微风吹拂着她的头发、面孔，看着蓝蓝的河水，苏菲感觉自己不再那么生气了，还慢慢开心起来。她慢慢从树上下来，朝着家的方向走去。回到家她忘记了一切不开心的事情，还把自己看到的美丽景色画成了一幅非常漂亮的图画。

2. 引导幼儿交流经验谈谈生活中人们生气的现象

师：小朋友们，你们有没有像苏菲一样，遇到过一些十分生气的事情啊？都是一些什么事情呢？

幼儿回答，教师小结。

师：哦，原来生活中小朋友们也遇到过许多生气的事情。你们看见过别人生气的事情吗？生气后是怎样的？

幼儿回答，教师小结。原来生活中许多事情会让自己不满意生气。这些事情有的是和学习有关的，有的是小朋友玩玩具有关，也有的是和爸爸妈妈不答应自己的要求有关。其实啊，大家都会遇到生气的事情，爸爸妈妈、老师也一样会遇到。

3. 了解认识生气的危害和摆脱生气的必要

师：小朋友们，一个人生气不可怕，但总是生气，好吗？为什么？幼儿结合自己经验回答。

教师小结：原来生气会有这么多的坏处呢。

借助气球观摩理解气球充气与释放的过程。

师：小朋友们，我们看到气球越吹气就越大，气球里的气太多了最后爆炸了。我们的身体就像这个气球一样，气球本来是好好的，但是碰到不高兴的事就生气，碰到不满意的事就是生气，身体里的气就越来越多，再生气下去的话，我们的身体也会像气球一样。怎样呢？

幼儿回答：气球就爆炸了。

师：哦，是啊。气球爆炸了。那我们的身体呢？我们的身体也会受不了，会很不舒服难受的。那我们怎么办才好呢？有什么办法可以把我们身体里的气一点点赶走，我们的身体会比较舒服，也会很健康呢？故事里的苏菲是怎样做的呢？幼儿回答，教师小结。

4. 结合 PPT 讨论摆脱生气的办法

结合 PPT 了解苏菲生气后心情怎样好起来的。

师：苏菲生气的时候像火山爆发一样，真的很愤怒。可是后来她怎么做的呢？她在外面做了什么？慢慢的她的心情怎样了？

幼儿回答，教师小结。苏菲遇到生气的事情是跑出去，来到外面，看看花草、树木，听听鸟叫，吹吹微风，自己的心情就好了许多。

小朋友结组讨论，说说自己知道的摆脱生气的好办法。

师：小朋友们你们知道有什么办法可以帮助我们摆脱生气的坏心情呢？假如你是苏菲，你会怎样帮助她摆脱生气和愤怒呢？如果小朋友们生气了，那你会用什么样的好办法来消气呢？你觉得哪种办法更好呢？大家好好想想，说一说，也可以把自己喜欢的方式快速地画下来，一会儿和小朋友老师一起分享。

幼儿在组里交流并分享摆脱生气的办法，绘画，教师小结。

5. 集中分享交流摆脱生气的办法

请各小组代表在集体面前介绍摆脱生气的好办法，并结合绘画作品交流。

选择几幅绘画比较好的办法进行表演，让幼儿体会好办法的益处。

拓展练习：

师：小朋友们帮助苏菲想了这么多好办法，原来大家有比苏菲还好还多的办法来摆脱生气。那以后小朋友们生气了知道怎样做了，可以怎样让自己不生气，让自己的心情更快地好起来。老师呢也有自己的好办法，老师的办法是，生气的时候画画，折飞机，或者写心情，还有听歌。这样画完了，折好了，写完了，听着好听的歌曲，心情就会好起来了。现在老师和小朋友们一起把自己画的画贴在墙壁上，大家看看我们的办法有多好，以后再生气不开心的时候我们就可以使用这些办法了。

6. 活动延伸

教师组织幼儿带上纸飞机到户外，把“生气”、“愤怒”丢得远远的，体验放松快乐。

反思评价

本次主题活动以幼儿对情绪管理主题绘本欣赏的经验为契机，结合生活体验式环境创设来开展多种多样的游戏活动，引导幼儿用语言、动作、表情、创作等方式表达自己对情绪的理解和感受，并在生活中进行观察与发现，体验生气的危害并进行情绪管控，初步知道如何排解不良情绪。

（作者：王琳　王冬梅　李丹　单位：保定幼儿师范高等专科学校　高阳县蒲口乡三柳幼儿园涞源县实验幼儿园）

八、白雪公主

设计意图

基于幼儿兴趣，以绘本《白雪公主和七个小矮人》为载体开展幼儿创意戏剧活动，旨在激发师生、家长对创意戏剧的热爱，鼓励其积极参与音乐创意戏剧活动，共同感受、体验创意戏剧表演带来的无限欢乐和创意，让幼儿在经历承担责任、自我挑战、自我完善的过程，获得自我实现体验的机会，初步实现人人参与、协商合作、创意表达、自信表现。

活动目标

1. 充分发挥幼儿的自主性、想象力和创造力；

2. 培养幼儿对生活的理解能力和创造性的表现能力，能够大胆表达自己的想法，呈现独特的创意表现力；

3. 愿意与他人合作共同完成创意戏剧表演，促进幼儿艺术性和社会性的发展。

活动架构

1. 绘本大搜索：主要通过调查问卷、谈话等方式记录幼儿知道的绘本有哪些？最喜欢的绘本故事是什么？与幼儿商量讨论，确定绘本故事表演主题。

2. 绘本故事剧场：组织幼儿通过欣赏戏剧表演视频、绘本阅读等形式，丰富对戏剧表演的经验。幼儿经过自主选择、自编自导；激烈讨论、角色竞选；改编歌曲，创编剧本；自制道具、亲子同乐等阶段的体验，为创意戏剧表演做好前期准备。

3. 绘本创意戏剧表演：为幼儿提供自由展现自我的机会与舞台，让幼儿在宽松愉悦的环境中玩转戏剧表演。

整合准备

表 7-8-1 《白雪公主》教育领域整合与支持准备一览表

活动名称	领域类别	活动准备
好书推荐——我喜欢的绘本	语言领域、社会领域	1. 环境准备：幼儿园阅读长廊、班级语言区 2. 物质准备：各种绘本若干本、PPT、调查问卷
我的舞台我做主	艺术领域（音乐）、科学领域、语言领域	1. 环境准备：幼儿园创意表现室、班级表演区 2. 物质准备：音乐、一体机、投影仪
谁最好	语言领域、社会领域	物质准备：PPT 课件、背景音乐
歌曲改编《洋娃娃和小熊跳舞》、《粉刷匠》、《蝴蝶花》、《斗牛士》节选、《五只猴子》等	艺术领域（音乐）	1. 环境准备：班级表演区 2. 物质准备：音乐、乐器
剧目创编	综合活动	物质准备：一体机
玩转道具——我是小小设计师》	艺术领域（美术）	物质准备：各种废旧材料、双面胶、剪刀、油画棒、颜料等各种工具、材料
我是环境小主人	艺术活动（美术）、社会活动	1. 环境准备：幼儿园创意表现室、班级表演区 2. 物质准备：双面胶、剪刀、油画棒、颜料、泡沫纸、报纸等种工具、材料
新版《白雪公主》	综合活动	物质准备：剧中所有道具、音箱、背景音乐、相应剧目背景图片

活动过程

1. 我的表演我来选

通过绘本阅读，挑选喜欢的想要表演的绘本进行投票，选择票数最高的绘本表演，最终选定《白雪公主》的绘本。

2. 我的剧本我来定

通过商量讨论，选择最想演的一个故事。然后商量角色，确定角色，并进行角色报名。通过竞演、投票的方式确定角色扮演。确定好的角色，同一角色的扮演者们需要讨论设计自己角色的台词、音乐并设计动作、队形等。教师需要收集每个角色的台词、音乐和动作，并整理成剧本。

3. 我的形象我装扮

每个角色商量如何装扮自己，通过搜集照片、设计，选择各种环保材料进行装扮。并在班级开展角色装扮大比拼，评选出最佳装扮奖。激发幼儿参与的积极性，激发幼儿的创意思维。

4. 我的道具我设计

通过亲子互动、亲子制作的方式，让家长一起参与到创意喜剧的活动中。亲子一起商量，选择废旧环保材料一起制作道具。

5. 我的场地我布置

师幼共同商量选择场地、设计场地、布置场地。确定好场地后，分组画场地设计设计图，大家一致投票评选出最佳设计方案。根据设计图，布置场地。

6. 我的舞台我做主

设计自制海报、入场券(凭票看表演)。邀请你想要邀请的嘉宾(如家长、其他班的老师和小朋友、保健医生、保安叔叔等)，并把入场券给他，邀请大家一起看表演。

反思评价

本次主题活动借助场景、道具、音乐、故事情节等创意表现，充分体现了幼儿的自主性。同时在活动过程中，教师利用相关的表演视频、绘本等教学手段加深幼儿对《白雪公主》这个耳熟能详的故事的理解。在活动中教师与幼儿一起在编戏、排戏、演戏的过程中相互支持、共同成长。在活动的实施过程中也遇到了一些问题，如幼儿缺乏舞台表演的经验和家长参与的积极性不高，有待今后继续完善提高。

(作者：骆琴凤　蓝素萍　庄文婵　单位：福建省厦门市海沧区新阳幼儿园　指导教师：谢颖苹)

九、奥古斯汀

设计意图

大班下学期的幼儿面临着幼小衔接方面的问题，如何才能让幼儿很快适应小学生活，适应新的环境呢？为了从幼儿最感兴趣的故事入手，通过生动有趣而又贴合实际的故事情节来慢慢引导幼儿学会勇敢地面对和适应新的学习和生活环境，本次主题活动选择了《奥古斯汀》这本有趣的绘本来进行教学活动。

活动目标

1. 引导幼儿学会在进入新的生活环境时要勇敢面对。
2. 在与同伴进行游戏的过程中锻炼幼儿的合作能力及语言表达能力。

基本结构

1. 猜测绘本：出示绘本的封面，引导幼儿猜测绘本内容。
2. 阅读绘本：师幼共读绘本，引导幼儿仔细观察、想象，然后用完整的语言来表达。
3. 玩转绘本：玩游戏“找到我”。认识北极的一些动物，并简单了解它们的生活习性。

整合准备

表 7-9-1 《奥古斯汀》教育领域整合与支持准备一览表

活动名称	领域类别	活动准备
猜一猜	语言	准备《奥古斯汀》
读一读	语言 音乐	准备背景音乐
“找到我”	语言 社会 综合	准备背景音乐

活动过程

1. 教师出示绘本的封面，引导观察幼儿猜测绘本内容

师：今天我带来了一本大书，你们来读一读书的名字是什么？（《奥古斯汀》）

师：你们来猜猜看这奥古斯汀是什么意思？它会是什么呢？谁来猜一猜？（幼儿自由猜想）

师：其实奥古斯汀就是这只小企鹅的名字。大家看奥古斯汀手上拿着画笔、肩上背书包，我们一看就知道它跟我们一样是一名学生。哎，身边还有一只箱子，猜猜它要干什么呢？

师：今天奥古斯汀会带给我们怎样的一个故事？那么到底是不是这样呢，我们接着往下看……

2. 师幼共读绘本，引导幼儿仔细观察、想象，然后用完整的语言来表达

师：每一幅图都会告诉我们一件事情。分别出示四幅图请个别幼儿来说一说。这幅图说明了什么意思呢？每一幅图告诉我们一件事情，四幅图连起来就告诉我们一件完整的事情。教师讲述前两幅图画内容请幼儿接着编下去……

师：老师先来编前两幅图，奥古斯汀的爸爸在北极找到了新的工作，所以他们全家决定从南极搬到北极去，于是他们把家里的房子卖掉……谁来编第三和第四幅图？

播放音乐教师继续讲述故事。

师：马上就要离开熟悉的地方了，心里总会有些难过。可是妈妈说，一切都会好的。就这样他们全家人收拾好行李，赶到了机场，所有的人都来送行了，有老师、同学、还有爷爷奶奶呢！大家都对奥古斯汀说，奥古斯汀啊，你要回来看我们哦，我们会想你的！分别总是那么的依依不舍，带着这份心情奥古斯汀上了飞机。对从来没有坐过飞机的奥古斯汀来说，一切都是那么的新鲜。在飞机上，他看着别人打扑克、吃着小鱼饼干，吃着盒饭。在去洗手间的时候，他甚至看到有个叔叔的头好像伸进了云朵里。旅行是漫长的，他们终于到了北极，他们的新家。可是夜晚，当月亮升起，流星划过的时候，奥古斯汀总是不能入睡，第二天要去新的学校了，他有点担心……

提问1：要去新的学校了，你来猜猜奥古斯汀它担心什么？

提问2：奥古斯汀有那么多的担心，你想对他说什么？怎样安慰它呢？教师继续讲述故事……奥古斯丁躺在床上想起了妈妈的那句话：一切都会好的！于是他慢慢入睡了。第二天，奥古斯汀来到了新的学校，那位新的老师叫作丽莎小姐，丽莎小姐把他介绍给了全班的新同学，可是奥古斯汀却僵在那儿一句话也说不出来。到课间休息的时候，大家都去玩了，奥古斯汀一个人拿着画笔坐在教室里画画。画着画着，忽然周围好安静啊，奥古斯汀抬头一看周围多了很多双脚，是谁呢？原来是他的新同学北极兔和北极狐，还有哪些新同学呢？新同学说，我们来做个游戏吧，做完这个游戏，你就能认识我是谁！

师：玩不玩游戏？奥古斯汀有点害羞，我们来跟他一起玩，好吗？玩过这个游戏就能帮他找到新同学。

3. 玩游戏“找到我”。认识北极的一些动物，并简单了解它们的生活习性

(1)教师介绍游戏玩法：将16个小朋友分成两组，每队选一个代表站到黑板前，眼睛看着大屏幕，等会大屏幕上的格子会闪，一定要在很短的时间里记住格子闪动的顺序和位置，把它记在脑子里，听到“咚”的一声响时结束，用点点在下面相同的格子里摆一摆刚才你看到的。刚开始闪的放红点，那叫起始点，接下来用蓝点表示，等一会在规定时间里哪队先完成而且正确就可以找到一位新同学，为你们队加一分，清楚了吗？

(2)每队推选代表玩游戏，在玩的过程中认识北极的一些动物，并简单了解它们的生活习性。

师：我们看新同学出来了吗？他叫帕芬鸟，也叫普通雀，他平时生活在湖边，可是到了春天、夏天的时候他要生小宝宝了，就要去陆地上，他喜欢吃小鱼和小虾，这就是新同学。

师：这次新同学会是谁呢？他是北极麝牛，他在夏季的时候喜欢居住在河边，冬天喜欢到山顶上觅食，他爱吃小草和枝条。我们再来看看，还有一位新同学，他叫北极旅鼠，他的个子很小，比小老鼠还要小，他一次能生12个宝宝，他也爱吃嫩叶和青草，可是他只能活1年。你看，有时候朋友在一起很开心，可是好朋友未必就能永远在一起，所以平时我们要互相友爱，珍惜你的朋友。

(3)由刚才一人变为两人一组增加游戏难度玩游戏，锻炼幼儿的语言表达和与同伴之间的合作能力。

师：好了，现在游戏到了第二轮，新同学都藏起来了。第二轮游戏会更难，需要两个人合作。听清楚要求哦，这次仍然要有一个人站在黑板前，但这次他不看大屏幕，而另一个人根据我给的路线图来说出行走路线，告诉站在黑板前的人怎么来走。

师：这位新同学是谁呢？他爱吃肉，擅长游泳，体积庞大，他的皮毛白白的，他是北极熊。

师：看看这位新同学，这个动物的身上是这样的，爱吃……皮毛……他是海狮的朋友，擅长游泳，会是谁呢？(海豹)

教师小结：在你们的帮助下奥古斯汀认识了新同学。原来认识新同学并不难哦，有时候一个游戏、一句话、一个动作就能交到新同学。互相说说认识的新同学都有谁？

(4)播放音乐，教师继续讲述故事。

师：新同学非常喜欢奥古斯汀，他们说奥古斯汀你画的画真好，我们想跟你学画画。他们约定一起开画展，画什么呢？就画奥古斯汀一路走来的故事吧！

奥古斯汀的爸爸在北极找到了新的工作，于是他们全家决定从南极搬到北极去。旅行是漫长的，他们终于到了新家。晚上奥古斯汀久久不能入睡，他有点担心。第二天就要去新的学校了，新同学会怎么样呢？奥古斯汀一个人在画画，新同学们都说好棒啊，我好喜欢这个新同学！于是新同学教奥古斯汀玩游戏，奥古斯汀教新同学学画画，就这样他们成功地举办了画展。这时候爷爷奶奶都赶来参加他们的画展，他们说奥古斯汀你比以前更棒了！奥古斯汀说，因为我记住了妈妈的话，一切都会好的！

4. 教师总结，活动结束

师：同学们，你们记住了吗？妈妈经常对奥古斯汀说什么？你们也即将升入小学，也许会像奥古斯汀一样步入一个新的环境，你也会紧张，会担心，会害怕，那么你会用一句什么样的话来安慰自己呢？有了这些鼓励安慰的话，我们一定能很快适应新的学习和陌生的环境，要始终相信一切都会好的！

反思评价

本次主题活动将绘本图片以九宫格的方式逐一呈现，不仅给予了幼儿更多自主阅读和理解推测的机会，也增加了活动的趣味性、生动性。在介绍奥古斯汀的新同学时，利用好玩的九宫格游戏代替枯燥的讲解，游戏由易到难，使幼儿的情绪越来越高涨。“一切都会好的”是这本绘本的中心思想，它较好地体现了这本绘本的教育价值。

（作者：谢婷　单位：江苏省盐城市滨海县幼儿园）

十、格子畅想之旅

设计意图

一次偶然的机会，本班幼儿欣赏了艺术大师蒙德里安的作品《百老汇的爵士乐》和《红黄蓝的构图》，他们对画面的构图和色彩产生了兴趣，并展开了激烈的讨论。通过艺术作品的欣赏，幼儿也发现生活中格子的元素随处可见：格子餐桌布、格子衬衫、格子裙、格子围巾、格子包等。教师可以抓住幼儿对“格子”感兴趣这个教育契机，鼓励幼儿在生活中发现美，让幼儿感受到艺术源于生活，积极开展以“格子畅想之旅”为主题的欣赏、表现、创作、游戏等自主性的系列活动，并且在活动中融合了健康、语言、社会、科学、艺术五大领域的内容，逐渐将班级形成“格子世界游戏馆”。

活动目标

1. 欣赏名画线条和色彩搭配的美，感受画面节奏欢快的特点。
2. 在欣赏活动中乐意自信、完整地表达自己的见解。
3. 能够大胆想象，自由选择不同材料进行创作，体验与同伴合作的喜悦。
4. 能够设计游戏玩法，与同伴商量游戏规则与玩法，体验自主游戏的快乐。

基本结构

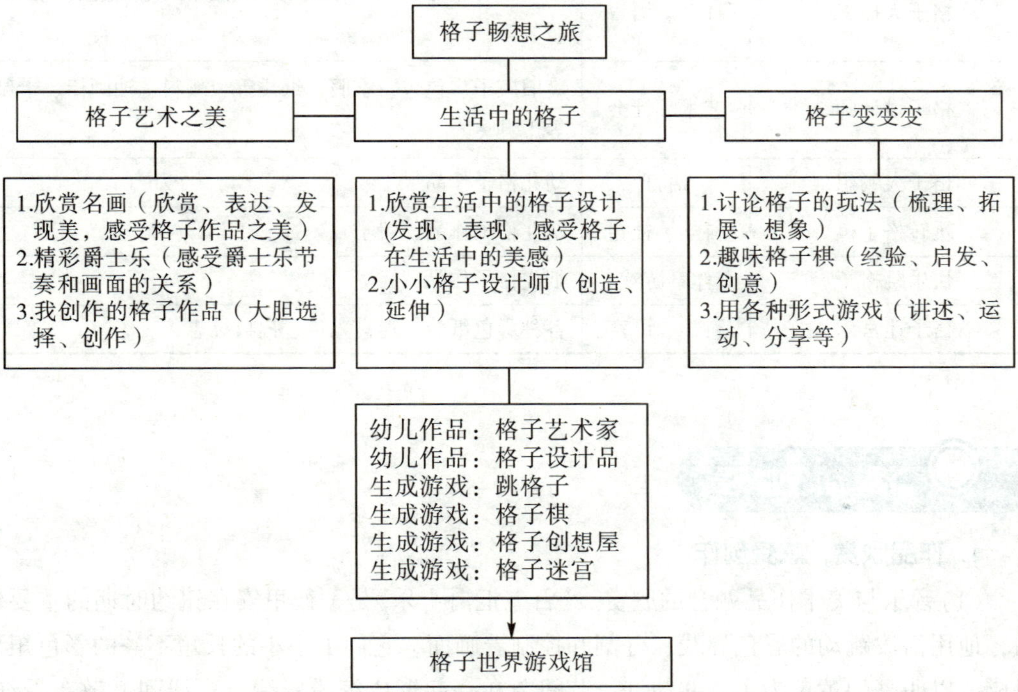

图 7-10-1 《格子畅想之旅》主题活动基本结构设计示意图

整合准备

表 7-10-1 《格子畅想之旅》教育领域整合与支持准备一览表

活动名称	领域类别	活动准备
名画欣赏《百老汇爵士乐》	艺术、语言	蒙德里安格子作品《百老汇爵士乐》和《红黄蓝的构图》、城市图片
乐曲欣赏《百老汇爵士风》	艺术、社会	蒙德里安格子作品、爵士乐 2~3 首
《格子艺术》创作画	艺术、游戏	(1)纸张类：全开白色卡纸、红黄蓝卡纸、泡沫纸、彩色色纸、即时贴等；(2)手工类：红黄蓝色毛根、泥工板等；(3)颜料类：红、黄、蓝三种颜色颜料；(4)工具类：剪刀、长尺子、双面胶、刷子、炫彩棒、勾线笔、白乳胶等

续表

活动名称	领域类别	活动准备
格子大搜索	社会、语言	生活中有格子设计的物品或图片(帽子、包包、桌布、服装等)
格子设计师	艺术、社会	废旧瓶子、包包、衣服、纸袋等、颜料、油画棒、卡纸等工具
格子大畅想	语言	幼儿格子作品
玩转格子棋	科学、社会	幼儿格子作品、骰子
快乐跳格子	体育游戏	纸皮格子作品
格子迷宫乐	科学、语言	各种彩色纸砖、迷宫入口、出口标志

活动过程

1. 作品欣赏，感受创作

(1)音乐与美术作品融合的欣赏。《百老汇爵士乐》是蒙德里安在纽约时期的重要作品，他用活泼跳动的彩色界线，分割和控制着画面，它们由小小的长短不一的彩色矩形组成。以明亮的黄色为主，并与红、蓝间杂在一起形成缤纷彩线，彩线间又散布着红、黄、蓝色块，营造出节奏变换和频率震动。看上去，这幅面比以往任何一件作品更为明快和亮丽。它既是充满节奏感的爵士乐，又仿佛夜幕下办公楼及街道上不灭灯光的纵横闪烁。艺术作品欣赏在系列活动实施过程中，首先让幼儿欣赏名画的线条和色彩搭配，感受画面欢快的特点和艺术美感。其次通过爵士乐曲的音乐欣赏，让幼儿进一步感受音乐与美术作品相融合产生的美感。

(2)多种材料表现名画的创作。进一步体验和感受《百老汇爵士乐》的风格特点，引导幼儿园分组选择材料，尝试用不同的材料工具进行创作。在材料准备方面，尽量以多样性的原则给幼儿提供材料，有立体材料也有平面材料，如卡纸、KT 板、布条、油画棒、水彩笔、水粉颜料等丰富多彩的材料，可供幼儿自由选择。在创作过程中，鼓励幼儿与同伴合作，发挥自己的想象与独特表现。

2. 生活拓展，迁移感受

幼儿对于格子作品的感受并没有停留在对于蒙德里安作品的欣赏层面，而是自发地拓展到了生活中。他们发现生活中有许多用品都有格子元素：杯子上、包包上、服装上等，格子的美感得到了广泛而充分的运用。

幼儿在美工区也开始自己选择一些生活中的用品进行设计，俨然成为了小小设计师。基于教师的兴趣，教师又生成了《格子大搜索》和《格子设计师》活动，让幼儿共同寻找更多生活中的格子艺术品，感受格子的美。同时鼓励幼儿大胆设计，将生活中的扇子、衣服、瓶子、纸盒等废旧物品进行改造，体验变废为宝的乐趣，树立环保的理念意识。

3. 想象创造，延伸游戏

在分享作品环节，鼓励幼儿介绍自己对画面的理解，并分享运用了哪些材料进行创作，老师在评价与分享中，启发幼儿将作品与游戏相结合，幼儿能够根据画面的特点，大胆想象、发散思维，讨论出许多的奇思妙想。如将格子创作演变出下棋、跳格子、迷宫、下水管、格子拼贴、格子变变变等游戏。

教师用 iPad 及时记录幼儿活动过程中的精彩瞬间与特殊表现，开展游戏前与幼儿商量讨论游戏的材料、规则与玩法，鼓励幼儿共同合作完成，在游戏开展过程中，鼓励幼儿发现问题，并共同解决问题，优化游戏趣味及玩法。在下一次的活动中，教师就将根据幼儿的兴趣点，开展讨论如何进行游戏。最终生成出跳格子、格子拼贴、格子机器人、格子棋等丰富多彩的游戏活动，把班级变成了一个格子世界的游戏馆，让幼儿一起踏上格子世界的漫游之旅。

反思评价

本次主题活动基于本班幼儿对于名画的兴趣，本着尊重幼儿的原则，倾听幼儿的游戏需求，关注幼儿的发展需要，由此生成了一系列的活动。在格子世界系列活动中，课程由基本预设到幼儿自主生成，活动涉及领域广，最大的价值在于发展幼儿的自主性、合作性与创造性。幼儿能够自由选择材料，创意地进行艺术创作，并能够大胆根据自己创作的作品进行想象，通过收集资料、同伴分享交流、创设游戏环境、游戏规则与玩法，发展幼儿的能力。通过观察幼儿的游戏行为，教师根据幼儿的需要，不断丰富材料、提供支架，推进了幼儿游戏不断深入地开展，促进了幼儿的深度学习。随着主题的开展，幼儿沟通与解决问题能力、同伴交往水平、社会性水平以及艺术表现力都有了很大的提升。活动中，注重环境育人的观念，通过艺术大师作品的新生，提升幼儿的审美情趣，引导幼儿创设出丰富多彩、互动性强的班级游戏情境，让班级变成了一个大大的格子游戏馆，让幼儿在创造性游戏中潜移默化地获得发展。该项目主题在实施过程中，涉及的领域偏艺术领域，整合性还稍微欠缺，需要在今后的活动中优化提升。

（作者：孔楠楠 陈馨　单位：厦门市海沧区新阳幼儿园　指导教师：谢颖苹）

十一、挑战 1 分钟

设计意图

我们对幼儿的一日生活进行了观察和分析，不少幼儿做事磨磨蹭蹭，家长也经常向老师反映幼儿在家做事特别慢，尤其是早上起床让家长很头痛，所以班内 30% 的幼儿早上都不能参与到幼儿园的晨间活动中去。大班幼儿即将升入小学，幼儿没有时间观念的现状急需改变，所以设计了本次活动。

活动目标

1. 体验用 1 分钟的时间做事情，感知专注做事的重要性。
2. 学习珍惜时间、做事不拖拉。
3. 懂得参与各项活动都要抓紧时间、珍惜时间，为入小学作准备。

基本结构

1. 感知 1 分钟。
2. 挑战 1 分钟。
3. 珍惜 1 分钟。

整合准备

表 7-11-1 《挑战 1 分钟》教育领域整合与支持准备一览表

活动名称	领域类别	活动准备
夹豆子	综合活动	幼儿操作材料：筷子 16 双、豆子 4 盘、托盘 16 个
金鸡独立	健康、艺术	1 分钟计时器
认识钟表	科学、语言	大钟表、奖品

续表

活动名称	领域类别	活动准备
1 分钟做事	游戏	1 分钟计时器、磁铁钓鱼玩具、跳绳套圈等
活动：地震演练、海啸、飓风、火灾现场视频	社会、游戏	挑战 1 分钟视频
穿衣服、背书包	社会、游戏	幼儿园服、书包
珍惜 1 分钟	语言、社会	音乐

活动过程

1. 夹豆子游戏，体验 1 分钟的长短，感知专注做事的重要性

师：小朋友们，有谁知道 1 分钟有多长？

幼：很短、不知道、很长。

师：我们 1 分钟能做些什么呢？你们想不想动手试试？今天我们一起来做个“夹豆子的游戏”，请大家在 1 分钟的时间里用筷子把豆子夹在自己的小盘里。

好！下面开始……

幼儿活动。

师：时间到，现在请小朋友们数一数你一共夹了多少颗豆子？

幼儿自由数豆子。

师：小朋友们真能干！大家有的夹得多，有的夹得少。接下来我们再玩一次夹豆子的游戏！看谁在 1 分钟的时间里夹的豆子最多！获胜的小朋友将会得到一份奖品！

准备好了吗？好！开始！（课件：1 分钟倒计时）

师：时间到！请小朋友们来数一数这次你夹了多少颗豆子？

幼儿数豆子。

师幼交流两次夹豆子的数量，比较出在相同的时间内，专注做游戏时夹的豆子多。

师：原来 1 分钟很短，但我们加快速度也能做许多事情。在同样的 1 分钟里，我们做同样的事情，专注做事情会做得更好！

2. 感知 1 分钟：游戏——金鸡独立

师：小朋友们你们觉得 1 分钟的时间是长还是短？

幼：短。

师：下面我们再用 1 分钟的时间，来做个游戏好不好？

幼：好。

师：让我们一起来做一做“金鸡独立”，请小朋友们把一条腿抬起来，抬头挺胸，手臂伸直，看谁能坚持 1 分钟！

准备好了吗？好！开始！(课件：1分钟倒计时)

师：小朋友们，我们游戏的时间只有1分钟，是谁告诉我们时间，让我们知道在什么时间该做什么事情，也让我们知道做一件事情需要多长时间？

幼：钟表。

3. 认识钟表，出示课件钟表

师：小朋友们观察这个钟面，看一看你们有什么发现呢？

幼儿说自己观察到的：

形状是圆形的，有12个数字，有3根针，又短又粗是时针，又细又长是秒针，秒针走一圈就表示过了1分钟。还有1根是分针。

4. 1分钟内小朋友们想做的事

师：接下来我们再来做一个“和时间赛跑”的游戏。老师给你们1分钟的时间，在这1分钟里，你们可以自由选择做什么事，时间到了就停下，我们来比一比看看谁做的事情多。

幼儿游戏，教师计时。幼儿们纷纷离开座位，有的去拿纸，有的去拿积木，还有……

幼儿交流自己在1分钟时间里做的事情：

我觉得1分钟实在太短了，什么事都没做时间就过去了；

我在1分钟里画了一个圈；

我在1分钟里搭了一个积木。

5. 珍惜1分钟，播放课件1分钟内地震、海啸、飓风、失火

师：小朋友都说1分钟太短，有些人们却在这1分钟里做了许多有意义的事情。(播放课件)

6. 地震演练

师：如果真的发生了地震，在1分钟时间里我们可以做什么呢？现在我们就来进行一次模拟地震演练，怎么样？

幼：好。

师：地面出现剧烈的震动，我们躲在哪里安全些？

请个别幼儿说。

师：如果在这个教室里发生地震，该怎么办？请小朋友找个地方躲起来，看看谁找的地方最安全，保持的姿势最正确。

师：我们什么时候往外跑？逃跑时应该注意什么？

幼：有秩序，沿墙角跑，保护头部。

师：可以用什么来护住我们的头？

幼：小朋友可抱住头躲到桌子下面，把书包顶在头上。

老师敲铃发出警告，演习开始。

师：小朋友们在演练游戏中不慌张，不推不挤，要互相关心，帮助同伴。

幼儿躲避地震。

师：地震停止，小朋友要立即跑到外面空旷的地方(远离建筑物、大树等)，并抱着头蹲下，不要到处乱跑，避免余震造成再次伤害。灾难中，逃命最重要，不要想着带走自己喜欢的东西，不要浪费 1 秒钟的时间。

7. 穿衣服、背书包游戏活动

师：过段时间我们就要从幼儿园毕业，成为一名小学生了，请小朋友们自己穿好衣服，背好书包，看谁用的时间最少！(播放音乐)

1. 幼儿对照说说自己花费的时间。
2. 谁花的时间最长？谁花的时间最短？
3. 为什么大家都做了两件事，但花费的时间会相差那么大呢？
4. 做同样的事情时间花得多结果会怎样？时间花得少结果又会怎样？

8. 结束活动

师：其实时间是很宝贵的，这 1 分钟过去了，就再也不会回来了，所以我们要珍惜每 1 分钟的时间，不要让它白白地浪费，让自己学习好、生活好，精彩度过每 1 分、每一天。

反思评价

本次主题活动根据本班的年龄特点及兴趣爱好，以幼儿感兴趣的竞赛活动贯穿整体过程，让幼儿充分感受 1 分钟的时间概念，让幼儿学会快速做好很多日常生活中的小细节。但是，本次活动中幼儿在游戏规则的遵守方面还有欠缺，对合作游戏的技能技巧的掌握不够完善，在谈话环节容易注意力不集中，有待今后引导改进。

(作者：李金风　单位：山东省肥城市边院镇中心幼儿园)

十二、奇妙的声音

设计意图

声音无处不在，与生活息息相关，是幼儿所熟知的。但幼儿对声音还存在很多疑问，如何使幼儿进一步感受、探索、制造声音，让幼儿知道声音是由物体的振动所产生的，声音又分乐音和噪音，是本次主题活动的宗旨。为了满足幼儿更大的探索欲望，设计了“奇妙声音”这一主题，创设了以声音为主题脉络的学习情境，在这个特定的情景中，幼儿感知声音在哪里？听一听，大自然发出的各种声音，流水的声音，妈妈做菜时锅碗瓢盆碰撞的声音……在听一听，找一找中，发现听觉通道会给自己带来那么多的享受；声音不但可以感知，还可以去创造。于是，在有趣的游戏中，引领幼儿汲取有关声音的科学知识，生成积极自觉的社会性行为，提高美的享受，让幼儿了解发出声音的乐器，萌发对乐器的兴趣，进而激发幼儿探索自然奥妙的兴趣，培养幼儿发现问题、解决问题的能力。

活动目标

1. 通过好听的声音，培养幼儿的审美情感。

2. 教幼儿体验分辨不同物体的声音，发展幼儿分辨能力，培养幼儿的艺术表现力。

3. 知道声音的由来，用多种方法制作各种动听的声音，培养幼儿对声音的敏感性。

4. 通过唱歌、打击乐等培养幼儿愉快情绪，进一步培养幼儿的演唱能力及节奏感。

5. 萌发幼儿的环保意识，维护集体和社会的公共利益，激发幼儿参与活动的兴趣，鼓励幼儿在集体面前大胆地表现自己，增强自信心，激发探究欲望。

基本结构

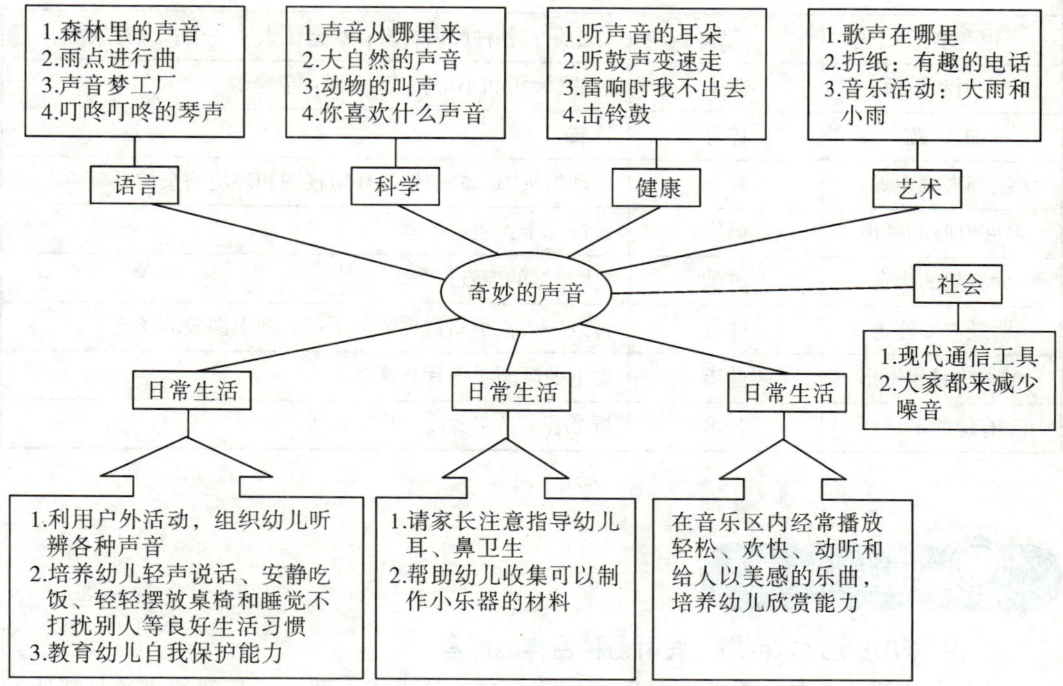

图 7-12-1 《奇妙的声音》主题活动基本结构设计示意图

整合准备

表 7-12-1 《奇妙的声音》教育领域整合与支持准备一览表

活动名称	领域类别	活动准备
森林里的声音	语言	森林里各种动物的声音
雨点进行曲	语言	水彩笔；铅笔；油画棒；水彩；标签；毛笔；彩纸；剪刀；胶水
动物的叫声	科学	各种动物的叫声音频
现代通信工具	社会	手机、电脑、传真等通信工具图片
声音从哪里来	科学	能够产生声音的物体，如：鼓、铃铛等每人一个；各种声音的光盘

续表

活动名称	领域类别	活动准备
听声音的耳朵	健康	铃鼓；耳朵结构图片；能发出声响的材料
歌声在哪里	艺术	歌曲音频；小乐器幼儿每人一个
声音梦工厂	艺术	打击乐；各种废旧材料；小篮子人手一个；大背景图
大雨和小雨	艺术	歌曲《大雨和小雨》；小乐器；节奏卡
击铃鼓	体育	铃鼓
大家都来减少噪音	社会	小动物头饰；静悄悄的环境视频和环境嘈杂的视频
叮咚叮咚的琴声	语言	头饰若干；演示玩具
大自然的声音	科学	《大自然的声音》画面
听鼓声变速走	体育	铃鼓一个；小动物头饰若干；大圆圈围成的场地
雷声响时我不出	健康	雷电的画面、图片、视频
有趣的电话	艺术	折纸若干；步骤图

活动过程

1. 组织幼儿亲近大自然，聆听各种各样的声音

让幼儿走进大自然，聆听、辨别、感受大自然的声音，并根据听到的声音判断所发生的事情，想象出发出不同声音的动物形象，激发幼儿对大自然的兴趣和好奇心。

2. 组织幼儿自由探索，开启最有趣的发现

“声音是从哪里发出来的?”“为什么会有声音?”“你喜欢什么声音?”“听到刺耳的声音怎么办?”“耳朵是如何听声音的?”在活动的过程中幼儿们总会发出各种疑问，而这些问题的答案都藏在多种多样的声音游戏里，通过自由的探索，幼儿收获的不仅是答案更有探索的乐趣。

3. 组织幼儿进行声音游戏，收获最快乐的学习

幼儿听鼓声变速走，聆听打击乐带来的美妙音乐，用耳朵分辨哪是优美的声音，哪是噪音，用完整的语言讲述听到的声音，拿画笔表现自己对声音的感受，在有趣游戏中发现了许多声音的秘密，产生了《奇妙的声音》探索操作区。“大雨和小雨”、“雨点进行曲”、“声音梦工厂”……探索区里的游戏都是幼儿最喜欢的，因为只有在操作中幼儿才会感受游戏探索的真实和快乐。

反思评价

本次主题活动围绕声音展开各种活动，尤其以游戏探索形式，让幼儿在各种熟悉的

生活经验中，体验、感知不同的声音，满足幼儿喜欢模仿声音的兴趣，体验、辨别声音的不同意义。特别是创设了以声音为主题脉络的学习情景，在听一听、找一找中，幼儿会发现声音不但能感知，还可以自己去创造，在想一想、听一听的过程中学习辨别声音的差异。通过有趣的声音游戏，引发幼儿关注周围人与事物的兴趣，初步培养幼儿良好的倾听习惯，使幼儿的情感、技能、知识等方面均获得发展，体验到成功的喜悦，从而进一步激发幼儿的学习兴趣、树立自信心。

（作者：施桂香　王康　单位：山东省泰安市实验学校）

十三、影　子

设计意图

幼儿的科学教育是科学启蒙教育，重在激发幼儿的认识兴趣和探究欲望，科学教育应密切联系幼儿的实际生活进行，利用身边的事物与现象作为科学探索的对象。影子是幼儿日常生活中最常见的现象，越是熟悉的事物越容易让人忽略。因此，本次活动选用影子这一话题，通过让幼儿去找影子、抓影子的游戏去亲身实践、感知和探索，并通过为幼儿提供相关操作材料以供幼儿自主探究的形式来进一步认识到影子这一现象背后的科学探究乐趣，从而激发幼儿对科学现象的探究兴趣。

活动目标

1. 知道光、物体、影子三者之间的关系。
2. 能够通过自己动手操作了解到影子大小的变化和光源角度、距离等之间的关系。
3. 体验在游戏活动中探究影子秘密的乐趣。

基本结构

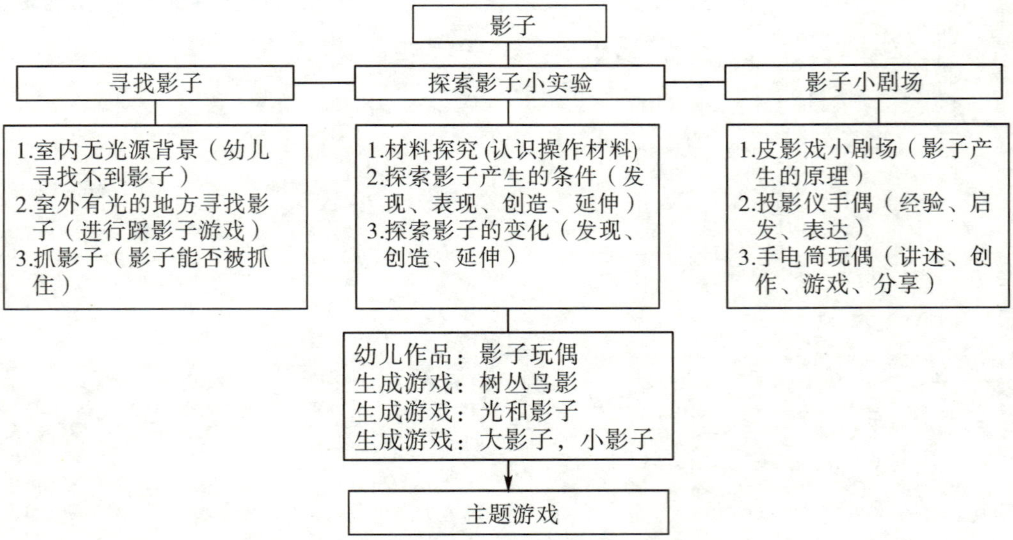

图 7-13-1　《影子》主题活动基本结构设计示意图

整合准备

表 7-13-1 《影子》教育领域整合与支持准备一览表

活动名称	领域类别	活动准备
影子在哪里	综合活动	室内场景：无灯光
找影子、踩影子、抓影子	健康、游戏	有灯光的地方、室外阳光下
影子是什么	语言	影子 PPT 图片
皮影戏	语言、科学	皮影、灯光、幕布
投影仪	语言、科学	白布、投影仪、手影
手电筒	语言、科学	手电筒、玩偶、幕布
皮影戏剧场	艺术、游戏	皮影、灯光、幕布
投影仪手偶	艺术、游戏	白布、投影仪、手影
手电筒玩偶	艺术、游戏	手电筒、玩偶、幕布
主题游戏活动	游戏活动	月光、日光、灯光等光源

活动过程

1. 通过问题，借助游戏，激发幼儿探究影子的兴趣

“××，请你找一下自己的影子”、“为什么找不到，在哪里可以找到自己的影子”、“那我们一起去找，找到之后，请抓住你们的影子给我”、“我们能够看得见影子，为什么抓不着影子”，通过这些问题，让幼儿在玩一玩、乐一乐的实践当中去寻找答案，影子找到了却抓不到，这是幼儿最想知道的答案，那“到底什么是影子呢”、“我为什么抓不住它呢”，这是幼儿这时最想知道的答案，从而也就激发了幼儿进一步探索的欲望。

2. 通过操作材料，主动探究这一科学现象

对影子产生了好奇与疑问，在这一环节，我为幼儿提供了利用影子原理产生的皮影戏剧场、投影仪手偶、手电筒玩偶等基础可操作的材料，让幼儿自己去玩、去操作、去实践、去探究，从自己的实践认知中来了解影子这一个科学现象是怎样产生的、它有怎样的变化、生活中还有什么样的现象是从这一原理当中获得的。

3. 通过游戏表演活动，开启幼儿探究之旅

“你发现了影子的什么秘密”、“你们刚才都做了什么样的表演”、“还有什么样的表演形式”，认识到影子这一科学现象，通过幼儿的表演活动让幼儿进一步对影子有一个认知的过程。幼儿以小组为单位，进行相关游戏活动的表演工作，将自己探索的成果展

示给其他小朋友们看，力求做到幼儿真正体验科学探究与社会生活实践的结合。

反思评价

本次主题活动选用幼儿日常生活中最为熟悉的事物现象——影子，通过课程开始时候的抓影子游戏，初步激发了幼儿的兴趣——“影子怎么可以捉得住的”，继而引发了幼儿一系列的问题“影子为什么抓不住呢”、“它是由什么做成的”、“为什么有光的地方才会有影子”、“影子和光之间又有什么关系呢”。带着对问题的疑问，带领幼儿们通过一系列亲身实践的实验活动让幼儿渐渐明白了影子为什么抓不住以及影子与光之间的关系等，较好地培养了幼儿的探究意识。

（作者：程晴晴　单位：西安沣东第二幼儿园）

十四、鸟类王国

设计意图

为了让幼儿能够爱护鸟类并了解其习性，拟通过项目化学习的方式，组织开展这一主题活动。

活动目标

1. 喜欢小鸟，有观察鸟的兴趣，能自主探究关于鸟类的各种知识，比较不同鸟的形态和习性等特征。

2. 尝试使用不同的工具及材料大胆表达表现自己喜欢的鸟朋友，乐于和同伴分享自己的成果。

3. 进一步萌发喜爱鸟类的情感，了解鸟与人类的关系，知道鸟是人类的朋友。

基本结构

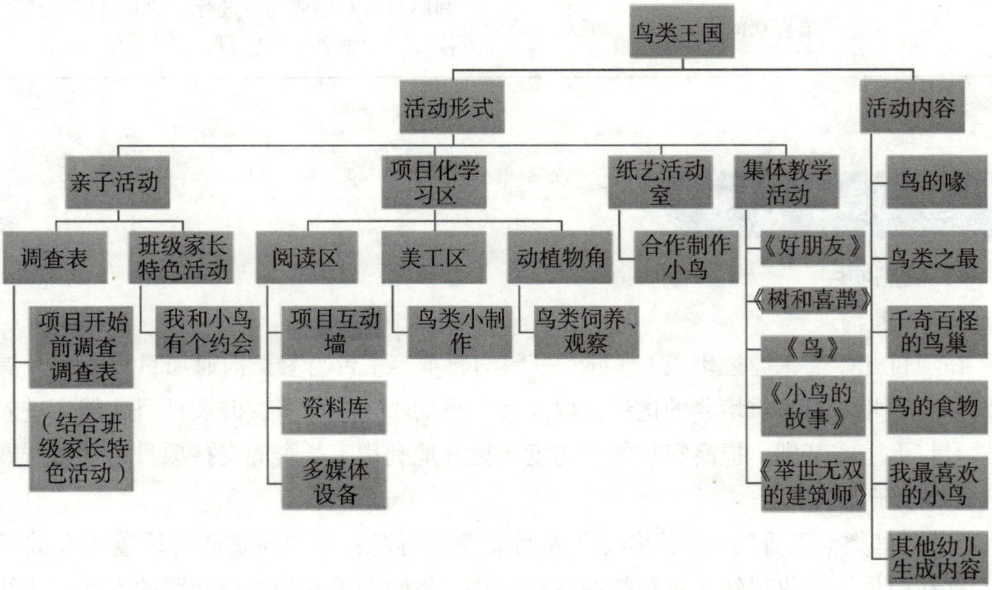

图 7-19-1 《鸟类王国》主题活动基本结构设计示意图

整合准备

表 7-14-1 《鸟类王国》教育领域整合与支持准备一览表

活动类别	活动名称	领域类别	活动准备
亲子活动	鸟类大调查	综合	设计调查表
	我和小鸟有个约会（含参观调查表）	综合	提前设计、发放活动中需要使用的鸟类参观调查表
集体活动	好朋友	科学	PPT
	树和喜鹊	美术、语言	散文诗；美术工具
	鸟	美术	报纸；大底板
	小鸟的故事	美术	PPT；美术工具
	举世无双的建筑师	语言	配套阅读书
区域活动	鸟类小制作	美术	综合材料；美工用具；工具书
	泥工小鸟制作	美术	超轻黏土；装饰材料；工具书
	鸟类王国	语言、科学	鸟类相关书籍；音视频资料； iPad；录音笔；记录用纸笔；项目互动墙
	饲养小鸟	综合	布置饲养区；提供喂养工具和观察记录本；提供展示记录的版面
	我最喜欢的小鸟	美术、社会	利用美术专用活动室进行，幼儿自主选择合作伙伴，并完成制作计划

活动过程

1. 预热项目

(1)家园沟通

在项目开始前，通过班级 QQ 群、家园沟通本等平台与家长沟通项目化学习开展的方式，对幼儿学习品质培养的优势，以及在大班幼小衔接阶段，开展项目化能为进入小学学习打下坚实基础。提高家长的参与度，更好地利用家长资源支持项目化学习开展。

(2)亲子调查

发放“鸟类大调查”，亲子共同完成调查表。调查表中的问题适宜设置为开放式提问，旨在项目初期收集幼儿对鸟类的各种问题，鼓励亲子共同寻找问题的答案，让幼儿初步积累探索问题、解决问题的方法，并尝试记录。

(3)分享交流

充分利用收集到的调查表，利用空余时间，请幼儿分享鸟类调查表。将调查表整理成册，放置在阅读区内供幼儿查看、讨论、继续交流分享。

2. 环境创设

(1)资料收集

对要开展“鸟类王国”的项目，幼儿都很兴奋，有的带来了小鸟的仿真摆件，布置教室；有的买来鸟类的科普书籍；有的对鸟巢产生兴趣……最轰动的莫过于几个幼儿不约而同地带来了真的小鸟。一开始还担心幼儿可能无法胜任照顾小鸟，但是看着他们热情地围住小鸟，好奇地打量着小鸟，转念一想：再好的教科书也比不过大自然，饲养小鸟不正是幼儿了解它们的最好窗口之一吗？于是班级里有了独一无二的“活体资料库”。

随着多媒体设备中的资料存入，“鸟类王国”项目的资料收集日渐丰富，为幼儿的探究学习提供了坚实保障。

(2)项目互动墙

将“鸟类王国”项目化学习与个别化相结合，布置在阅读区内，并提供了项目互动墙。墙面上将幼儿项目初期调查表中零散的问题进行梳理，选择有代表性的布置在墙面上，呈现项目开展初期的互动内容，让幼儿来到该区域就仿佛置身于鸟类王国中。墙面同时有留白区，可供幼儿继续探索、发现、补充、互动交流。

在动植物角中布置饲养小鸟的观察记录版块，鼓励幼儿把饲养小鸟中的问题、观察、发现记录下来。引发幼儿对问题的思考，从而促进幼儿进一步寻找答案，动手实践、验证想法，形成良性循环。

3. 探索发现

(1)自主探索，鼓励发现

在项目化学习区，幼儿查阅鸟类资料，记录自己感兴趣的内容，有的通过发现问题，到资料库中寻找答案，或是请其他幼儿、老师帮忙解答。不过初期，也发现有幼儿拿起鸟类的书籍翻阅后，不知道下一步该做什么。教师要及时观察，跟进指导。首先，引导幼儿从自己感兴趣的话题入手，比如：可以查阅“鸟类之最”，什么鸟最凶猛，什么鸟最小，什么鸟羽毛最多……带着问题的探究使得幼儿的阅读和记录有了目的性，在一个又一个意想不到的答案面前，他们逐步学会了探索和记录的方法，也增进了进一步探索的欲望。

(2)集体学习推动，逐步引导探索、记录方法

除了放手让幼儿自主探索，还可以通过主题内和鸟类有关的集体活动，不断推进项目的开展，并注重多领域均衡发展。

随着集体活动后的推进和探究的逐步深入，幼儿的思考也多了起来，鸟儿平时住在哪里呢？都住在鸟巢里面吗？鸟儿平时吃什么，粮食、虫子？引导幼儿记录自己的问题和思考，逐步养成记录的好习惯。在将幼儿问题呈现在互动墙上时，要进行解读、标注，这样能更好地为记录进行分类。更为重要的是不光记录者本人能看懂，其他幼儿也

能看懂，即使偶尔看不懂也能请老师或他人帮忙释疑。多媒体工具——录音笔也是很好的幼儿记录工具，幼儿用录音笔录上音频内容，再把记录贴上录音标签，通过点击录音标签就能立即听到记录者本人的“现身说法”，互动墙的互动性更加显著。

(3)阶段梳理，共同制定下阶段探究内容

通过梳理发现幼儿对鸟类的探索点集中在鸟类的喙、鸟类的骨骼、鸟巢、鸟类的食物、鸟类的羽毛等几个方面。于是，利用午后的阳光活动时间，在班级中请幼儿票选出最想探究的几个问题，再根据难易程度逐个击破。

阶段梳理，让探究有了下一步的方向，互动墙上的内容也在不断丰富。为了将幼儿的探究记录更加有逻辑地呈现，采用了思维导图的方式进行展示。这样不仅一目了然，也吸引了更多的幼儿参与到探究中来，更吸引了很多好奇的家长。他们驻足观看幼儿的记录，为小小的年纪就萌发出的好奇探究精神折服，也更加配合项目的开展。

(4)拥抱自然，亲子互动

随着项目的不断进行，幼儿已经不再满足于在书本上、平板电脑里看看自己喜欢的鸟朋友。为了满足幼儿的心愿，帮助他们获得更多与鸟类相关的经验与体验，班级开展了双休日家长特色活动。家长与孩子实地去动物园对鸟儿进行观察，完成亲子调查表的记录。活动中，走出教室的幼儿到大自然中去观察小鸟，他们更加兴趣高涨，家长也觉得和幼儿之间的亲子互动更加融洽了。活动结束后，在班级内分享调查表，将调查表装订成鸟儿观察手册，投放到区域内，进一步丰富鸟类资料。

4. 表达表现

(1)制作小鸟，扮美教室

积累了很多关于鸟类的知识后，幼儿开始寻求输出的突破口。在个别化学习活动中他们来到美工区，使用纸杯、纸盒、报纸、纸黏土等制作自己喜欢的鸟儿。有的幼儿自发产生了合作行为，他们在制作时会根据自己的想法选用不同的材料，为此在美工区旁边可以增设百宝箱，鼓励幼儿使用废旧材料，提倡环保概念。

一件又一件丰富多彩的鸟类小制作诞生了，幼儿用他们装扮美工区和教室的其他角落，驻足欣赏、评论。甚至有幼儿的作品不断丰富、修改、添加，做了整整一周，让大家看到了幼儿在过程中不断成长的兴趣、坚持、专注、细致等优秀的学习品质。

(2)合作制作，体验成功

在项目后阶段开展鸟类为主题的集体创作活动，幼儿自主选择同伴进行合作。在合作前，他们制定合作计划，撰写计划书，记录分工情况。有了在个别化学习中查阅资料的经验，幼儿自发在工具书中寻找灵感，在多媒体设备中观看欣赏图片，有的则干脆把教室里的鸟类资料带到了创意活动室。在制作中幼儿互相合作，遇到问题不再是老师第一，自己尝试，生生互助，突破困难，完成作品。在交流分享每个小组的鸟类作品时，幼儿大胆表达，成功的自豪和幸福在一张张稚嫩的小脸上展露无疑。

反思评价

本次主题活动选材来自幼儿热点话题，贴近生活，便于幼儿收集资料，亲身观察。与大班“动物大世界”主题相融合，通过项目实施过程中的资料收集、信息整理、记录表达、环境布置、鸟类喂养、实地参观、小制作、小组合作等，从各个方面锻炼着大班幼儿多维度的能力，促进了幼儿学习品质的提升。与此同时，家园之间的结合更加紧密，愿意主动参与到幼儿的学习当中来，更好地促进了幼小衔接工作的开展。

(作者：梁莉　单位：上海市嘉定区嘉秀幼儿园)

十五、救救小鱼

设计意图

延庆区第一幼儿园地处妫水之滨，紧邻夏都公园，在公园里有一个莲花湖。幼儿们在一次新闻播报时听说湖里小鱼死了，为了引导幼儿关注周围生活，激发良好情感，养成良好习惯，因此，本次活动生成探秘“小鱼之死”的活动。

活动目标

1. 感知环境与小鱼生存之间的关系，懂得关爱小鱼。
2. 能够结合小鱼为什么会死的问题积极猜想，尝试探究问题。
3. 能够针对小鱼死亡的疑问主动提问，解决自己的疑虑。
4. 学习运用多种形式宣传保护小鱼的方法，感受解决问题的快乐。

基本结构

救救小鱼

莲花湖的小鱼死了	我要去调查	小鱼为什么会死	齐心协力救小鱼
1.播报小鱼之死的新闻 2.猜想小鱼为什么会死 3.激发幼儿探究小鱼死亡的原因的愿望	1.了解调查方法 2.确定调查地点 3.按自己的兴趣确定调查小组 4.制定调查小鱼的计划	1.幼儿分成小组拿着调查表去调查 2.把调查的信息记录到调查表中 3.幼儿把小组调查的内容做成展板 4.集体交流分享调查信息，明确小鱼死亡原因	1.回顾小鱼死亡原因 2.分组制定救小鱼的计划 3.交流计划，并结合计划进行准备 4.分组落实计划，大家一起救小鱼

幼儿作品：小鱼为什么会死猜想图册
幼儿作品：小鱼为什么会死原因展板
幼儿作品：童话剧“保护莲花湖”“莲花湖中之怪”“快乐的小鱼”
幼儿作品：保护小鱼宣传海报
幼儿作品：保护小鱼宣传牌

→ “救救小鱼”社区宣传展演

图 7-14-1 《救救小鱼》主题活动基本结构设计示意图

整合准备

表 7-14-1 《救救小鱼》教育领域整合与支持准备一览表

活动名称	领域类别	活动准备
莲花湖的小鱼死了	科学、语言、社会	一张《延庆报》、记录猜想小鱼死亡原因的工具材料
我要去调查	社会、科学、艺术	猜想小鱼死亡原因的展板、分组标志牌四个、计划表四份、笔若干
小鱼为什么会死	健康、科学、社会、语言	提前与调查人员进行沟通联系、确定场地及调查人员做好相应准备、调查表、展板及做展板的工具
齐心协力救小鱼	健康、语言、社会、科学、艺术	每组结合自己小组的计划做好相应的准备，如，剧本、道具、信封、信纸、邮票、标识牌、鱼食，以及制作等材料

活动过程

1. 莲花湖的小鱼死了，猜想小鱼死亡的原因

“嘀嘀嗒、嘀嘀嗒，小喇叭就要广播啦，嘀嘀嗒、嘀嘀嗒，快请大家注意啦!”伴随着班中小喇叭广播的儿歌声，小朋友开始了今天的新闻播报。朵朵首先拿起了自己收集的报纸站到广播站里开始广播。

朵朵大声地说：“大家好，今天我是小小广播员，我昨天晚上在《延庆报》上看到了一条新闻，说莲花湖公园里有许多的鱼都死了，引来了许多人在观看死鱼，你们看这上边还有照片呢？大家都不知道为什么一下子有这么多的鱼会死，你们知道吗?”朵朵一问，幼儿们便七嘴八舌地说开了：“水里有毒”“钓鱼钓死的”……教师随即引导：“你们猜想了这么多的原因，快把这些原因布置到环境中，我们按照猜想的原因进行调查好吗?”于是，幼儿们争先恐后地在纸上记录出自己的想法，并且把所有小朋友的猜想进行了归类，布置到环境中。原因有七大类：有“水中有毒把小鱼毒死的”；有“人为伤害把小鱼害死的”……那么小鱼到底是怎么死的呢？幼儿们期待得到小鱼死亡的真正原因。

2. 我要去调查，确定调查小组和调查地点

教师提问：“幼儿们，你们说我们到哪里调查就能知道小鱼死亡的真正原因?”幼儿们说“问问爸爸妈妈”“问问爷爷奶奶”。教师：“问家长可以了解原因，再来看看我们猜

想的原因，你们说水中有毒，哪里管公园里的水？”玲玲说：“在公园边上有个污水处理厂，那里边就管水，我爸爸告诉我的。”教师说：“那想调查水的小朋友可以到污水处理厂去调查。”随即老师在白板上绘画出第一个调查地点“污水处理厂”。然后接着问：“我们想了解小鱼是不是病死的，或者小鱼是不是被人打死的，需要到哪里去调查？”有了第一次的引导，幼儿们回答得更有目的性了，幼儿们说：“要想调查小鱼是不是被人打死的，需要到湖边去看一看，是不是有人打小鱼。”“要想知道小鱼是不是生病了，应该找鱼大夫，给鱼治病的大夫。”那谁是鱼大夫呢？这成为了幼儿们的难题。“养鱼的人肯定知道小鱼是不是生病了。”轩轩的一句话提醒了大家，于是离幼儿园不远的鱼池，便成为了幼儿要调查的地点之一。伴随着幼儿的交流，最终确定了调查的地点，分别为：污水处理厂、小河边、鱼池、莲花湖公园。因为幼儿关注点不同，所以我们请小朋友自己选择调查的地点，自然地分成了四个小组，并制定调查的表格。

3. 小鱼为什么会死，了解小鱼死亡的真正原因

第一组小朋友在教师的带领下，一起走进了莲花湖公园旁边的污水处理厂，探究污水处理厂的秘密。幼儿们向叔叔提出自己困惑的问题：“叔叔这里边的水怎么了？像锅里的水开了一样”“这是哪儿的污水呀”“水处理完了是不是就干净了”“污水厂处理过的水小鱼能喝吗”。通过叔叔的回答，幼儿们了解了小鱼死亡的原因，原来是因为喝了有毒的污水造成的死亡。

第二组小朋友在教师和家长的带领下，一起探秘公园里的鱼。大家边走边看周边的死鱼，有许多的死鱼都在湖面上漂来漂去，为了能够真正了解鱼死亡的原因，幼儿们请公园的工作人员运用“抄子”把死鱼捞上来，通过看一看、闻一闻的方式，知道了小鱼是因为水太脏，缺氧死的。

第三组小朋友和教师一起走进不远处的鱼池，到鱼池去探秘。通过工作人员的讲解，以及观察钓鱼人的行为，发现钓鱼也是造成小鱼死亡的原因。

第四组小朋友来到小河边即时采访，了解小鱼死亡的原因。通过与行人互动问答，发现向河里排放污水是造成小鱼死亡的原因。

通过四个小组到不同地点进行调查，了解了多种造成小鱼死亡的原因，并且邀请家长来到幼儿园与小朋友一起制作了“小鱼死亡原因”展板，互相交流调查结果，为后期救救小鱼的行动奠定基础。

4. 齐心协力救小鱼，呼吁社会一起保护小鱼

“齐心协力救小鱼”活动主要是结合小鱼死亡的原因，确定救小鱼的方法，并且采取行动落实，达到保护小鱼的作用。

首先结合小鱼死亡的多种原因，共同制定救救小鱼的方法。幼儿讨论的时候教师及时在白板上记录了保护小鱼的方法。最后和小朋友一起进行了统计，共有七种方法。幼儿们结合自己的兴趣选择了自己要做的事情，并且为小组起了名字。

每个小组的名字各不相同，分别是“巧嘴巴劝劝组”、“标识牌制作组”、“童话剧表演组”、“海报宣传组”、“送你一封信组”、“湖边巡逻组”、“我和小鱼交朋友组”，大

家结合自己小组的需要开始了准备。

每个小组结合自己组的任务制定计划，并且实施计划。“巧嘴巴劝劝组”把小鱼之死的照片贴到了画册中，带着画册走进了离莲花湖不远的“达林饭店”，宣传不能往河里排放污水。“标识牌制作组”选择了制作标识牌的方法救小鱼，幼儿们绘画标识牌的图案，家长帮助做牌子，一起把标识牌立到小河旁边。“海报宣传组”为了让周围的人们都能了解救救小鱼的活动，他们采用了绘画、粘贴、剪纸的方式制作海报，贴到了社区宣传栏之中。“送你一封信组”把保护小鱼的想法用图示的方法表现在信纸上，最后请家长运用文字进行记录。写完信后把信邮到了延庆报社。不久，在《延庆报》上就刊登了幼儿们写的信，呼吁全区的人们都来保护小鱼，还小鱼一个洁净的家。湖边巡逻组的小朋友在老师和家长的带领下，走进莲花湖公园，发现湖边有垃圾的时候，就捡起来扔到垃圾桶，有人往湖里乱扔东西就阻止等，他们成了环保小卫士。“我和小鱼交朋友组”家园共同准备了小鱼最爱吃的食物，一起走进了莲花湖公园喂小鱼，幼儿们和小鱼成为了真正的朋友。童话剧表演组经过两个星期的准备，幼儿、家长、教师共同创编了“保护莲花湖”、“莲花湖中之怪”、“快乐的小鱼”等童话剧，在社区里进行了表演。表演同时，其他组幼儿都参加了活动，采用不同的方式向周围人宣传救救小鱼的方法，让每一个人都做一个文明环保的延庆人。

反思评价

本次主题活动抓住了幼儿身边偶发事件的教育价值，鼓励幼儿大胆猜想，提供调查机会与条件，通过自己亲自观察、询问、探究获得答案，找到原因，确定解决问题的办法，并通过家园共同筹划、准备，有目的有计划地开展救救小鱼的活动。幼儿利用多种方式救小鱼，达到保护环境的目的，尤其活动过程中采用了活动化的共同学习的方式推进活动，充分利用同伴资源和家长资源以及社会资源支持幼儿探究活动，整个活动突出了大班幼儿的自主性和主动性，有效地支持幼儿把想法和愿望落实到行动中，在多种体验中获得丰富的经验，满足了幼儿的探究愿望，获得积极情感的萌发，体现了教育的生命价值。

（作者：解春荣　单位：北京市延庆区第一幼儿园）

十六、换牙的秘密

设计意图

大班幼儿正处在换牙的阶段，跟牙齿有关的话题就成了他们谈论的热点，如牙齿的名称、牙齿的替换、为什么要换牙等，一个个跟换牙有关的活动就应运而生了。“生活即教育”，根据幼儿的兴趣点和换牙经历，结合五大领域的知识和相关绘本，开展“换牙的秘密”这一系列主题活动，并创设相应的环境，让幼儿有可操作的材料，将换牙的生活经验迁移到绘本经验，通过体验、交流及探究，用复述、绘画、歌唱等多种形式向幼儿们传递一个信息：换牙是每个幼儿成长过程中一件很正常很重要的事情，让换牙成为幼儿成长过程中的一段美好经历。

活动目标

1. 初步了解牙齿的相关知识，知道保护牙齿的方法。
2. 知道蛀牙或者牙齿出现问题应该及时到医院咨询、检查。
3. 愿意用绘画、复述、歌唱等形式，与同伴交流自己的换牙经历和感受。
4. 知道换牙是一种正常的生理现象，能欣然接受换牙。

基本结构

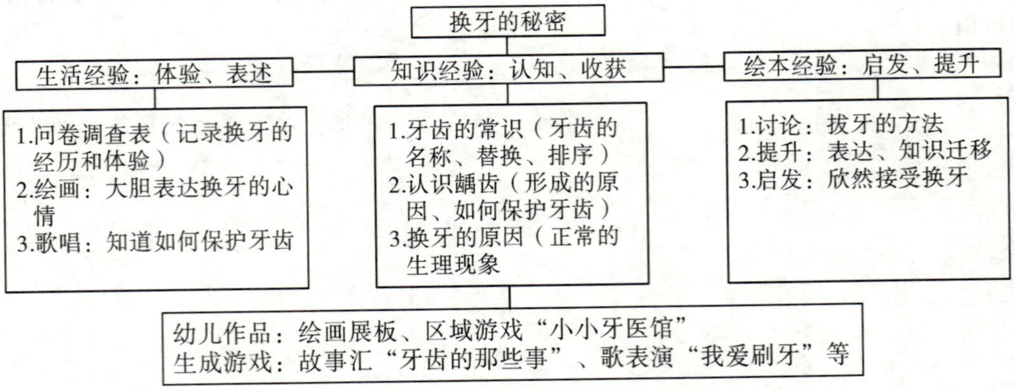

图 7-21-1 《换牙的秘密》主题活动基本结构设计示意图

整合准备

表 7-21-1 《换牙的秘密》教育领域整合与支持准备一览表

活动名称	领域类别	活动准备
认识牙齿	科学、健康	牙齿模型、牙齿排序图、牙医工具、牙医馆场景布置等
我的拔牙经历	健康、语言	问卷调查表、展板
我的拔牙体验/我的牙齿	艺术、科学	各类美术工具
刷牙歌	艺术、健康	挂图、音乐播放器
波比拔牙	艺术、语言	音乐播放器、舞蹈道具、小舞台
换牙了	综合活动	经验准备、知识准备
牙齿大街的新鲜事	语言、健康	绘本、知识经验
一颗超级顽固的牙	语言	绘本
我的牙掉了	语言、社会	绘本、知识经验
牙齿牙齿扔屋顶	语言、社会	绘本、知识准备

活动过程

1. 激发幼儿兴趣，了解幼儿换牙经验

大班幼儿正在亲身经历换牙的生理阶段，他们对换牙的心态各不相同。大部分幼儿面对换牙时，都有恐惧害怕的心理。谁的牙齿疼了，谁的牙齿松了都要互相分享，互相安慰，个别幼儿牙齿还纹丝不动，虽然恐惧但是跟别人的步伐不一致，却也显得有些着急。基于此，教师设计了一张问卷调查表，让幼儿自主自由地表达自己的换牙体验。无论是否开始换牙，都可以说说自己的想法。

2. 组织幼儿自由交流，分享自己的换牙体验

每一份调查表都是那么富有童趣，幼儿利用绘画、简单的文字向同伴传递了自己的换牙经历。教师将他们的调查表进行适当的装饰，然后放到走廊的展板上，让幼儿在课余时间自由充分地交流。发现幼儿遇到难题时，都会一起商量对策，向父母老师求助后再互相分享。课后我收集了大部分资料跟他们一起探索，一起发现最有趣的换牙故事。幼儿还自发地要求重新作画，通过画笔将自己的换牙趣事描述出来。并且还收集了好几首他们以前听过的，现在非常应景的歌曲《小牙刷》、《波比拔牙》等。每天都会有几个爱表演的女幼儿在表演区自导自唱，最可爱的是，观众还非常多，几天之后，所有的幼

儿都会唱这两首。很多活动都是幼儿自己自发开展。

3. 布置场景，提供可操作材料，让幼儿在玩中学、学中玩

教师布置一个新的区域，取名为“小小牙医馆”。由于活动的反响热烈，引起了许多家长的关注和支持，医馆里的设备很快就齐全了，有家长帮忙收集的各种牙齿模型、牙齿排序图、牙医工具等材料，更有家长帮忙推荐牙医进班上课，让幼儿们对于牙齿的知识有了一个比较系统的、科学的了解。所有的幼儿开始认真刷牙，为了牙齿的整洁漂亮而互相竞争。牙医馆每天爆满，因此他们又开始讨论如何安排和控制人数，让每个人都有机会进去。

4. 将知识经验提升到绘本经验，完善幼儿的知识建构

为了让幼儿能够在本次活动中有最大的提升和启发，系列相关的绘本，通过绘本故事，幼儿进一步开阔了眼界，如阅读绘本《牙齿大街的新鲜事》他们发明了“牙齿宫殿”、“牙齿王国”这样的词汇，阅读《一颗超级顽固的牙》，他们能很快理解“顽固”的意思。由于事先有了比较丰富的生活经验和知识经验，幼儿对绘本的理解和领悟非常快，而且见解独到。幼儿的兴趣得到了最大限度的爆发，语言表达能力也得到了提升。他们经常绘声绘色地分享绘本故事。并且对于换牙这一生理变化感到非常自豪，认为自己已经长大了，需要配上更坚固的牙齿。在整个项目活动中，幼儿还自发生成了几个小游戏。

反思评价

本此主题活动缘起于跟幼儿息息相关的换牙经历，将幼儿的生活经验通过知识经验顺利地迁移到绘本经验中，两者相得益彰，让幼儿的认知更具体、更深刻。在环境的创设上，给幼儿提供了很多可操作的材料，幼儿的兴趣度很高，经过一系列的活动之后，他们都有各自的收获。但是在具体的实践中发现幼儿在探究的过程中容易出现迷失的情况，为此教师应给他们自由想象、自由发挥的空间，重视探究过程所带来的愉悦心情，而不要过分重视结果。

（作者：郑静岚　单位：福建省泉州市南安市实验幼儿园）

十七、我是环保节约小能手

设计意图

当今社会，很多幼儿的节约意识不强。针对这一现象，策划本次活动，旨在向幼儿们传递节约的理念，树立正确的价值观。

活动目标

1. 让幼儿了解环保节约的重要性，形成节约资源爱护环境的好品质。
2. 让幼儿懂得节约要从平时的一点一滴做起。

基本结构

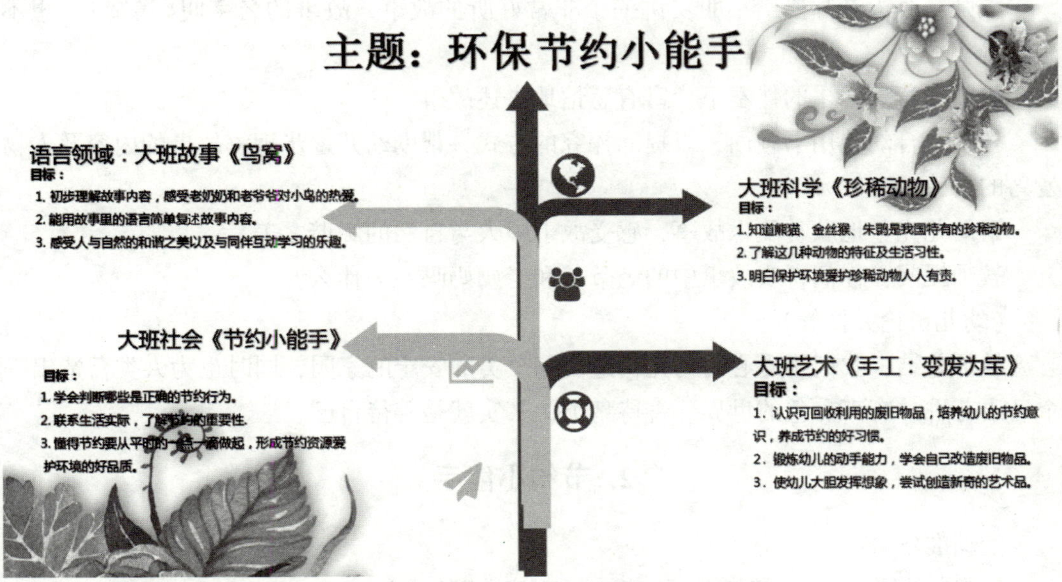

图 7-17-1 《我是环保节约小能手》主题活动基本结构设计示意图

整合准备

表 7-17-1 《我是环保节约小能手》教育领域整合与支持准备一览表

活动名称	活动领域	活动准备
故事：鸟窝	语言	1. 环境准备：布置节约与环保的走廊及教室绿色展板。投放区域材料：不同种类的环保材料、纸箱纸盒等制作材料。投放环保书籍。将幼儿生活环境打造出以绿色、蓝色为主的洁净环境 2. 物质准备：各种纸箱纸盒等可利用的废弃物；鸟窝故事图片；金丝猴、熊猫、朱鹮图片；节约视频及图片；绘画及手工工具
节约小能手	社会	
手工：变废为宝	艺术	
珍稀动物	科学	

活动过程

1. 鸟窝

活动准备：

配乐故事。幼儿用书《鸟窝》。

活动过程：

教师：今天老师要给小朋友讲一个非常好听的故事，故事的名字叫《鸟窝》，想不想听呀？

教师在背景音乐的伴奏下，富有感情地讲述故事。

教师结合幼儿用书画面，以提问探究的方式，帮助幼儿逐步理解故事的内容及人物爱鸟的情感。

请幼儿完整地欣赏配乐故事，感受故事中人与自然的和谐之美。

教师提问：你们喜欢故事中的老爷爷和老奶奶吗？为什么？

(幼儿讨论并回答)

教师总结：我们用爱心为鸟儿营造出一个美丽安宁的家园，同时也为人类营造出一个鸟语花香、有声有色的世界。善待鸟类，其实就是善待自己。

2. 节约小能手

活动准备：

1. 知识经验准备：初步了解“节约”和“浪费”的概念。

2. 材料准备：图片、旧物改造后的工艺品、PPT。

活动过程：

教师出示绘本故事图片引导幼儿进行猜测。

教师：小朋友们，球球他干了什么？为什么他会说“太浪费”要来了？跟怕浪费婆婆比，谁才是太浪费？这两个人谁更值得我们学习呢？

教师小结：小朋友们在这故事中发现球球做了许多浪费资源的事，并且怕浪费婆婆一直在帮助他节约资源。看来节约是一件好事情，真的很不错。

请幼儿观看视频并说明节约的重要性。

教师：小朋友，除了故事之外，老师还给你们带来了一段视频，让我们一起来看看吧。(播放视频　视频长 36 秒) 你在视频中看到了什么？小朋友是怎么做的？

教师小结：小朋友们说得很好，视频里的小朋友做到了节约，也传承了勤俭节约的美德。

幼儿分组活动，合作讨论。

教师巡回指导并提问：

教师：这是一个节约行为还是浪费行为？为什么？我们应该怎么做？

幼儿代表讲述图片上的行为并进行分析。

请幼儿绘画节约的方法。

教师将幼儿绘画的方法整理并装订成册，成为《节约小方法》的书籍。

3. 珍稀动物

活动准备：

1. 经验准备：幼儿去动物园看过大熊猫、金丝猴等动物的经历。

2. 物质准备：熊猫、金丝猴、朱鹮的图片收集活动。

活动过程：

教师引导幼儿说说自己去动物园的经历，引出珍稀动物有哪些。

教师出示熊猫、金丝猴、朱鹮图片，引导幼儿观察它们的特征和生活习性。

教师：小朋友很喜欢小动物，这是谁？它是什么样子的？它生活在哪里？它喜欢吃什么？

教师引导幼儿讨论这些动物为什么是我国的国宝？

教师：为什么它们都叫珍稀保护动物，什么是“珍稀”，我们应当怎样保护它们？

教师与幼儿共同小结：大熊猫、金丝猴、朱鹮都是我国珍稀保护动物，可现在却越来越少，它的生存面临很多危险，我们都要关心它。

4. 变废为宝

活动准备：

1. 经验准备：提供不同变废为宝材料、成品及制作方法，幼儿提前计划好自己要做的作品都需要哪些材料，并进行收集。

2. 物质准备：提前让幼儿收集自己作品想用到的废旧物品。例如：废旧纸盒、牙膏盒等。为幼儿提供毛线、颜料、胶带、彩纸、剪刀等工具及装饰材料。

3、活动过程：

请幼儿欣赏变废为宝的作品，引导幼儿细心观察，注意作品的做法和材料。

师幼讨论作品。

教师：请小朋友们说一说你们看到了什么？它们是怎么做的？

教师出示用废旧物品制作的玩具，让幼儿欣赏、把玩，了解废旧物品的多种用途，并启发幼儿由单一向多面发散思维，说说自己准备做的东西是什么。

幼儿操作。

在制作的过程中教师要来回巡视指导，及时给予鼓励和帮助完成作品。幼儿展示作品并说说自己的作品的用途及所用材料、制作过程。

反思评价

本次主题活动通过不同领域的活动向幼儿传递了节约的理念，在活动中充分体现了幼儿学习的自主性，教师考虑到活动中幼儿的表现，并对他们进行及时的评价，根据幼儿的反馈信息，调控好活动的节奏，合理分配好时间，组织好师幼互动，从不同的智能维度促使幼儿形成节约意识。

（作者：常鸿　单位：西安市灞桥区水岸东方幼儿园）

十八、绳子的魔法王国

设计意图

本次活动旨在创新绳子玩法，吸引幼儿积极主动参与游戏，提高幼儿的合作意识，发展合作技能，激发探索欲望。

活动目标

1. 认识生活中常见的绳子，发现它们的特征和用途。
2. 喜欢绳子带来的艺术活动并能独特、创意地表现自己的想法。
3. 喜欢和绳子交朋友，感受绳子给人们带来的方便和乐趣。
4. 发散幼儿的想象能力和团队协作能力。
5. 能较积极地参加体育活动，并能自觉遵守体育活动的规则。

基本结构

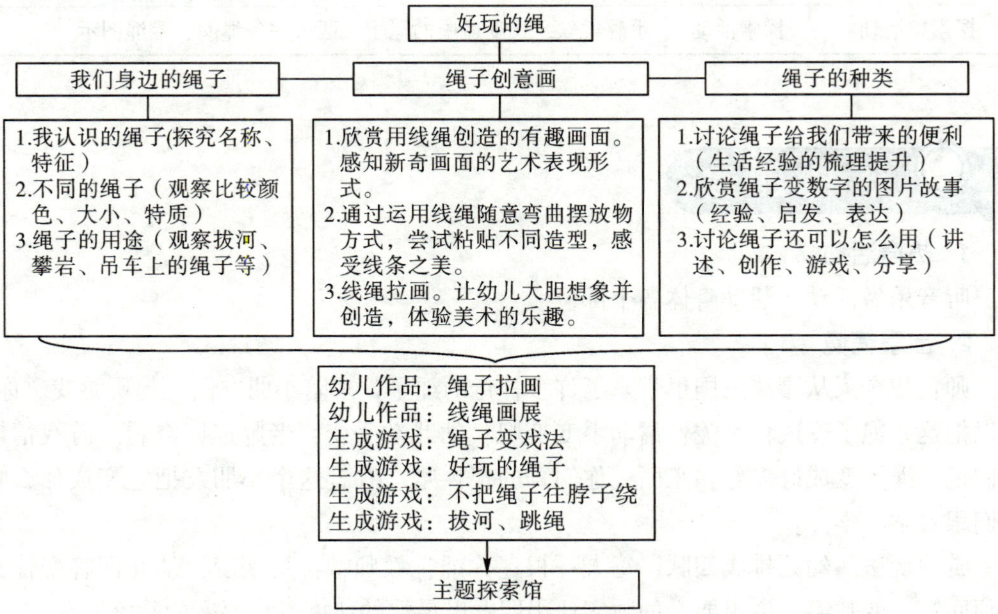

图 7-18-1 《绳子的魔法王国》主题活动基本结构设计示意图

整合准备

表 7-18-1 《绳子的魔法王国》教育领域整合与支持准备一览表

活动名称	领域类别	活动准备
各种绳子来闯关	综合活动	1. 各种各样的绳子；2. 音乐；3. 场地布置
我认识的绳子	科学、语言	线绳、电线绳、尼龙绳、麻绳、铁索绳、棕绳、鞋带绳、布条绳等
各种绳子比长短	科学	1. 人手一只篮子；里面放有彩色线绳两根(一样长)，吸管两根(有长短)；2. 彩色纸一张，透明敞口塑料袋两个；3. 音乐
搓绳子	艺术	彩色皱纹纸条
会跳舞的绳子	艺术	1. 音乐磁带；2. 水粉笔、白纸、广告色、各色彩带
好玩的绳子	语言、科学	1. 录音机、磁带、幼儿每人一根绳；2. 幼儿有跳绳和一物多玩的经验
大家一起来玩绳	健康	1. 音乐；2. 各种各样的跳绳
绳子拉画	艺术	颜料、绳子、画纸、音乐
绳子变戏法	游戏	各种绳子
绳子粘贴画	艺术	毛线绳、胶水、名画、音乐
不把绳子往脖子绕	安全教育	图片和视频
探索馆活动	探索活动	手感柔软、长度适中的绳子、两人一条绳圈、翻绳图示

活动过程

1. 热身活动

听音乐做活动，活动身体各个部位。

2. 故事情境

师：我今天从魔法王国里带来了许多神奇的绳子，来陪小朋友们一起玩游戏。你们可以把这些绳子变成什么呢？请动手变变吧！幼儿动手变，老师巡回查看。游戏情境：你们把小绳子变成好多好多东西，你们真的很棒哦。看看这个小朋友把它变成什么啦？咱们跟着学一学。

游戏玩法：幼儿排成四队，每人一根迷你绳，教师喊：变变变，幼儿回答变什么，教师回答：变数字：说出要变的数字让小朋友以最快的速度变出要变的数字。

师：变变变。

幼：变什么？

师：变成数字 1。

(从 2 至 9 依次类推进行师生问答)

师：变变变。

幼：变什么？

师：变成数字 10。

教师提问：10 是怎样变出来的？需要几个小朋友？(两个幼儿合作)

师：变变变。

幼：变什么？

师：变成小房子。

老师巡回查看变得情况，让每组幼儿数一数，你们是几个人合作的，变成什么样的房子？

师：变变变。

幼：变什么？

师：变成楼房。

师：变变变。

幼：变什么？

师：变成长江大桥。说一说你的绳子是桥身的哪一部分？

教师小结；刚才你们变得很好，而且很快变出来，特别是需要两人和多人合作的，你们通过合作也变出来了。

3. 听口令，快速变。

变马儿：幼儿就快速地把绳子从胯下穿过来，小手抓住绳子的两端。围着场地跑一圈，回来占到原地。

变汽车：幼儿快速地把绳子变成方向盘，一起开小汽车转圈圈，嘀嘀嘀，小汽车开起来。

变飞机：幼儿抓住绳子的两端，拉直手臂一起来飞一飞。

变马车：两名幼儿来配合，后面一名幼儿把绳子从前面幼儿的小肚子上绕过来，抓住绳子的两端，一起来驾马车。

4. 比赛游戏

变成两列火车进行比赛，幼儿分成两组，前面的幼儿用两根迷你绳拉着后面的幼儿以竞技的方法进行竞技比赛。比赛规则：火车不能脱节(幼儿不能松手)，松手了必须拉好绳子之后才可以走，前面的幼儿不要太快，后面的幼儿容易松手，看哪队先到达终点，游戏进行 2~3 遍。

5. 放松活动

播放音乐，做放松运动。

反思评价

本次主题活动通过简单的绳子、多样的玩法、有趣的游戏，不仅让幼儿们得到了体能上的锻炼，合作的乐趣，也让他们充分感受到了竞争游戏的乐趣。在具体玩法上，仍有待继续开发。

（作者：程雪侠　赵晓琳　单位：安徽省阜阳市界首市新华幼儿园）

第八章　通用项目主题案例

一、五祖拳

设计意图

少林五祖鹤阳拳(五祖拳)是福建省非物质文化遗产。根据本地幼儿对武术的兴趣以及结合当地的本土资源，设计了“五祖拳”这一主题，拟通过社会活动、集中活动、小组活动等方式促进幼儿对该武术的兴趣以及促进幼儿身体的发展和心理品质发展，如坚强、勇敢、挑战、自信等。

活动目的

1. 促进幼儿身体的发展和心理品质发展，如坚强、勇敢、挑战、自信等。
2. 提高幼儿良好的社会适应性。
3. 激发幼儿对五祖拳的兴趣，传承五祖拳文化。

基本结构

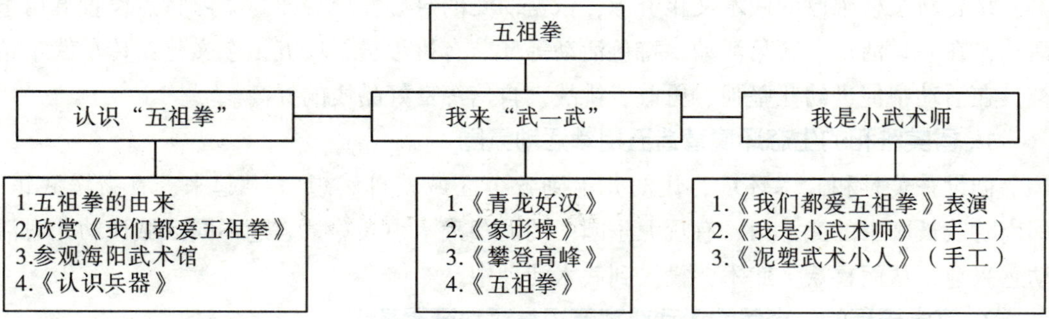

图 8-1-1　《五祖拳》主题活动基本结构设计示意图

整合准备

表 8-1-1 《五祖拳》教育领域整合与支持准备一览表

活动名称	领域类别	活动准备
《儿歌象形操》(童谣)	语言	图谱、音乐
“攀登东宫”	社会	交通工具
“我们都爱五祖拳”表演		服装、道具、音乐等
“参观海阳武术馆”		交通工具、武术棍
“五祖拳”	健康	图谱、音乐
“临危不惧”		地垫、椅子
“青龙好汉”		图谱、音乐
“象形操”		图谱、音乐
“攀登高峰”		地垫、轮胎
“认识兵器”	科学	各种兵器图片和实物图
“我是小武术师”(手工)	艺术	茅根、吸管、画纸、笔、颜料、一次性盘子、黏土等
“泥塑武术小人”(手工)		黏土、工具
《我们都爱五祖拳》(欣赏)		视频

活动过程

结合新垵村浓厚的武术文化资源，依据幼儿的身心发展规律与学习特点设置五祖拳活动，在一日活动、区角活动、特色活动等环节有机渗透新垵五祖拳文化，传承武术精神，在活动中促进幼儿坚强、勇敢、挑战、自信等良好品质的提高。

1. 香美雅和的生态环境营造五祖拳活动氛围

创设香美雅和武术环境，让幼儿走到各个区域就自然想“武”起来，有新垵武馆、闽南游戏长廊中的武术角、有玩泥乐园中的泥塑武术小人等。通过不同区域让幼儿对活动感兴趣，从而喜欢上武术，投入到武术活动中。

2. 寓学于玩的生态保教活动奠定五祖拳活动开展基础

借助多媒体、家长助教、游戏活动等手段，开展五祖拳园本课程。同时还组织幼儿参加社会活动，有参观新晟武术队、参加武术表演活动、攀登东宫等体能运动等。同时还邀请了当地的武术世家五祖拳传人邱晟栋老师担任我们的武术指导老师，带领我们编排武术操、开展武术活动、健体活动等。

3. 挖掘资源拓宽五祖拳活动展示的平台

利用校园环节以及周边社会资源搭建平台，让幼儿大胆展示，如六一活动武术表演、敬老慰问节目展示、社会机构组织的武术表演等，通过不同类型的展示活动提高幼儿的良好的社会适应性，培养幼儿勇于挑战，大胆自信等良好品质。

反思评价

本次主题活动坚持因地制宜，依据幼儿的身心发展规律与学习特点设置武术课程，在早操活动中融入武术元素，在班级特色活动、全园特色课程活动中促进幼儿身心和谐发展，在外出活动中体验武术，让每个幼儿健康快乐地成长。如何更有效调动幼儿学习兴趣问题值得今后进一步探索与实践。

（作者：汪太建　蓝正文　李建华　单位：厦门市海沧区新阳幼儿园　指导教师：上官敏、邱晟栋）

二、煮饺子

设计意图

智力障碍幼儿是一个特殊的受教群体，由唐氏综合症、自闭症、大脑发育迟缓等诸多原因造成智力发展水平明显落后于同龄幼儿，言语缺失是幼儿最明显的特征表现之一。根据幼儿语言发展缓慢的规律，结合个体特点，设计贴近生活、简易有趣的主题活动，对幼儿实施早期干预，在语言领域对幼儿进行康复训练，能有效弥补幼儿语言能力的缺失，提高幼儿语言水平。本次主题活动创意源自家庭生活场景，创设过年时包饺子、煮饺子的活动形式，并把这一过程编创为简单明朗适于幼儿学习的儿歌，让幼儿体会家庭生活的快乐，同时培养幼儿主动说话的意识。

活动目标

1. 让幼儿较好地掌握发音技巧，提升气息控制力，把握发音吐字的准确性。

2. 让幼儿在创设的主题活动情境中体会到言语康复训练的快乐，培养幼儿主动说话的意识。

3. 让幼儿学会说儿歌“水开了，下锅了，扑通扑通水花溅”，提升幼儿语言的连贯能力。

基本结构

表 8-2-1 《煮饺子》主题活动基本结构设计一览表

活动内容	活动过程		目的概述
言语康复训练，学习儿歌《煮饺子》	常规练习	1. 舌体操，唇舌练习 2. 呼吸训练 3. 发声训练：练习单韵母 ɑ、o、e、i、u、ü 的发声	为主题活动中的语言学习做好生理机能准备

续表

活动内容	活动过程		目的概述
言语康复训练，学习儿歌《煮饺子》	康复活动	1. 情景导入：多媒体创设主题活动情境 2. 实施康教： ①课件辅助，学习儿歌第一句："水开了，下锅了"，练习发声与语句 ②创设情境，学习儿歌第二句："扑通扑通水花溅"，练习完整的儿歌诵读	吸引幼儿注意力，提升学习兴趣 利用生动的课件创设课堂情景，引导幼儿学习语句，提高语言连贯能力
	游戏强化	借助头饰和游戏道具，把幼儿变成"饺子"，在音乐伴随下做"煮饺子"的小游戏，边做动作边说儿歌	通过有趣的游戏对康复训练内容进行强化巩固
	拓展延伸	融合教育，指导家长在家中与幼儿进行一次"煮饺子"的实践操作，要求幼儿练习说话，并在微信群进行回馈	延续课堂康复训练内容，贯彻家园共育理念，提升幼儿生活语言能力

整合准备

表 8-2-2 《煮饺子》教育领域整合与支持准备一览表

活动名称	领域类别	活动准备
发音器官训练	语言	发音部位活动(舌体操)、呼吸训练和发声练习
过年了包饺子	综合活动	多媒体创设主题活动情境
煮饺子	综合活动	多媒体辅助创设生活情境
学儿歌	语言	多媒体及教具辅助创设活动情境，强化发音练习
游戏强化	游戏	头饰和道具准备，角色扮演
家庭练习	社会	家庭练习延续课堂康复训练，开展融合教育

活动过程

1. 发音器官和部位常规练习——为幼儿在活动中学说话做铺垫

智力障碍幼儿的语言缺失不仅是智力发育迟缓造成认知困难引起的，发音器官和部位运用不协调也是主要原因之一。在语言领域主题活动中，发音器官和部位的常规练习是最好的活动准备和辅助。本环节的具体过程为：

(1)以点名形式进行主题活动组织。

师："小朋友们拍拍小手快坐好，现在老师要点名了，我们一起来听听哪个小朋友回答的声音最响亮。"

(2)带领幼儿做唇舌操，包括撅嘴、咧嘴、鼓腮、咂唇和伸缩舌，以节奏清晰的音乐作辅助。

师："小朋友，我们的嘴巴要准备说话了，我们先来做做准备活动好不好？竖起小耳朵听，跟着老师做。"

(3)进行呼吸及发音练习，包括深吸气、吐气，单韵母 ɑ、o、e、i、u、ü 的发声，用"气息纸条、吹气卷龙"辅助呼吸训练，压舌板辅助发声练习。

师："下面我们要比一比，看看哪个小朋友能用嘴巴让小纸条跳舞，哪个小朋友发出的声音最响亮。"

2. 情景导入——吸引幼儿注意力，提起幼儿的康复训练兴趣

注意力分散、难以集中是智力落后幼儿最大的学习障碍，加之本身就存在一定的认知困难，需要在主题活动中为幼儿创设贴近于生活，简单有趣的情景导入，提高幼儿参与活动的兴趣，集中幼儿注意力。本环节主要过程为：

(1)播放鞭炮声、过年欢乐的音乐。

师："小朋友们听，这是什么声音呀？"

师："原来是过年了呀！过年了放鞭炮，和爷爷奶奶、爸爸妈妈一起吃年夜饭。"

(2)播放过年时一家人包饺子的视频。

师："谁来说一说，过年了爸爸妈妈这是在做什么好吃的呀？"

师："真棒，他们在包饺子。过年要吃饺子，饺子包好了，小朋友想不想吃呀？那我们一起来煮饺子吧。"

3. 康复活动——在快乐的情境中引导幼儿说话，纠正幼儿发音

为幼儿创设了贴近生活、生动形象的活动情景，把康复训练融入到整个主题活动中，让幼儿在轻松的氛围中接受言语康复练习，引导幼儿学习儿歌并强化发音，纠正幼儿语言错误，让幼儿体会到主题活动带来的乐趣。本环节主要过程为：

(1)学习儿歌第一句"水开了，下锅了"。

播放水开后"咕噜咕噜"声音。

师："这是什么声音呀，真好听，小朋友们有没有听到呀？嘘！仔细听！"

师："谁的小耳朵听出来了？哪个小朋友愿意来学一学这个声音？"

播放水开了的动画视频。

师："看，是水开了，咕噜咕噜真好听！饺子要下锅喽。"

师："小朋友们跟老师说，水开了，下锅了。"

引领幼儿集体练习说话，然后为幼儿进行个体纠正发音，强化语言训练。

师："小朋友们真棒。现在就把饺子放进锅里吧，我们来看看饺子进了锅里是什么样子呀？"

(2)学习儿歌第二句"扑通扑通水花溅"。

播放饺子下锅后的动画视频。

师："饺子下到锅里了，又是什么声音呀？小朋友们快听一听学一学。"

师："小朋友们真棒，饺子下到锅里就像唱歌一样，扑通扑通。"

引领幼儿练习说话"扑通扑通"，再次观看动画视频。

师："扑通扑通，小水花也跑出来了！我们快来说一说，扑通扑通水花溅。"

集体练习这句儿歌，个别纠正发音，强化练习。由这句话，引导学生完成儿歌完整练习："水开了，下锅了，扑通扑通水花溅。"

4. 游戏强化——寓教于乐，在快乐的游戏中强化幼儿语言练习

游戏是幼儿最喜欢的活动方式之一，在游戏中幼儿能自由模仿生活中各种成人活动或自然事物等，智力落后幼儿语言发展的需求滋生出本次主题活动的游戏动机。本环节主要过程为：

(1)在场地中摆放游戏所用体操环一个，代表"煮饺子的锅"。

师："小朋友们表现都很棒，现在老师来变个小魔法，把你们都变成小饺子！你们喜欢吗？"

出示"饺子"头饰并分发给幼儿戴在头上。

师："现在小朋友们都变成可爱的小饺子了。哎呀，老师饿了，就让老师开始煮饺子吧。"

(2)进入游戏强化训练，情节为"煮饺子"，引导幼儿边做动作边说儿歌。

师："小饺子们快来，老师要煮饺子了。"

为幼儿做动作示范，站在"锅"(体操环)前说"水开了，下锅了"，跳入"锅"中说"扑通扑通水花溅"。

引领幼儿参与游戏，在游戏中及时纠正幼儿说儿歌时的语法或语音错误。

师："这么多饺子呀，老师这次吃得好香呀。小朋友们真厉害，现在老师给你们发朵小红花奖励一下吧。"

对幼儿进行表扬奖励，培养幼儿参与活动的兴趣和主动说话的意识。

5. 拓展延伸——实施融合教育，把训练内容延伸到家庭生活场景中

主题活动内容在实际生活中的延伸是最好的融合教育方式，父母是幼儿最好的陪伴和教育者，家庭是最好的教育场所。本环节主要过程为：

1. 通过微信群向家长传达幼儿在本次主题活动中的具体表现，针对幼儿表现出的言语问题提出家庭训练指导建议，要求家长在家庭中积极跟进，采取针对性训练，保持活动内容的延续性。

2. 要求家长为幼儿营造一次"包饺子煮饺子"的生活场景，要把主题活动中所学儿歌融入此过程中，并通过视频方式在微信群内向老师进行回馈。

反思评价

本次主题活动内容难易适度，适用于对幼儿进行语言康复训练，能吸引幼儿的注意力，激发他们的学习兴趣，增强了幼儿的主动说话意识，提高了重点字、词的发音准确性。游戏强化和拓展延伸环节的设计保证了幼儿语言训练发展的连贯性，体现了寓教于乐的幼儿主题活动特点，更加体现了家校共育融合教育在幼儿主题活动中的重要性。今后在语言康复领域智力障碍幼儿的康复主题活动设计还要更加精细化、科学化，以显著增强训练活动的康复效果。

（作者：张文晶　单位：山东省肥城市特殊教育学校特教中心幼儿园）

三、树的好朋友

设计意图

幼儿园里的生态花园里，千姿百态的果树常常让幼儿流连忘返，他们在树荫下乘凉，观察每一棵树的不同之处，模仿树枝的怪异姿态，乐此不疲。本次主题活动根据幼儿对“树”的兴趣以及对名画欣赏的经验，结合生态体验式环境开展与“艺术大师”对话的“童玩艺术”主题游戏活动——树的好朋友。通过自由的欣赏、体验、探究，用语言、动作、表情、创作等方式表达自己对“树”以及“树的好朋友”的理解与感受，启发幼儿的好奇心、自信心，引导幼儿喜欢艺术活动并能独特、有创意地表现自己的想法。

活动目标

1. 认识生活中常见的树，发现它们各自的特征。
2. 用语言、动作、表情、创作等方式表达自己对名画的理解和感受。
3. 喜欢艺术活动并能独特、有创意地表现自己的想法。
4. 喜欢和树交朋友，懂得如何保护树木，树立初步环保意识。

基本结构

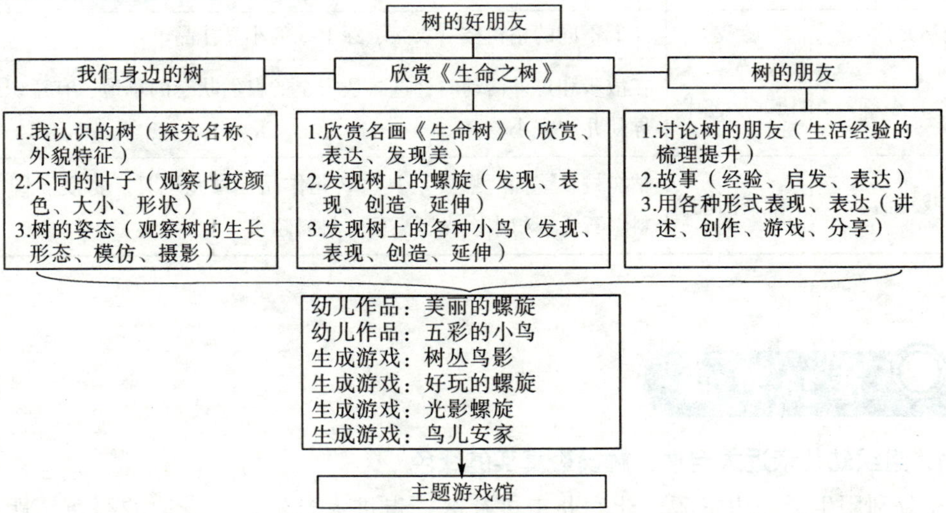

图 8-3-1 《树的好朋友》主题活动基本结构设计示意图

整合准备

表 8-3-1 《树的好朋友》教育领域整合与支持准备一览表

活动名称	领域类别	活动准备
生态花园里的树	综合活动	环境准备：餐后散步生态花园
我认识的树	科学、语言	1. 环境准备：幼儿园花园 2. 物质准备：每棵树上挂有名称和简介的牌子、落叶、记号笔、画纸
千姿百态的树	艺术、游戏	1. 环境准备：幼儿园花园 2. 物质准备：照相机、投影设备
欣赏《生命树》	艺术	各种生活中常见的树的图片、《生命树》作品图片、简单的绘画工具
树上的螺旋	艺术	《生命树》作品图、生活中螺旋的图片、卡纸、剪刀、朴朴米、瓶盖、落叶、吸管(等适合拼贴的材料)、胶水
好玩的螺旋	游戏	幼儿的螺旋作品、剪刀、一次性筷子、彩带、陀螺等(带有螺旋的玩具)
树的好朋友	语言、社会	轻柔的背景音乐、《树的好朋友》课件
五彩的小鸟	艺术	一次性纸杯、纸卷芯、矿泉水罐子、剪刀、皱纹纸、白乳胶、积木、木片、羽毛等(鼓励幼儿从身边就地取材)
啄木鸟医生	语言、科学	课件《啄木鸟捉虫子》
送鸟儿回家	游戏	高低不同的枯树枝、衣叉、穿上线的小鸟作品
青青小草	语言、艺术	在散步和户外活动时，选一块安全的自然状态的草地，有意识地引导幼儿观察小草。
游戏馆活动	游戏活动	枯树枝、镜面、螺旋玩具、鸟儿作品、鸟儿玩具、材质不同的塑料、石头、积木、光影桌面、材料超市

活动过程

1. 组织幼儿亲近大自然，触摸最真实的绿色

充分利用生活周边资源，让幼儿走进社区、走进大自然，与身边的绿色零距离接触。

活动中，幼儿穿梭在树林间看一看、摸一摸，和同伴分享自己的发现和收获。回到家中，还邀请自己的爸爸妈妈一同亲近大自然，利用周末走进森林氧吧踏青、观树；在与各种树木互动的过程中，幼儿自发地运用肢体模仿小树千姿百态的造型，用童趣的画作记录，用相机拍摄记录，回到班级一起欣赏和分享与小树互动的乐趣；连飘落在地上的落叶，也深受幼儿的喜欢，他们在林间钻来钻去，比比谁捡的叶子多，谁捡的叶子大，谁捡的叶子最特别，他们还用彩笔描绘着每一片树叶不同的色彩；自由地在草地上打滚，低头闻一闻小草的清新，找一找藏在草丛间的小精灵，蟋蟀、螳螂、蚯蚓……每次有新的发现，幼儿们总是要兴奋好半天，嚷嚷着要带它们回教室饲养，瞬间他们又多了不少的"小伙伴"；闭上眼睛听一听枝头的鸟鸣，即兴地哼唱起快乐的歌曲。在大自然中幼儿自由、快乐、自主、探究，真实的体验才能给幼儿带来最真实的感受和快乐。

2. 对话艺术，萌发最童真的创意

《生命之树》是克林姆特为斯托克雷特宫的餐厅创作的壁画，大胆而自由地运用各种平面的装饰纹样，形成富有东方色彩和神秘意境的效果。这样一棵特别的树幼儿太喜欢了，树梢上的螺旋引起了他们的注意，"那像棒棒糖"、"那像冰淇淋"、"我觉得一定是弹簧吧"，幼儿开始在教室里、操场上、家中寻找各种各样的螺旋。在与各种螺旋的互动中他们惊喜地发现螺旋旋转起来的动态美，于是掀起了一轮创意螺旋制作。拼插玩具、果壳、树枝、吸管、白纸……生活中随处可见的材料都成了幼儿创作的材料，看到一个个富有动态的螺旋，幼儿开心地跟着旋转、舞蹈。

不仅是美丽的螺旋，"生命树"上停着的小鸟也是幼儿热议的话题："那是乌鸦"、"它是黑色的鸟"、"它在找朋友"、"它在找家"。为了满足幼儿的好奇心，大家一起搜集了许多鸟儿的照片、标本、视频，进行仔细的观察。幼儿被不同种类鸟儿的羽毛、形态、和飞翔时的姿态所吸引，他们开始喜欢学小鸟飞，唱有关鸟儿的歌曲，拿起丝巾(就是翅膀)在教室里绕好几圈。当模仿不足以满足他们的表现和创造时，幼儿开始寻找各种材料来做一只自己的小鸟。开始用积木，发现太笨重，后来用纸张，又太容易破损，通过讨论，最后他们从家里带来各种纸杯、塑料罐子，开始了他们的创作。每个幼儿做出来的小鸟各具特点，每一只都是独一无二的艺术品。

在与名画互动的过程中，幼儿发挥天马行空的想象，充分利用生活中的材料，创作出了属于自己独特的艺术作品。

3. 组织幼儿自由探索，开启最有趣的发现

随着"树的好朋友"活动不断的深入，幼儿常常会提出自己的疑问，带着他们的问题和老师一起去探索答案。在树下捡落叶时幼儿就好奇："叶子的形状都一样吗?"他们搜集了各种各样的叶子，仔细地观察颜色、形状，最后还将它们进行了细致的分类，在老师的帮助下还做成了叶子标本册。科学活动室里，幼儿围着啄木鸟标本"哇"声连连，"为什么啄木鸟的嘴巴又尖又长?"他们很快在《小苹果树请医生》的故事里找到了答案，但还不足以满足他们的好奇，每天餐后阅读区的《鸟类图册》成了最热门的书本。幼儿看着图片兴奋地讨论着，模仿着，为自己的发现感到无比自豪。

在玩陀螺时，在经历一次次的失败后，幼儿就开始思考：“怎么样才能让陀螺转起来呢?”幼儿一会儿放在桌面上试一试，一会儿放在地板上试一试，用嘴巴吹，把它从高处扔下……这时，老师鼓励他们回家问问爸爸妈妈有什么好主意，第二天可以把经验分享给大家。果然，经过家园的互动式探究，成功地解决了幼儿的疑惑，大家都争相分享自己的好办法。

4. 组织幼儿进行童玩艺术，收获最快乐的学习

幼儿模仿小树婀娜的造型、亲手创作的美丽螺旋、共同收集的螺旋玩具、利用生活材料创作的小鸟，这些都是幼儿在参与活动时最喜爱和最得意的作品。把这些充满童趣和艺术的作品放在一起会产生什么呢？在收集了幼儿多种多样与材料的互动方式后，便产生了《树的好朋友》艺术游戏馆。

[送小鸟回家]借助衣叉，对准挂钩的位置，将一只只小鸟和螺旋挂上树梢。还可以根据幼儿的游戏情况，选择高低不同，一只小鸟或者一串小鸟的不同难度进行游戏互动。

[光影螺旋]幼儿选择不同的灯光箱、镜面，用透明石、玛瑙块、塑料片拼摆，呈现不同的螺旋。也可以选择多种辅助材料让自己的螺旋在镜子前旋转起来，探索镜面成像。

[树丛鸟影]幼儿将手伸出，利用手指和手掌形状相互配合，也可以借助纸袋、夹子、和手偶等辅助材料，将形成的阴影折射到墙上，映出各种妙趣横生的影像，自由创编故事表演。

[好玩的螺旋与飞鸟]和你最喜欢的玩具交朋友吧！可以让鸟儿在环境优美的写生乐园飞起来，让手中的炫彩彩带旋转起来，快快呼朋引伴来斗陀螺吧！

反思评价

本次主题活动以幼儿对“树”的兴趣以及对名画欣赏的经验为契机，结合生态体验式环境开展与“艺术大师”对话的“童玩艺术”生成式的主题游戏活动。通过活动幼儿对认识的树进了经验的梳理，在大自然中进行观察、比较、发现。在艺术表现形式上也展现了幼儿丰富多元的创造力，用语言、动作、表情、创作等方式表达自己对名画的理解和感受，同时也更加懂得怎样保护树木，初步树立了环保意识。

（作者：陈 婷 单位：厦门市海沧区新阳幼儿园 指导老师：上官敏）

四、爱上柿子树

设计意图

为了让幼儿认识和了解柿子树，每周都会带幼儿走进柿子树林，在树林里追逐、嘻戏。渐渐地幼儿对这片柿子树林有了情感，他们观察柿子树一年四季的变化，发现每一片柿子树叶的颜色都不一样；还用小手在树干上走迷宫等，总能有新的发现和讨论的话题。当幼儿爱上柿子树就愿意去关心、照顾和了解更多关于柿子树的秘密，也有兴趣自主自发地观察和探究。这也是《指南》中提到的"尊重和保护幼儿的好奇心和学习兴趣，帮助幼儿逐步养成积极主动、认真专注，敢于探索和尝试等良好的学习品质"。

活动目标

1. 喜欢在柿子树下游戏，懂得保护柿子树，知道人与自然和谐相处。

2. 认识柿子树，能用多感官感知柿子树的特征，愿意积极主动地探索柿子树的奥秘。

3. 会从艺术的角度表现柿子树的美，大胆地进行创作，愿意与大家分享自己的作品。

4. 会与同伴合作共同探讨，寻找解决问题的方法。

基本结构

1. 柿子树下趣事多：(1)我的发现。收集柿子树叶，观察树叶的特点(颜色、形状和叶脉)制作标本。(2)我们的创作：拼画(利用花蒂的外形特征，大胆地自由拼画)。(3)我们的游戏：抱树、爬树(感知树的粗细，学习爬树的方法)。

2. 我们眼里的柿子树：(1)好吃的柿子：品尝不同品种的柿子，了解更多柿子的知识。(2)写生活动：户外写生柿子树，大胆表现柿子树的特点。

3. 我的柿子树：(1)为柿子树做棉衣：知道冬天要保护柿子树，让柿子树暖暖和和过冬。

(2)我们的柿子树：认领柿子树，学习照顾和保护它。

4. 生成活动：树叶制衣、柿子浆果画、树的印记。

整合准备

表 8-4-1 《爱上柿子树》教育领域整合与支持准备一览表

活动名称	领域类别	活动准备
好看的树叶	语言、科学	1. 物质准备：收集盒、放大镜 2. 环境准备：科学区投放柿子树叶的标本
拼拼乐	艺术、语言	1. 物质准备：竹席、木板、草帽等 2. 环境准备：安全、舒适的草地上或美工区
抱树游戏	游戏、科学	1. 物质准备：欢快音乐，软尺 2. 环境准备：自由、宽松、安全的场地
爬树	健康	1. 物质准备：长衣长裤 2. 环境准备：选择较细的柿子树
柿子树写生	艺术	1. 物质准备：画板、排笔、颜料、取景器 2. 环境准备：安全、平坦的户外场地
美滋滋的柿子	健康	1. 物质准备：品种不同的柿子 2. 环境准备：四季桌摆放带枝叶的柿子
为柿子树做棉衣	综合	1. 物质准备：麻绳、布、棉花等 2. 环境准备：冬天保护树木的图片，麻绳、棉花收集箱
我们的柿子树	综合	1. 物质准备：纸和笔，绳子 2. 环境准备：给柿子树上挂认领牌
柿子汁创意画	艺术	1. 物质准备：柿子榨成汁，水粉纸、水彩笔 2. 环境准备：美工区张贴大师肌理画《秋色》、《十一月风光》
树叶制衣	综合	1. 物质准备：绳子、胶带、纸板等 2. 环境准备：美术区：环保时装图
树的印记	艺术	1. 物质准备：树枝、喷壶、黑色卡纸、白色颜料 2. 环境准备：张贴大师的艺术作品

活动过程

1. 激发幼儿探索柿子树的兴趣

因为大班幼儿的年龄特点，求知欲和探索欲强，喜欢提出“为什么？”“怎么做？”等问题，渴望寻求科学的答案等，所以首先，向幼儿提出很多问题：柿子树叶是不是都是一样的形状？你吃过几种柿子？柿子树生病了怎么办？等等。其次幼儿带着问题去思考、去寻找答案，最后对此活动产生兴趣。

2. 家园配合

项目开始前，向家长介绍活动的教育意义，以取得家长的支持和配合，从而能在活动中帮助幼儿在家中查阅资料、和幼儿一起思考寻找解决问题的方法等。同时，开展亲子亲自然活动，带领幼儿和家长到柿子树林下活动，让家长亲身体验人与自然的和谐，以及自然赋予我们的一切美、愉悦和安宁。感受幼儿在自然中积极主动地思考和探索的精神。

3. 环境创设

将每次在亲自然时收集的与柿子树有关的自然物带回活动室，师生共同将这些自然物投放或展示在活动室的各个区域，以便幼儿自由观察和使用。随着活动的发展和需要，激发幼儿收集各种实物图片、相关知识图片来丰富我们的区域，让我们活动室的环境会说话、让区域与主题相融合，达到事半功倍的效果。

4. 活动组织与实施

(1)运用多感官开展活动。通过视、嗅、味、触的各种游戏与尝试，认识柿子树树叶、干、花、果实的特点，对柿子树有深入探索的愿望。

(2)探索与创造。在多感官的表面认识中激发幼儿探索柿子树叶的作用；统计树到底有多高，测量树干有多粗等，然后大胆地运用柿子原材料(树叶、花蒂、果实、树干)进行创作：写生柿子树、树叶制衣、花蒂拼画、树的印记。

(3)爱上柿子树。认领柿子树，去照顾它，为柿子树做棉衣；柿子树生病如何医治等等，给柿子树制作环保牌，呼吁大家都要爱护树木，不要随意采摘柿子。

5. 多种资源利用

(1)充分利用社区资源。带领幼儿到社区的柿子树下活动，追逐、爬树、寻宝，请园林工作者介绍照顾柿子树的方法，体验园林工人的辛苦劳动，知道爱护和保护柿子树。

(2)充分利用家长资源。请植物学家、医生家长开展家长课堂《好看的树叶》和《美滋滋的柿子》，给幼儿讲解柿子树的生长特点，产自哪里，最高的柿子树有多高，柿子树的寿命有多长？柿子叶的用途，柿子中富含哪些营养物质，给人们带来哪些益处和害处。

(3)充分利用艺术家资源。带领幼儿参观画展，请美院教授为幼儿讲解肌理画的简单技法，让幼儿知道肌理画有喷洒法、平刷法、拓印法等，从而激发幼儿进行美术创作的欲望，并敢于大胆地尝试，进行美术创作。从小培养幼儿能够发现美、感受美和表现美。

6. 艺术特色活动

(1)树的印记。通过观察柿子树的形态，用取景器取柿子树的一部分进行创作运用出穴、对称、躲藏等构图画法和喷洒的技法进行作画。

(2)树叶制衣：幼儿将自己设计制作的树叶衣服进行展示，开展时装秀活动。再把每个幼儿设计的服装拍下来进行展览。

反思评价

本次主题活动以亲自然情感为基础，从幼儿的兴趣出发，让幼儿在自然中一边玩一边学，一边学一边思考，有计划、能坚持、会思考，有创造能力，能大胆进行艺术创作，有利于培养幼儿的积极学习品质。与此同时，通过认领柿子树，幼儿懂得了怎样保护和照顾柿子树，树立环保意识。

(作者：孟卫平　单位：西北工业大学幼儿园)

五、动物之间怎样联络

设计意图

本次活动通过幼儿已有的对人类的联络方式模糊的经验，引出小动物之间的联络方式，通过形象生动的录像和有趣的游戏环节让幼儿感受动物之间的联络，在活动中提高幼儿的全方面素质。

活动目标

1. 了解人类传递信息的方式方法。
2. 了解动物通过声音、行动、气味等传递信息的方式。
3. 喜欢探究动物传递信息的方式。
4. 喜欢小动物，懂得保护小动物、与小动物做朋友。

基本结构

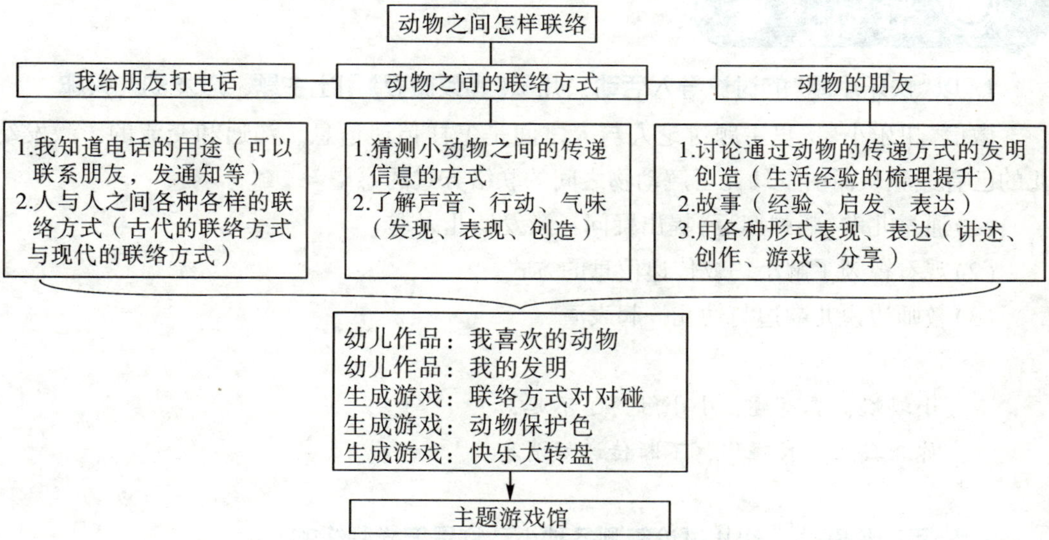

图 8-5-1 《动物之间怎样联络》主题活动基本结构设计示意图

整合准备

表 8-5-1 《动物之间怎样联络》教育领域整合与支持准备一览表

活动名称	领域类别	活动准备
蚂蚁搬豆	艺术	小蚂蚁图片、音乐、蚂蚁头饰
人们怎样传递信息	科学、社会	人们传递信息的方式(古代、现代)
动物联欢会	语言	动物音乐会、各种动物图片
动物之间怎样联络	科学	小动物的图片、PPT 课件、头饰 18 个、联络方式标志
谢谢小鸟	语言、社会	故事、猎人图片、各种动物图片
圆舞曲	艺术	圆舞曲音乐
小小发明家	综合	《鲁班造锯》的故事，鸟、飞机、鸭、小船；鱼、潜水艇；蝙蝠、雷达匹配图片
动物的花衣裳	科学、艺术	《小刺猬的衣服》故事、各种小动物模型
我最喜欢的动物	艺术	动物图片拼贴纸、绘画工具等
我和动物交朋友	语言	多媒体课件(内含动物被猎杀内容)
联络方式对对碰	游戏活动	各种动物头饰、音乐
游戏馆活动	游戏活动	各种动物头饰、表演道具、猎人衣服

活动过程

1. 以“快乐小屋”的讨论导入活动，儿歌《蚂蚁搬豆》引出主题，激发幼儿兴趣

微信“快乐小屋”里主题讨论人与人之间是怎样传递信息、沟通和交流的，激发幼儿的已有经验从而引发幼儿了解动物之间的联络方式的愿望。

(1)通过儿歌《蚂蚁搬豆》提出疑问，激发幼儿兴趣。

(2)观看视频了解小蚂蚁传递信息的方式。

(3)教师边说儿歌边与幼儿一起表演。

小蚂蚁，真有趣，小小触角了不起，
你碰我来，我碰你，不断传递好消息。

2. 出示动物图片，幼儿讨论猜测各种小动物是怎样联络的

(1) 出示图片，幼儿讨论猜测。

(2) 幼儿大胆说出自己的猜测。

3. 动物抽奖转盘游戏，验证幼儿猜测，了解小动物的联络方式

(1)动物到底是怎样传递信息的呢？

《好玩的转盘》中有4种小动物，就像抽大奖一样，这个转盘由小朋友来决定开始和结束，你们说开始它就开始转，你们说结束，它就会停下，停下时指针指到谁，我们就来了解谁。随机讲解小蜜蜂、孔雀、狐狸、海豚。

(2)根据幼儿的选择随机讲解。

> 小蜜蜂：(教师配儿歌)
> 小蜜蜂，嗡嗡嗡，飞到西来、飞到东，跳舞传消息，齐来采花蜜。

说明：当蜜蜂发现的蜜源较近时，它会跳圆圈舞，蜜源较远时，它会跳8字舞。(请小朋友试着学一学圆圈舞和8字舞)

小孔雀：出示孔雀开屏视频，幼儿感受孔雀开屏。

幼儿观察孔雀羽毛，感受孔雀的魅力，并告知幼儿只有孔雀王子才有这么漂亮的羽毛。

幼儿猜一猜，漂亮的开屏是干什么用的。(吸引孔雀公主的喜欢、防御吓唬敌人)

幼儿一起学一学小孔雀开屏：(配儿歌)

> 孔雀开屏真美丽，小小公主很欢喜。
> 游客朋友别得意，那是她在吓唬你。

小狐狸：观看视频，幼儿总结出小狐狸是用闻气味来获得信息的。(用鼻子代表气味，贴在动物身上)

教师提问，还有谁是通过用鼻子闻气味来传递接收信息的？

小海豚：那小海豚是通过什么方式进行交流的呢？除了小海豚，你觉得谁还能通过声音传递信息？

教师小结：原来每一种小动物，都有自己的特有的联络语言，他们虽然不会像我们一样会说话，但是他们可以用自己的声音、气味、行动跟同伴联络，真的太神奇了。

4. 游戏“联络方式对对碰”，增强幼儿了解动物联络方式的兴趣。幼儿戴头饰判断小动物的联络方式

听音乐玩游戏：播放音乐《甩葱歌》，幼儿一起舞蹈，当听到口令气味或声音或动作传递信息时，要尽快做出判断，跑到相应的标志牌的位置。

通过游戏发现萤火虫和变色龙，拓展其他动物之间的联络方式

教师小结：动物的联络方式千奇百怪，各种各样，非常复杂，有的动物有多种联络方式，比如小狗除了用气味还会用声音，还有许多动物的联络方式没有被人类发现，所

以说大自然是很神奇的。同类动物之间有一定的联络方式，不同类动物之间为了更好地生存，也有一定的联络方式，比如树上的小鸟看见远处有个猎人来了，它会发出一定的叫声，来提醒地面上的小兔子、小野猪呀、小狐狸呀等。不同的动植物给人类带来不同的启示，如鲁班造锯、飞机制造引导幼儿发现雷达、天线、搜救犬的训练等原来是根据动物之间传递信息的方式来发明的，进而组织家长与幼儿一起查询资料，寻找与动物有关的发明，鼓励幼儿大胆猜想自己的小发明。动物世界还有许许多多的奥秘和神奇等待着我们去探索和发现，老师相信一直努力的你一定会了解到更多小动物的秘密，增强幼儿对小动物的喜爱。

反思评价

本次主题活动，以幼儿对“动物”的兴趣以及对已有的人与人之间的传递方式的经验为契机，选取了幼儿比较熟悉且有特点的动物，通过儿歌、游戏的方式对动物联络方式进行探究梳理，并用语言、动作、创作等方式表达自己对动物的喜爱，树立保护动物的意识。

（作者：梁瑞瑞　单位：山东省肥城市实验幼儿园）

六、军营小小兵

设计意图

本园幼儿的爸爸妈妈、周围的叔叔阿姨都是解放军，他们对解放军并不陌生。幼儿们经常谈论，喜欢穿迷彩园服模仿解放军，有强烈当一名小兵的愿望。本次活动依托部队园所的优势，开展“学军活动”，让幼儿们走进军营看看工作、训练中的解放军，进一步了解解放军，体验军人“服从命令听指挥”的顽强作风，增强纪律意识，并通过与解放军叔叔一起训练，一起游戏，锻炼幼儿们勇敢、坚持、不怕困难等良好的个性品质。

活动目标

1. 通过参观军营、观看解放军训练等活动，感受军人勇敢顽强的精神和整洁有序的作风，对解放军有崇敬之心，萌发学习的愿望。

2. 能主动学习解放军“服从命令听指挥”的作风，增强纪律意识，提高自我控制和同伴协调合作的能力，愿意接受有一定难度的任务，遇到困难和挫折时不气馁，敢于不断尝试。

3. 乐意听教官的口令，能动作到位、协调地做军体拳；能较熟练地攀爬、匍匐前进、投掷，提高动作的协调性和灵敏性。

4. 在生活中能以小兵的标准严格要求自己，培养自理自立能力，养成良好的生活习惯。

5. 初步认识海陆空三大军种，了解他们的主要任务、着装特点及武器装备；初步认识一些常见的武器装备，并能按某一特征分类。

6. 能用多种美术形式创造性地表现解放军的动态和军事武器。

基本结构

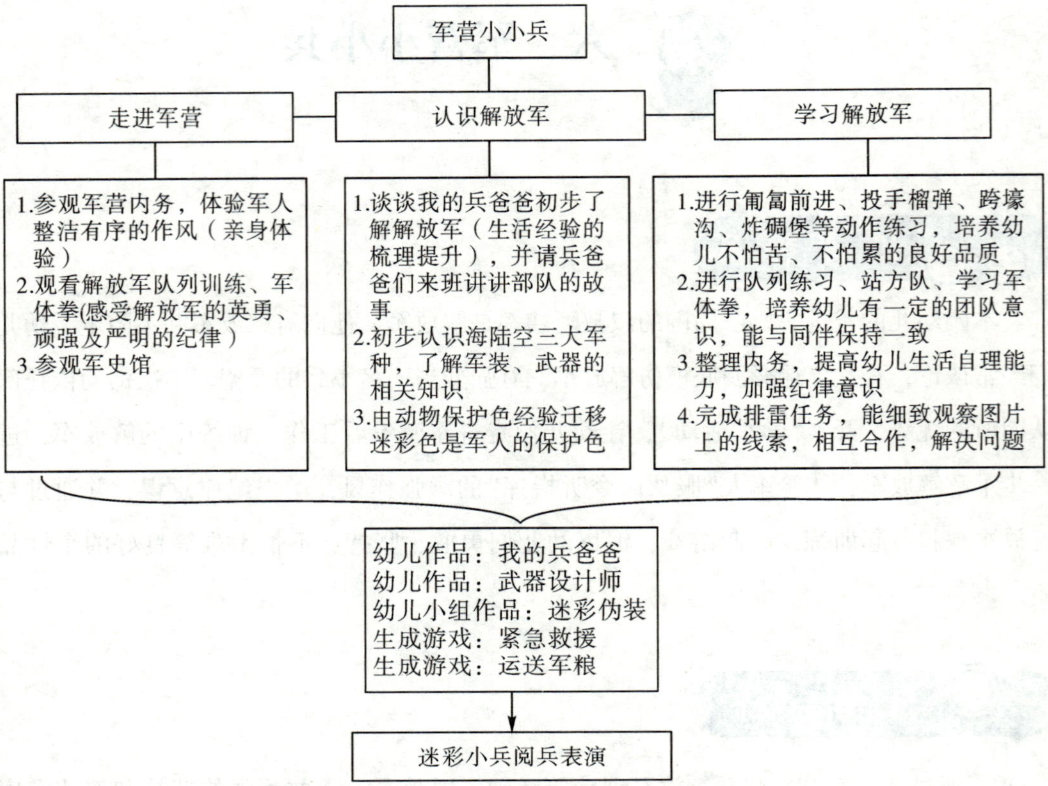

图 8-6-1　《军营小小兵》主题活动基本结构设计示意图

整合准备

表 8-6-1　《军营小小兵》教育领域整合与支持准备一览表

活动名称	领域类别	活动准备
我的兵爸爸	语言、社会、艺术	爸爸工作中的照片 1 张，解放军活动的图片、白纸、水彩笔，提前联系好把兵爸爸们请到班里来
走进军营	综合	与部队事先联系好，商量活动安排：参观军营内务、军史馆，观看解放军队列训练、军体拳等
保护色	科学	北极熊、豹、蛇、枯叶蝶等动物及生存环境的图片及 PPT，穿不同颜色迷彩服的解放军图片

续表

活动名称	领域类别	活动准备
军服趣语	科学、社会	三军仪仗队升旗及阅兵的视频，三军解放军服饰图片、军衔图片、武器模型及海陆空背景墙
武器装备	科学	各种战舰、战机、枪、战车、火炮、导弹等武器的图片、玩具模型及短片、海陆空背景图
勇敢的小兵	健康	在户外用迷彩网、轮胎、垫子、矮墙、沙袋等各种体育器械布置训练场，幼儿穿迷彩服带头盔
学做解放军	艺术	多媒体解放军照片若干，歌曲《学做解放军》
整理内务	社会、健康	教官来活动室教幼儿叠被子，共同商讨杯子、毛巾、小椅子等物品的摆放方法
迷彩伪装	艺术	大型自制武器装备：坦克、军舰、战机、装甲车、火箭等；毛笔、颜料；沙漠、森林、大海、草原、城市、冰山的背景图
小小训练营	健康	每班1名教官利用晨间户外活动时间对幼儿进行军训，幼儿穿迷彩服请家长准时送幼儿来园
执行任务	科学	7张解放军卡片、带数字的手榴弹和冲锋枪、记录纸
排雷	综合	照片、有标记的图纸、炸弹模型
武器设计师	艺术	纸盒、瓶子、易拉罐等废旧材料；陶泥、胶带、胶水、彩纸、剪刀、彩笔等；各种武器玩具模型
迷彩小兵阅兵表演	综合活动	请家长准时来园共同参加活动；事先布置好活动场地；各班做好手工作品作为送给解放军的礼物

活动过程

1. 家园共育

活动前期，通过微信群、班级的家长园地等方式，向家长介绍学军主题活动的目标、内容及此次活动对幼儿的教育意义，以便得到家长的支持和配合。

收集有关解放军的资料和武器玩具模型，包括兵爸爸工作时的照片。每天坚持送幼儿来园，穿好迷彩园服。在家里鼓励幼儿学习解放军，做事迅速、独立自信、不怕困难等，家园一致达到最好教育效果。与幼儿在家进行5分钟的主题谈话，让幼儿说说当天学做解放军的心得。活动后期邀请家长来园参加幼儿的小小兵阅兵表演。

2. 环境创设

首先请幼儿共同收集有关军事方面的资料，然后发挥幼儿在环境创设中的主体作用，让他们按照自己的意愿和想法来创设班级的环境：用解放军训练、阅兵、作战、抢险救援的图片、照片、海报、光盘等，根据活动的开展，布置主题墙“军营小小兵”、武器装备专栏；收集有关解放军的英雄事迹、武器装备等内容的图书，丰富图书角；收集各种军事玩具模型布置“海陆空武器”展台。在户外用迷彩网、轮胎、垫子、矮墙、沙袋等各种体育器械布置训练场。

3. 通过各种途径认识了解解放军、学习解放军，争当合格小兵

(1)由幼儿最亲近的兵爸爸入手，请他们来幼儿园和幼儿说说部队的故事，从而展开“军营小小兵”主题活动，引起幼儿好奇心，激发幼儿了解解放军的学习兴趣。幼儿通过收集、整理资料，在讨论、布置环境的过程中，梳理已有的生活经验，不断发现问题，进而解决问题。如解放军的军服为什么颜色不一样？解放军分海陆空三大军种，发现三军的不同，了解海陆空各自的主要任务、服装特点及武器装备的相关知识。他们又发现解放军在不同场合军服为什么不一样？发现军服分礼服、常服和作训服等。在不断地创设和完善环境的过程中不断拓展、延伸课程。幼儿在环境和材料的相互作用中学习、探究、从而激发了他们的求知欲望。

(2)通过多种方式，如：参观军史馆；组织幼儿走进军营，让幼儿身临其境，直接感受解放军叔叔的生活；观看解放军进行队列训练、军体拳表演；请幼儿当解放军的父母直接到幼儿园，给他们讲讲部队的故事等活动，体验军人严明的纪律、勇敢顽强的精神和整洁有序的作风。让幼儿在与解放军的零距离接触中，努力提高对军营的兴趣及对部队的向往，萌发向解放军学习的愿望。

(3)把争当合格小小兵融入幼儿一日生活各个环节，亲身体验，培养幼儿良好的个性品质。利用晨间户外活动时间对幼儿进行军训，幼儿们在教官的指导下，个个精神抖擞、听从指挥，认真学习站军姿、踏步、敬礼、立正、稍息、跨立、报数及队列练习等项目。区域活动时间进行匍匐前进、翻越矮墙、投手榴弹、跨壕沟、炸碉堡、军体拳等军事动作练习，而后生成了“紧急救援”、“运送军粮”等游戏。虽然天气炎热，但是幼儿们丝毫不减斗志，俨然就是一个个不怕苦不怕困难、勇敢顽强的小兵。

4. 阅兵展示

整个阅兵表演分为“小小兵”入场，升国旗，师幼代表讲话，队形队列演练、军事动作练习、军体拳表演，以及给教官送礼物和合影留念几个环节。经过几周的刻苦练习，大家清晰地看到了他们的变化。步伐整齐、口号嘹亮、动作有力、精神饱满，俨然一副小解放军的样子！家长们发出了由衷的赞叹和热烈的掌声。

反思评价

本次活动坚持从幼儿的角度出发，挖掘、选取适宜幼儿身心发展的部队资源，利用不同方法和途径进行实践体验，通过主题活动下的环境创设，启发幼儿、增长知识，激发幼儿好奇心和求知欲；创设游戏情境，让幼儿以小兵角色参与其中，进行军事训练，

培养幼儿勇敢、自信、坚强、不怕困难、团结合作等良好的个性品质。此外，还将“学军活动”渗透到幼儿园日常活动中，抓住每一个教育契机，让“学军活动”融入每一个幼儿的心中。比如物品摆放整齐方向一致、午睡前衣服叠整齐，午睡后小被子叠得方方正正等，促进了幼儿养成良好的生活习惯。

（作者：杨 美　单位：河北省保定市 31677 部队幼儿园）

第三篇

整合式区域主题活动

第九章　小班区域主题案例

一、春天的童话

设计意图

大自然所呈现出的不同的自然景象，能吸引听障幼儿的注意力，引发幼儿的好奇心。感受季节的变化，是听障幼儿最直接的生活经验。在明媚的春天里，应紧紧抓住幼儿的这份好奇心，让幼儿在自然中学习。通过儿歌的朗诵、故事的欣赏，带领幼儿一起去体验春天新生的生命，感受春天所带来的新希望。

活动目标

1. 观察春季特点，发现天气、动植物变化，欣赏大自然的美。
2. 树立关心、爱护花草的意识，知道不能随意乱摘花草。
3. 通过故事、诗歌、儿歌，培养幼儿关心、体贴朋友和家人的情感。
4. 练习手口一致地点数 5 以内物体的数量并说出总数。
5. 锻炼手部小肌肉，培养精细动作的发展。
6. 树立安全意识与自我保护意识，提高自我保护能力。

基本结构

1. 常规活动：舌操；辨听训练：各种动物的拟声词；呼吸训练；发音训练；律动儿歌。

2. 系列区角活动。

整合准备

表 9-1-1　《春天的童话》教育领域整合与支持准备一览表

<table>
<tr><th rowspan="2">月主题</th><th rowspan="2">周主题</th><th colspan="5">教学活动</th><th rowspan="2">区角活动</th><th rowspan="2">常规活动</th></tr>
<tr><th>语言</th><th>科学</th><th>健康</th><th>艺术</th><th>社会</th></tr>
<tr><td rowspan="8">春天的童话</td><td rowspan="2">春天在哪里</td><td>春天到(1)</td><td>绿绿的小草</td><td>我的项链最漂亮</td><td>春天来</td><td>花儿真美丽</td><td rowspan="8">美工区：各种各样的花
自然角：我是小园丁
阅读角：不一样的春天
音乐角：春天在哪里
表演区：温暖的春天
娃娃家：宝宝生病了
益智区：我有一双小巧手</td><td rowspan="2">1. 舌操
2. 辨听训练：拟声词如喵喵喵、汪汪汪
3. 呼吸训练：吹喇叭(练习用力吹响喇叭)
4. 发音训练：元音 e 及其超音段 e~~~
5. 律动儿歌：《小猪睡觉》</td></tr>
<tr><td>春天到(2)</td><td>什么不一样</td><td>果果生病了</td><td>柳树发芽了</td><td>我的朋友生病了</td></tr>
<tr><td rowspan="2">我来找春天</td><td>小熊蜜蜜找春天(1)</td><td>花儿的聚会</td><td>睡觉了</td><td>花儿朵朵开</td><td>我是小园丁</td><td rowspan="2">1. 舌操
2. 辨听训练：拟声词如嘎嘎嘎、叽叽叽
3. 呼吸训练：吹蜡烛(练习用力吹灭蜡烛)
4. 发音训练：元音轮替：ɑ-e，e-i，e-u，o-e 等
5. 律动儿歌：《小猪睡觉》</td></tr>
<tr><td>小熊蜜蜜找春天(2)</td><td>春芽</td><td>报纸跟我走</td><td>春天歌</td><td>要去春游啦</td></tr>
<tr><td rowspan="2">植物园</td><td>下春雨了(1)</td><td>花开了</td><td>鼻子好朋友</td><td>蝴蝶</td><td>花儿会说话</td><td rowspan="2">1. 舌操
2. 辨听训练：拟声词如哞~~、、咩~~
3. 口腔训练：嚼 QQ 糖
4. 发音训练：练习单章 he-he-he
5. 律动儿歌：《打电话》</td></tr>
<tr><td>下春雨了(2)</td><td>各种各样的种子</td><td>老猫睡觉醒不了</td><td>蜜蜂采蜜</td><td>你会择菜吗</td></tr>
<tr><td rowspan="2">春天的小动物</td><td>三只蝴蝶(1)</td><td>小蝌蚪变变变</td><td>爱护小耳朵</td><td>美丽的蝴蝶</td><td>参观宠物店(1)</td><td rowspan="2">1. 舌操
2. 辨听训练：辨听各种动物拟声词
3. 呼吸训练：吹喇叭(练习用力吹响喇叭)
4. 发音训练：复习元音 e、元音轮替和 he
5. 律动儿歌：《打电话》</td></tr>
<tr><td>三只蝴蝶(2)</td><td>长长和短短</td><td>打狐狸</td><td>小老鼠上灯台</td><td>参观宠物店(2)</td></tr>
</table>

活动过程

1. 春天到

活动准备：
1. 活动画册：春天到。
2. 太阳、花儿、蜜蜂、蝴蝶、蚂蚁的图片。
活动过程：
1. 谈话引入：春天是什么样子的？
2. 观察活动画册，引导幼儿描述。
3. 学习儿歌《春天到》。
(1)教师以儿歌歌词总结幼儿对春天的描述。
(2)教师完整朗诵儿歌。
(3)幼儿逐句学说儿歌。
(4)教师带领幼儿一边说儿歌一边做动作。
4. 鼓励幼儿根据教师手中的图片自己说儿歌。
活动延伸：
外出活动时，引导幼儿观察周围环境的变化，感受春天的气息。

2. 绿绿的小草

活动准备：
干净的户外小草坪
活动过程：
1. 教师和幼儿一起围坐在草坪上。
2. 引出小草的话题。提问：小草从哪里来？
3. 观察小草的主要特征。
(1)小草的颜色和外形。
(2)小草的味道。
(3)触摸小草的感觉。
4. 幼儿感受在草地上游戏的快乐。

3. 我的项链最漂亮

活动准备：
每人 3 种颜色的串珠若干、串绳 3 根、小盘 3 个。
活动过程：

1. 出示串珠项链，引发幼儿的兴趣。
2. 分类练习。引导幼儿将颜色相同的串珠放在同一个小盘中。
3. 穿珠练习。
(1)将相同颜色的串珠穿在同一根串绳上。
(2)任意挑选两种颜色，按照二项循环的规律串珠。
4. 作品展示。
活动延伸：
可尝试引导幼儿挑选 3 种颜色的串珠，以三项循环的规律进行穿珠练习。

4. 春天来

活动准备：
1. 经验准备：知道春天的主要景象。
2. 音乐《春天来》。
活动过程：
1. 谈话引入：春天是什么样子的？
2. 熟悉音乐。
(1)完整地欣赏歌曲。
(2)跟着音乐一起拍手，熟悉音乐旋律。
3. 学习歌词：幼儿跟着教师逐句念歌词。
4. 学唱歌曲。
(1)播放音乐，初步学唱歌曲。
(2)尝试跟着音乐边唱歌边做动作。

5. 花儿真美丽

活动准备：
活动画册：《小花的话》。
活动过程：
1. 观察活动画册，讨论两幅图片的不同之处。
2. 讲述故事《小花的话》。
3. 引导幼儿理解故事内容。
(1)小花为什么哭了？
(2)小朋友都去花园摘花，花园会变成什么样子？
4. 讨论如何与小花做朋友。
教师小结：花儿好看不乱摘，可以用眼睛看、用鼻子闻。

反思评价

本次主题活动尽可能将健康、科学、语言、社会、艺术等方面的内容予以有机整合，强调适宜学前听障幼儿年龄阶段特点和接受水平，符合季节的变化，力求使幼儿获得全面康复。今后应强调教师教学观察的重要性，有意识地照顾幼儿的个体差异，在教学内容上还应根据每个听障儿童的具体水平进行调整。

（作者：朱 平　单位：山东省肥城市特殊教育学校）

二、土豆，快来呀

设计意图

土豆是幼儿常吃的餐桌食物，薯片薯条更是幼儿的最爱。关爱生命，从自身健康做起；关爱健康，从科学生活做起；关注生活，从食育食养做起。在图书角活动中，我们还发现绘本《土豆，快来呀》(日本童书作家山冈光的食育绘本“美味的朋友”系列之一)的阅读人气很高。正值春季，班内养殖角内的土豆也发芽了。于是，本次活动以土豆为主题拉开序幕。

活动目标

1. 开展有益的认识土豆的食育活动，通过视觉、听觉、嗅觉、味觉和触觉五感，让幼儿感知为生命提供营养的食材，吃出营养。

2. 懂得土豆美食的制作过程，帮助幼儿爱上吃饭、养成健康的饮食习惯。

3. 结合趣味生动的图画和拟音词，尝试戏剧表演，提升幼儿发音技巧和语言的理解能力及语感。

4. 探索土豆印章的玩法，在蘸、拓、印的过程中发展幼儿小肌肉动作的灵活性。

5. 练习削、切、捣等生活技能，尝试动手操作，获得感知经验。

基本结构

本次活动拟充分利用和挖掘生活中常见的食材土豆的价值，并赋予材料更多的想象，通过环境创设、区角互动、亲子活动三方面的探索，使幼儿自由操作和感知体验中获得发展，达成食育教育目的。

整合准备

表 9-2-1 《土豆，快来呀》教育领域整合与支持准备一览表

活动类别	活动名称	领域类别	活动准备
家园互动	《10个土豆》绘本剧表演	综合	背景图；10个不织布土豆头饰服装；小老鼠、小猫、小狗、袋鼠、鳄鱼、大熊、小猪、小兔、狐狸、大象不织布头饰与服装。
节奏练习	土豆丝土豆片	音乐	土豆丝、土豆片的图片及节奏卡
环境创设	土豆家族	综合	幼儿种植土豆的照片、土豆的生长图片、土豆美食图片、土豆制品图片
区域活动	土豆快快长	养殖角	栽种土豆的花盆、自制浇水瓶
	土豆阅读	图书角	《土豆快来呀》、《土豆选美》、《小鼹鼠的土豆》、《10个土豆》、《原来，土豆很好吃》、《嗨，我是土豆》、《神奇的土豆泥》等关于土豆的图画书
	我的土豆小书		图片、照片等
	美味的土豆	美食厨吧	土豆泥、各种形状的模具、蓝莓酱、草莓酱
	土豆大变身	美工区	土豆及其他时令蔬菜、牙签
	土豆印章画		土豆块切成各种形状、水粉颜料、纸张、抹布
	幸福的小土豆	科学区	拼图系列
	土豆排队		从大到小的土豆让幼儿排序
	捣薯片	生活区	捣蒜器、薯片
	切土豆		小刀、案板
	削土豆		削皮器

活动过程

1. 环境创设

首先发起成立“土豆家族”倡议书，开辟出主题活动区域，让幼儿们与家长一起收集土豆的图片资料、绘本图书及自制“我的土豆小书”。教师进行艺术加工展示在墙面环境中，使幼儿一目了然地认识土豆的生长过程、土豆加工的食物、土豆做成的美食。许多家长还从家中带来土豆让幼儿观察，并展示在养殖角中。幼儿看见那些各种形状的

土豆开心地嚷着："这是妈妈带我从菜市场挑的"，"这是奶奶从家里给我带来的"。师幼一起把发芽的土豆切块，种植在各自的花盆中，幼儿随时观察自己的小土豆的生长情况，有的周末还会带回家，直到看到土豆开花、结出小土豆，品尝自己种的土豆。让幼儿对自己亲自参与布置的环境产生特殊的钟爱和亲切感，这样更激发幼儿与环境的相互作用，更有归属感。

2. 区角互动

(1)丰富图书角中关于土豆的绘本图画书。有的是家长看到倡议书主动带来的，有的是家长从当当网购买的，还有的是教师从园里绘本馆借过来的，很快班内的图书角里就收集到十多本关于土豆的绘本，为幼儿的阅读提供了有利保障。教师把绘本中幼儿喜欢的插图精心做成拼图投放在科学区，供幼儿在科学区自由摆弄操作。

(2)创意美工区让幼儿自主尝试创作。幼儿把土豆按大小分类装进盒子中，教师把土豆切出各种形状都投放在美工区中。幼儿蘸上各色水粉颜料自由拓印，大胆尝试，兴趣盎然。一幅幅作品展示在墙面环境中，供幼儿随时欣赏。动手能力强的画出不同表情的"土豆哥哥"、"土豆妹妹"，还结合黄瓜等其他食材插接出"土豆机器人"。

(3)生活区让幼儿忙起来。幼儿在参与生活实践的过程中，获得一些技能，形成一些意愿，有助于他们在其他活动中专注学习。幼儿削土豆皮的工作显得笨拙而稚嫩，目的是培养幼儿手眼的协调性、独立性，培养幼儿自己动手的好习惯。削完皮的土豆放在案板上供另一组幼儿切，切的工作锻炼幼儿手部肌肉，同时培养幼儿的秩序性、专注力，养成力所能及的生活好习惯。

(4)"美食厨吧"让幼儿品尝分享美味土豆。生活区中切好的土豆蒸成土豆泥，供幼儿动手放进各种模具中，摆出不同造型，挤上蓝莓酱和草莓酱，做成垂涎欲滴的"美味土豆泥"，让幼儿感受大地赋予我们智慧的营养。好看、好闻、好吃的美食还分享给亲爱的园长妈妈、临班的哥哥姐姐，同时分享的还有爱和温暖。

(5)音乐节奏游戏"土豆丝土豆片"趣味无穷。幼儿两只小手握拳变成圆圆的土豆，食指拇指伸开变成土豆丝，五指张开又变成土豆片，随着"土豆土豆丝儿丝儿，土豆土豆片儿片儿，土豆丝儿，土豆片儿，土豆丝儿、片儿"的歌谣双手做起来。熟练后也可以把自己身体的各部位当盘子，双手变土豆，还可以两个幼儿合作完成。儿歌朗朗上口，游戏调动幼儿各个感官知觉，刺激大脑发育，既训练幼儿手部技能，又促进智力发展，真是一举多得。

3. 亲子活动

(1)开展"我的土豆小书"亲子制作活动。活动分为认识书的结构、了解制作过程、亲子共同制作三个环节。经过教师生动的介绍、家长充分的准备和亲子温馨的制作，体现以幼儿为主，家长为辅的制作理念，用剪、贴、画、缝……等工序记录着幼儿和"小土豆"的故事，一本本精美、富有童趣的"土豆"小书完美呈现。在制作后，幼儿互相欣赏，和家人幸福地共同阅读，其乐融融的气氛将整个活动推向高潮。透过一本本小书，能感受到家长在追随着幼儿的兴趣和需求，能读出幼儿和家长的共同快乐，能看到爸爸妈妈的用心良苦。

(2)《十个土豆》绘本剧表演。首先召开筹备家长会，由家长群里推选出“绘本表演团”团长，负责导演、排练、服装、道具制作的具体分工，教师根据幼儿的特长安排相应的角色，其中的大象、大熊等角色由家长出演，共同商量后定出每天排练时间。明确的分工结束后，家长们各就各位尽心尽力：演员组在“导演”的组织中认真排练，从“一片空白”开始，一点点一句句一幕幕丰富；道具组为表演布置温馨的场景，精心制作漂亮的道具，纸箱、纸盒等废旧材料派上用场；服装组上网查资料，用不织布裁剪缝制精美的服装。正式演出时邀请临班的教师和幼儿当观众。幼儿的表演虽很稚拙，“小土豆”生动的表演让大家捧腹不禁，让每个人对这个故事有了更深刻的印象。以绘本表演的形式，重在让每个幼儿参与，让家长与幼儿互动，感受表演的乐趣、合作的经验，也给幼儿展现自我的表现机会。用心感受用心表达，幼儿对绘本剧中的角色渐渐有感觉有感情，他们愿意把《十个土豆》的故事分享给更多的观众，这份质朴的心意，正是戏剧表演最原本的意义。

反思评价

本次主题活动着眼于使食育学习实践成为幼儿“生命、生活、生存”三生教育的突破口，及时捕捉幼儿兴趣，通过组织开展一系列自由、开放、师幼互动的区域活动，努力满足幼儿操作、体验、表演的体验愿望，获得有关“食”的知识和“食”的能力。

(作者：金燕　单位：河北省保定市涞水县幼儿园)

三、我真能干

设计意图

帮助3~4岁幼儿较快适应集体生活，培养生活、交往、学习等适应性，是发展幼儿社会适应能力的重要契机。因此，应积极创设班级家庭式、生活化主题区域环境、材料、活动内容，针对分离焦虑、进餐盥洗睡眠困难、同伴交往障碍、集体规则不适等，吸引幼儿在温馨的区域里，在游戏、情景、生活实践中调适情绪、丰富感受、获得体验和方法，解决问题，适应幼儿园生活，促进健康情感、自理能力、社会性发展。

活动目标

1. 接纳幼儿园的人、事、物，对班级有安全感和归属感。

2. 理解幼儿园生活、班级活动、同伴交往、自我服务基本规则，养成初步健康生活规律。

3. 乐于参加集体活动，会听爱讲愿做。

活动架构

表9-3-1 《我真能干》主题活动基本结构设计一览表

区域内容		
生活适应	社会适应	学习适应
进餐好习惯	幼儿园和家里不一样	学本领
早睡早起	班级是我家	响亮说
自己的事情学着做	遵守班规	会倾听

整合准备

表 9-3-2 《我真能干》教育领域整合与支持准备一览表

活动类别	活动名称	领域类别	活动准备
生活适应区域	吃饭好习惯	综合	1. “播种”：农民耕种图片；模拟菜园、蔬菜种子、水瓶、铲子 2. “我来做妈妈”：娃娃若干、碗碟、勺子、米饭、面条学具、餐巾、炉具、锅具、小餐厅情景
	健康吃	科学	1. “健康一餐”：百宝袋、食物贴纸、食物图片：苹果、香蕉、雪梨、排骨、鸡蛋、菠菜、西红柿等，大量餐具、炉具 2. “喂动物”：动物大嘴学具、米粒、蔬菜、食物仿真材料，配对碗勺
	整洁吃	健康	角色游戏美食街情景、碗、勺、葡萄干、果汁软糖若干份，计时器六个；“吃得整洁!”贴纸
	小手真能干	社会 美术	1. “穿鞋乐”娃娃、各款鞋子、小鞋架 2. “穿衣乐”娃娃、各款衣服、小衣柜 3. “剪剪乐”手纸板，指甲刀、小盘子
	早睡早起身体棒	健康	小睡房的情境设置：小床、小被子、小枕头、小闹钟等物品；早睡早起健康记录本每人一份
学习适应区域	做有本领的幼儿	社会	1. “本领树”：大树 KT 板，树冠分成两半；一半绿色一半红色；衣服裤子、拉链背心外套、汗巾等 2. “本领王国”：对应本领的贴纸大量(扣纽扣、擦桌子、叠衣服、画画、踩高跷、玩具分类收拾)；桌子、玩具、玩具篮、纽扣背心、擦桌布、水桶、高跷、长袖外套、水果、画纸、蜡笔
	我会响亮说	语言	“我会响亮说”：香蕉、苹果、雪梨、葡萄、西瓜、桃子、菠萝、小猫、小鸭、小鸡、小狗等图片，摸箱；“我会响亮说”贴纸
	我会倾听	语言、音乐	“听听我是谁”：MP3 收录动物的各种叫声录音；对应动物图片；“会倾听”的贴纸

续表

活动类别	活动名称	领域类别	活动准备
社会适应区域	幼儿园和家里不一样	社会、科学、美术	1.“建构空间”：桌子椅子模具、玩具、娃娃家等建构材料 2.“绘本 DIY”：在家在园活动的手绘故事图、图书模板、胶水 3.“对对碰”：在幼儿园、在家活动的相关照片及对应场所的照片、展示板
	班级是个大家庭	美术、综合	“全家福”：班级师生不同情境合照若干；好朋友贴纸大量；相框模板，相片底纸
	班级规则我遵守	社会	“班级规则迷宫”：排队喝水，轮流玩玩具等班级规则的迷宫棋

活动过程

1. 区域生活情境化，吸引幼儿自主活动

(1)生活适应区域

播种：在特制的“小菜园”里体验播种劳动，《悯农》背景音乐下，松土、播种、浇水，收获果实贴纸，感受粮食来之不易。

“美食街”：练习用勺子进餐，能专注咀嚼吞咽，选择角色游戏区里的葡萄干或果汁软糖咀嚼吞咽，一分钟内完成，获得贴纸。

“喂动物”：练习正确使用餐勺舀菜舀饭喂小动物，不撒不掉获得贴纸。

“我来做妈妈”：自己做饭炒菜，喂娃娃，招待客人，热闹快乐。

“健康一餐”：配好菜、肉、主食、水果等一套健康餐，知道不挑食才健康。

“乐一乐”：帮娃娃穿衣、穿鞋、剪指甲，我来做爸爸你来做妈妈。

“小睡房里”：哄娃娃睡觉要会唱催眠曲、调闹钟和轻轻按摩。

(2)学习适应区域：

本领树：本领树绿色一边领取学习本领的任务，完成获得贴纸，本领树红色一边对应展示。

本领王国：自己事情自己做，就能成为本领王国的小王子、小公主。

“我会响亮说”：结伴更好玩的摸箱游戏，你摸我猜，互相奖励共同收获。

“听听我是谁”：MP3 收录动物的各种叫声，吸引幼儿耐心倾听，对应动物图片培养习惯。

(3)社会适应区域：

全家福：小朋友照片立体化，拼插或竖立成集体照或队伍模式，熟悉同伴，接纳集体。

“幼儿园是我家”绘本 DIY：幼儿园各处活动、生活、游戏场景图片绘本制作，幼儿自己的照片，随喜爱插图进行绘本讲述。

班级规则迷宫：排队喝水，轮流玩玩具等班级规则的迷宫棋，幼儿做得好的就可以插相片在上面，还可做为评价表。

建构空间：自主建构家庭、班室、幼儿园场景，再现家庭和幼儿园对比的理解。

对对碰：家庭幼儿园场景平面大图，幼儿服饰、形态各异的立体照一一配对场景，深化幼儿对不同活动的认识。

2. 重视活动渗透，推行一日生活皆课程

(1)幼儿自由选择幼儿园各类活动，感受幼儿园生活的乐趣。

(2)日常活动中鼓励幼儿多在集体前发言，争当小老师、小主持。

(3)将倾听游戏融合到一日生活各环节，经常开展，养成倾听习惯。

(4)日常生活中利用各种活动和各种环节师生、生生之间拥抱，表达好感，念儿歌，给幼儿切身的家庭感受。

3. 加强家园互动，共同培养良好习惯

(1)推荐吃饭好习惯亲子绘本，丰富健康饮食文化。

(2)进行家庭整洁吃闯关记录，巩固鼓励良好习惯。

(3)家园共育“早睡早起日记”，逐步养成早睡早起的生活习惯。

(4)“能干小帮手”“家庭规则我遵守”网络实时图片分享，交流教育心得。

4. 挖掘社区资源，走向更广阔空间

(1)参观社区幼儿活动场所，共同制定规则，遵守社区活动规则。

(2)鼓励幼儿参与社区公益活动，如猜灯谜、亲子运动会、智力游园会，展现能力。

反思评价

有规律的生活，良好的作息、饮食、卫生习惯，是幼儿健康发展的基础，也是他们适应从家庭转换到幼儿园集体生活的条件。本次活动结合生活、社交、学习情境，积极引导幼儿学习在园生活的基本规则和技能，获得自由交往和游戏的机会，自主选择、自由结伴开展活动，有效增强了幼儿的自尊心和自信心，也在学习如何看待自己、对待他人，不断发展适应社会生活的能力。

(作者：麦榴　卢燕坤　郑旖旎　林子颖　徐晓娟　单位：广东省广州市荔湾区协和幼儿园)

第十章　中班区域主题案例

一、春天来了

设计意图

《3—6岁儿童学习与发展指南》中指出：游戏材料和幼儿发展之间存在一种双向联系，材料的种类特点能刺激幼儿的行为方式。要珍视游戏和生活的独特价值，创设丰富的教育环境，合理安排，支持和满足幼儿通过直接感知、实际操作和亲身体验获取经验的需要。正值春天，幼儿对生机盎然的春天充满了好奇，他们急切地想要去观察、了解、探寻春天的秘密。为此，在班级各个区投放了多种材料，材料的投放遵循传递春天信息的原则，使幼儿在与环境材料的有效互动中，感知、了解春天的变化。

活动目标

1. 让幼儿在区域活动中培育发现问题、寻找问题答案的能力。
2. 增强幼儿对季节变化的感知与审美能力。

基本结构

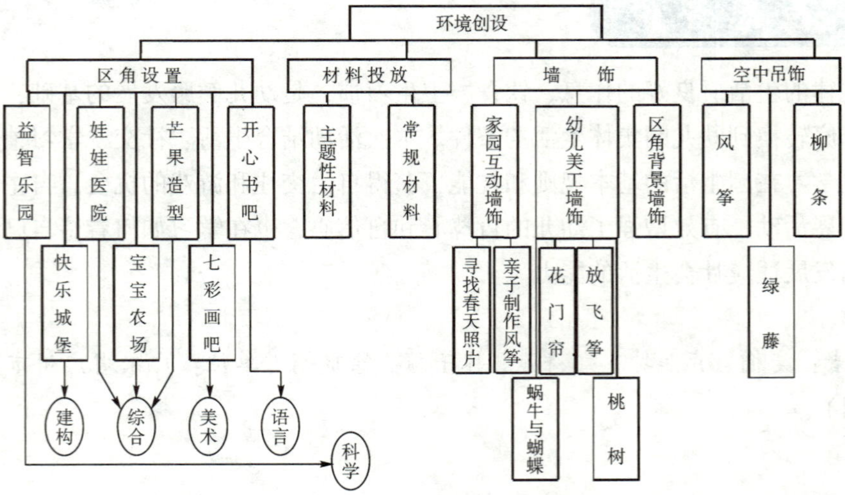

图10-1-1　《春天来了》主题活动基本结构设计示意图

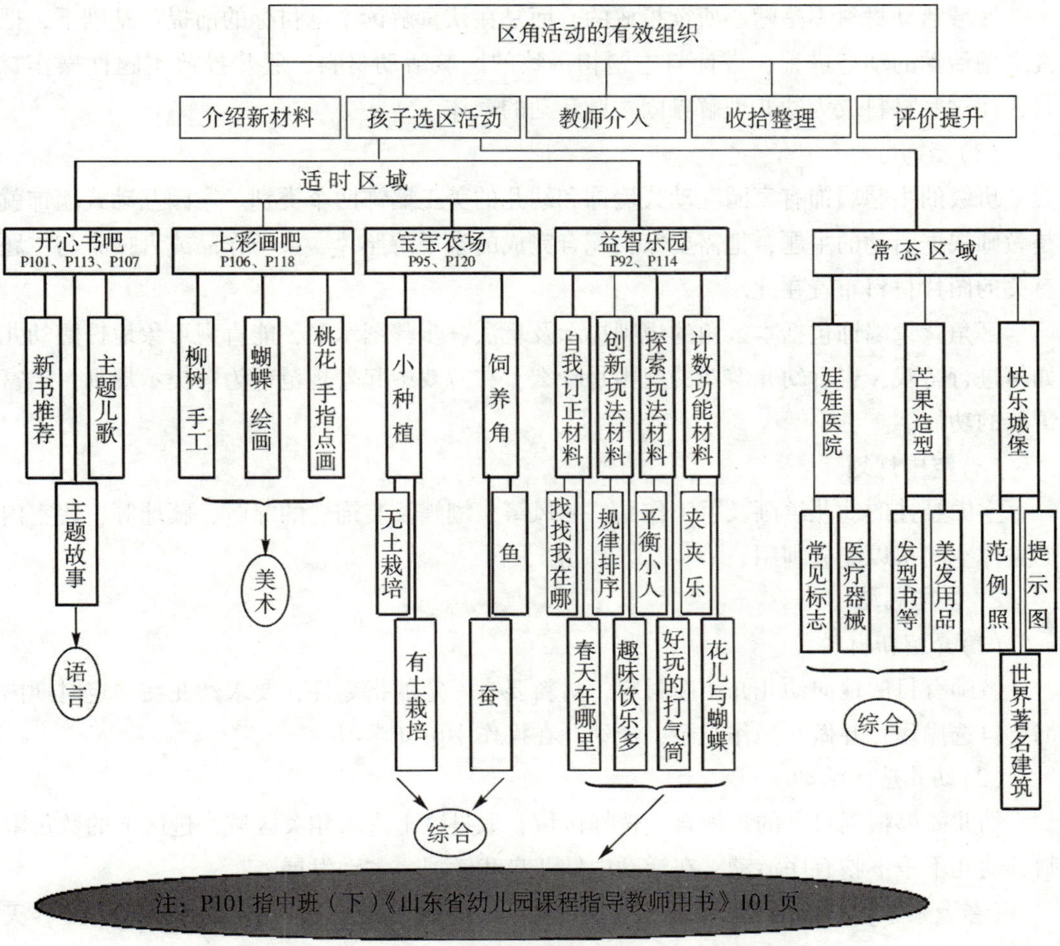

图 10-1-2 《春天来了》主题活动基本结构设计示意图

整合准备

见图 10-1-1，10-1-2。

活动过程

1. 环境创设

(1) 区角设置

根据中班幼儿的年龄特点，班级设置了芒果造型、娃娃医院、七彩画吧、开心书吧、益智乐园、城堡乐园、宝宝农场，并伴有一些小区角的开设。

(2)材料投放

区域活动材料不是随心所欲投放的，而是在认真解读主题目标的前提和基础下，把握主题活动的动态进程，设计与主题相一致的区域活动材料，逐步投放主题性操作材料，使这些材料成为幼儿理解巩固主题活动的载体。

(3)墙饰

班级的主题墙饰有家园互动式墙饰和幼儿的美工墙饰两个类别。家园互动式墙饰就是教师根据活动的主题，把需要家长配合完成的亲子游照片、亲子作品或者搜集与主题有关的图片材料布置在此。

区角背景墙饰包括本区角的规则提示及玩法、步骤图示等，能直观形象地提醒幼儿如何进行游戏，告诉幼儿游戏的规则是什么，在游戏中起着规范行为、提示规则、丰富情节的功能。

(4)空中规划

空中悬挂的幼儿绘画及手工作品——风筝、蝴蝶及装饰性的绿藤、藤球等，使室内的立体空间得以充分利用。

2. 区角活动

(1)介绍新材料

教师有目的地向幼儿介绍新材料，材料要有一定的指令性，要求幼儿在一定时期内都要自选操作，并做好操作记录，让幼儿在操作中感知学习。

(2)幼儿选区活动

幼儿能够根据自己的兴趣自主选择区域，取进区卡进入相关区域，进区卡的数量限制着幼儿不争不吵有序活动，在活动中幼儿自我学习，主动发展。

《春天来了》主题活动伴随着三个次主题：《植物发芽了》、《越来越暖了》、《春天真快乐》，随着主题的不断开展，班级在墙饰及各区域材料的投放上也做了相应的调整。

在《植物发芽了》主题中，首先设置了“宝宝农场”，请家长和幼儿一起种植一种植物放到“宝宝农场”里，在“七彩画吧”幼儿制作了迎春花、花门帘，在益智乐园进行图形拼搭；结合《天气变暖了》主题，在“宝宝农场”里饲养了蚕，环境创设中有折纸蝴蝶和画春天，投放了温度计以及故事《春天的电话》来了解春天的特征；结合《春天真快乐》主题，开设了“找找我在哪”、“花朵与蝴蝶”、“找春天”、“有趣的吹画”等板块，这些活动有的是根据幼儿的实际情况开设，有的则是教学内容的延伸。

常态区域包括“娃娃医院”、“芒果造型”、“快乐城堡”。

(3)教师适时介入

教师角色定位在只是活动的观察者、指导者。为幼儿服务，为幼儿做配角。

(4)收拾整理

为了让幼儿有序整理，班级在物品的摆放位置上贴上与该物品对应的相应颜色的数字，以便幼儿按标记对应摆放物品。

(5)评价提升经验

教师组织交流评价幼儿的作品，或者捕捉一个点来评价。

反思评价

开展有效的区域主题活动，应根据幼儿的个体差异投放不同难度的操作材料，符合本区域的操作特点，尽可能丰富多样并且有一定的趣味性。教师应适时合理指导，在进入区域活动之前应给幼儿讲明该区域的活动要求与玩法，同时详细介绍新添置的活动材料，使幼儿能大胆地尝试新内容，活动中请幼儿根据自己的意愿选择活动区域，成为区域的主人，自由分配角色，自主式、商量式地操作，重视培养幼儿良好的操作常规，如按照正确的操作方法进行，对操作材料要爱惜，操作完之后应将材料整理好并且归位。

（作者：胡桂叶　单位：山东省烟台市栖霞市机关幼儿园）

二、夏天的歌

设计意图

对幼儿来说，夏天就像是一个神奇的魔术师。它可以让小朋友穿上自己最喜欢的花裙子轻松自在地玩耍，品尝沙甜多汁的大西瓜，尽情地享受泳池戏水的乐趣，倾听蝉鸣鸟叫的天籁之声等，可以说夏天是幼儿最喜欢的季节。本次活动旨在让幼儿自主观察、发现、了解夏天的特征，运用各种不同的方式表现自己对夏天的认知和感受，体验夏天里最快乐的事，获得度过炎炎夏日的小诀窍。更重要的是满足幼儿对于季节变换的好奇心与探究欲望，激发他们对于大自然的热爱之情。

活动目标

1. 观察夏天的季节特征，了解简单的降温方法，能用比较完整的语言表述自己对夏天的感知。

2. 大胆运用语言、歌唱、欣赏、手工制作等方式，表现自己对夏天的认识和喜爱。

3. 在多种活动中感受、体验夏天的快乐。

基本结构

表 10-2-1 《夏天的歌》主题活动基本结构设计一览表

阶段	阶段目标	阶段活动内容
第一阶段	制定主题区域“夏天的歌”活动目标与材料投放	1. 召集班组成员共同研讨中班幼儿年龄特点与夏天主题发展需求，整合五大领域制定主题区域活动目标 2. 依据目标确定各区投放材料
第二阶段	创设温馨、整洁的班级活动区域	1. 整合家长资源，收集与本次区域活动所需材料书籍，教师同步运用多种方式制作区域活动材料 2. 整理、投放本次主题区域的材料

续表

阶段	阶段目标	阶段活动内容
第三阶段	组织幼儿有效开展“夏天的歌”主题区域活动	1. 教师根据幼儿兴趣点选择集体、小组、个别等方式介绍区域活动内容 2. 对幼儿的区域活动开展情况进行巡回指导，帮助幼儿发现问题，解决问题，获得有关夏天的季节体验
第四阶段	调整区域活动材料	1. 与家长交流幼儿回家后对班级区域的反馈情况 2. 根据幼儿实际操作情况及家长反馈与班级教师通过分析讨论，对各区的材料进行微调，以满足幼儿发展的需求
第五阶段	反思活动开展实效	1. 与班级教师一起反思主题区域活动开展情况 2. 拟写活动反思，为下一主题区域活动的有效开展留存资料

整合准备

表 10-2-2 《夏天的歌》教育领域整合与支持准备一览表

活动名称	领域类别	活动准备
水粉画：向日葵，设计夏装，手工制作：蜻蜓蝴蝶，泥工：荷花，折纸：青蛙，创意画：我眼中的夏天	艺术 社会	彩纸、水彩笔、颜料、泡泡泥、胶水、剪刀、手工制作步骤图、透明塑料膜、毛根、夏季图片、夏天服饰模板等
看图讲述：夏天到，故事盒：夏天的秘密，儿歌图谱：夏天的歌，阅读夏天相关书籍	语言 社会 科学	投入有关夏天的故事盒、图片、图书、儿歌卡、角色头饰等相关材料
排序游戏：夏天的小花伞或服装，单双数游戏：钓鱼，序数：游泳比赛，接龙游戏：沙滩乐	科学	利用夏天的服饰、沙滩游戏、钓鱼等制作成排序、单双数、序数、接龙等操作材料
你沉我浮、有趣的潜水艇、硬币的肚量、怎样让小船动起来、色水游戏等与水相关的游戏，认识夏天的降温工具	科学 健康	投放关于沉浮、会动的小船、水盆、色水、注水用具、瓶子、夏天的降温工具图卡等用品供幼儿操作

续表

活动名称	领域类别	活动准备
夏季服装秀，歌曲表演：夏天的雷雨，自由创编故事表演：快乐的夏天	社会语言艺术	各种废旧材料制作的表演道具、夏季服装、配饰、节奏鲜明的音乐、小音箱
在自然角种植向日葵、黄瓜、西红柿，饲养鱼、乌龟等供幼儿进行观察、记录	科学 语言	各种夏天的动植物、洒水壶、记录本等

活动过程

1. 美劳区

活动目标：

(1)让幼儿自主选择各种不同的材料用自己喜欢的方式进行创作，表现夏天的特征。

(2)发展手部小肌肉群的灵活性。

指导要点：

(1)在欣赏夏季景色的基础上，鼓励幼儿运用多种材料表现夏天的场景，在这个过程中引导幼儿用比较丰富的颜色作画，尝试在画面上安排上下、左右的关系。

(2)在装饰夏天服饰时引导幼儿根据自己的生活经验，大胆想象不同的花纹、图案、色彩进行装饰。

(3)在幼儿尝试以小组合作的形式进行创作时，教师可参与其中，引导幼儿学习根据每个人的特长进行分工协作。

(4)美劳区的操作材料十分丰富，因此在活动中注意培养幼儿良好的活动习惯，例如在活动中随时把自己的活动材料收拾整齐，在活动结束时提醒幼儿将各种制作工具摆放整齐。

活动建议：

(1)在日常活动中注意引导幼儿关注周围环境的变化，积累创作素材，引发幼儿的创作欲望。

(2)可将典型的夏季场景拍摄下来，张贴在美劳区供幼儿创作时参考。

(3)在幼儿进行夏季服饰、太阳伞等的装饰时，除可进行自由创作外，还可引导幼儿有规律地装饰。

(4)请幼儿以小组的形式进行创作，如组画“夏天”，手工制作“荷花塘中的蜻蜓”等。

(5)将幼儿的作品摆放在展览区，供幼儿相互欣赏、评价或投放在语言区供幼儿进行讲述活动。

(6)布置“夏天的歌”主题展板，将幼儿的作品进行组合，展现夏季特征。

2. 语言区

活动目标：

(1)能用比较完整的语言讲述自己对夏天的认识。

(2)积极参与仿编活动，体验多种方式诵读儿歌的乐趣。

指导要点：

(1)引导幼儿在观察故事盒、图片等的基础上，使用简单的句式，例如“有……有……还有……”描述人物或背景，讲述故事盒或图片里的内容。

(2)鼓励幼儿之间轮流讲述，并能安静、专注地倾听同伴的讲述。

(3)在讲述中注意纠正幼儿发音，不断丰富相关词汇，并提醒幼儿有感情地进行讲述或表演。

(4)可与幼儿共同回忆夏日里听到的动物叫声，进行儿歌《夏天的歌》仿编活动。

活动建议：

(1)为幼儿创设安静、温馨的阅读环境，使幼儿喜欢看书，并能在自主阅读后能进行简单的讲述，与他人讨论自己在阅读中的发现和体会。

(2)在熟悉儿歌卡内容的基础上，也可加入乐器边打节奏边说儿歌。

(3)结合美劳区幼儿的创作，及时调整语言区的材料投放，以激发幼儿参与讲述的积极性。

(4)请进行故事表演的幼儿在活动结束后，给全体幼儿表演。

3. 数学区

活动目标：

(1)在操作活动中巩固对于自然数、数列、序列的掌握。

(2)形成初步的观察、判断能力，对数学操作活动有兴趣。

指导要点：

(1)在幼儿操作的过程中，教师可与幼儿进行个别交流，请他们将自己的操作结果用语言讲述出来。

(2)提醒幼儿在操作完后，与同伴相互讲讲自己的操作结果。

(3)鼓励幼儿根据操作材料的特点，进行物体的正、逆向排序。

活动建议：

(1)可利用美劳区幼儿的制作更换操作材料。

(2)在操作中注意个别辅导，促进每一名幼儿数概念的形成。

(3)根据幼儿对序数的掌握情况，调整操作难度。例如：增加楼房的高度，由一维序数扩展到二维序数。

4. 科学区

活动目标：

(1)通过各种不同的操作活动，激发对周围生活的探究欲望。

(2)乐意用简单的符号或语言记录、描述自己的发现，与同伴分享探索的乐趣。

指导要点：

(1)提醒幼儿在进行实验操作时尽量不要让水洒出来。

(2)鼓励幼儿用简单的符号记录自己的操作过程。

(3)在幼儿表述自己的操作过程和结果时，请幼儿用较完整的语言来讲述。

(4)帮助幼儿养成实验完后将实验物品擦干，摆放整齐的好习惯。

活动建议：

(1)根据幼儿的操作情况，可请幼儿自主在教室里任意选择不同材质的物品进行小实验。

(2)请家长在日常生活中注意引导幼儿关注自己身边的降温工具。

(3)色水可进行多种游戏，例如：配色游戏、声音的游戏等，鼓励幼儿大胆尝试。

5. 表演区

活动目标：

(1)能够大胆运用各种服饰、配饰装扮自己。

(2)能与同伴合作进行表演活动或随音乐模仿走秀。

指导要点：

(1)在选择使用服装道具时，能够自觉爱护每一种材料。

(2)鼓励幼儿大胆运用各种配饰装扮自己。

(3)注意引导幼儿随音乐节奏进行走秀活动。

(4)在幼儿进行表演活动时，可先与幼儿共同确定表现主题，引导幼儿围绕主题展开想象，进行表演。

活动建议：

(1)表演区的创设应与其他比较安静的区域分开，以免打扰其他区域的活动。

(2)请家长协助，与幼儿一起利用各种废旧物品进行亲子制作“夏天的服装”。

(3)在幼儿能够自主选择服饰进行展示的基础上，可让幼儿之间相互协商，尝试模仿模特有次序地进行走秀。

(4)可请幼儿在区域活动结束后给大家展示自己的表演。

6. 自然角

活动目标：

(1)观察动植物的生长、变化，了解它们与人类的密切关系，并能用简单的符号记录自己的观察。

(2)激发热爱大自然的情感，学会欣赏和保护花草树木及小动物。

指导要点：

(1)在幼儿观察、照顾动物的过程中，引导幼儿观察动物的外形特征、倾听它们的叫声，并与同伴交流、分享自己的发现。

(2)在幼儿观察、照顾植物的过程中，注意提醒幼儿控制浇水量，不要一次浇过多的水。

(3)鼓励幼儿用自己的方式记录所观察到的动、植物成长变化。

活动建议：

(1)与家长沟通，共同收集夏天的动、植物，放置在自然角，供全体幼儿一起观察。

(2)可在户外活动时捕捉小昆虫放在自然角饲养，一些比较难饲养或捕捉的小动物也可以用标本代替。

(3)豆芽比较容易发芽，可在适合的器皿里种豆芽，供幼儿观察记录。

(4)可在语言区提供自然角动植物的相关资料图书，供幼儿阅读，扩展幼儿的知识面。

(5)根据观察到的动物叫声，在语言区仿编儿歌《夏天的歌》。

反思评价

本次主题活动将区域创设与班级主题活动相结合，把幼儿对季节感兴趣的问题与这一阶段所要掌握的知识点自然地融入区域活动中，通过幼幼互动、师幼互动让幼儿在区域中自主操作，对夏天有更加深入、全面的了解。需要改进的是每个幼儿的发展需求不同，有时会差距较大，教师所创设的物质环境应能让班级的每一位幼儿都找到适合自己的切入点，在与材料的有效互动中获得不同的提升。在家园沟通方面也应该更加及时、具体，从而让家长明确活动开展的意义，通过什么样的方式才能协助幼儿在层层递进的活动中发现夏天的快乐，体验季节的独特魅力。

(作者：李剑　单位：西安交通大学幼儿园)

三、树叶的秘密

设计意图

伴随着清晨温暖的阳光，树叶随着微风轻轻起舞，每片树叶散发着生命的力量，大自然是赐予幼儿最好的礼物。每天的户外活动的时候，幼儿都会围在树叶周围，对树叶表现出浓厚的兴趣。为了满足幼儿们对树叶的好奇心，丰富对树叶的深度认知，激发幼儿热爱大自然，亲近自然的情感，特发起本次区域主题活动。

活动目标

1. 认识常见树的树叶，并能按照某种特征将树叶进行分类。
2. 讨论树叶呈现不同颜色的原因。
3. 能在树叶拓印的过程中发现叶脉，并知道叶脉的基本作用。
4. 能够通过画树叶、剪树叶、贴树叶等方式自制小书，体验自己动手做书的乐趣及成就感。
5. 知道树叶的作用，初步感知树叶与我们的生活息息相关，进一步亲近自然，热爱自然。

基本结构

主要通过树叶的外形特征、树叶艺术创想、树叶与人类的关系三个方面进行探究，与幼儿共同挖掘树叶的奥秘。

整合准备

表 10-3-1 《树叶的秘密》教育领域整合与支持准备一览表

活动类别	活动名称	领域类别	活动准备
亲子活动	我和树叶有个约会	综合	召开家长会，鼓励家长与幼儿利用周末亲近自然，捡拾树叶

续表

活动类别	活动名称	领域类别	活动准备
区域活动	树叶分类	科学	各种颜色、形状、大小的树叶若干
	树叶拓印	艺术	树叶若干、石膏粉、颜料、水粉笔、小托盘等
	一片叶子的故事	艺术、语言	画纸、水彩笔、卡纸、剪刀、胶水、订书机、贴图等
	树叶的作用	语言、科学	各种树叶、录音、树叶妙用的图片或影像资料等
亲子活动	我和茶有个约会	社会、科学	各种茶叶、茶具、布置活动场地等

活动过程

1. 前期准备

(1)召开家长会，进行《树叶的秘密》主题播报，充分利用班级日志、家园联系栏等方式，让家长知道树叶为幼儿带来的乐趣和教育价值，赢得家长的支持与配合，为幼儿在活动中获取经验、材料收集奠定基础。

(2)材料准备：常见的各种树叶若干、毛巾、牙刷、卡纸、胶带、剪刀、石膏、水粉颜料、毛笔水、桌布/报纸、茶具等。

2. 活动进程

(1)树叶分类

利用户外活动，带领幼儿在幼儿园里寻找树叶比较集中的地方，幼儿自由捡拾树叶。

清洗树叶。用毛巾、牙刷等将树叶表面水迹及灰尘清除干净。在这个环节中，教师引导幼儿观察树叶的特征(颜色、大小、形状等)。

鼓励幼儿按照某种特征进行分类。

组织讨论：树叶为什么会变黄？(树叶会变黄的原因：树叶里的花青素、叶黄素、胡萝卜素会随着天气温度的变化，渐渐取代叶绿素显现出来，所以树叶就是黄色的，树叶不光会变黄，有的树叶还会变红。天气再冷一些的时候，树叶就会掉落，变成虫子的食物。树叶腐烂后会变成肥沃的土壤，成为植物生长的养料。)

与同伴分享自己分类的方法，并在总结区域活动时，请2~3名幼儿分享他们的分类结果和树叶变黄的原因。

(2)树叶拓印

出示《树叶拓印》作品，观察石膏拓印树叶的方法。

a. 树叶印在什么上面？第1步应该怎么做？(调石膏。石膏粉与水1：3进行调配)

b. 第2步干什么？(树叶放在调好的石膏粉上)为什么要用手压一压？(可以使图

案更清晰)压的时候要注意什么？(压的时候，力度要均匀)

c. 为什么要在印好树叶的石膏上涂一层颜料？(石膏上的树叶图案颜色更深一点)

幼儿自由创作，教师巡回指导。

欣赏作品，发现叶脉。

a. 提问："我们印在树叶上的这些条纹是什么？"(叶脉)

b. 讨论：它们有什么作用呢？

c. 观看视频，知道叶脉的基本作用(为植物输送养分)

(3)自制小书《一片树叶的故事》

谈话："都有什么形状的树叶？你喜欢哪种树叶？"

请幼儿画出自己喜欢的树叶。(提示：形状、颜色、大小)

指导幼儿把画好的树叶沿着轮廓剪下来。(强调剪刀正确的使用方法。)

幼儿自行商量，请两名美术手工功底较好的幼儿把树叶贴在事先准备好的卡纸上，并进行简单装饰。

教师帮助幼儿将其作品装订成册。并鼓励幼儿根据画面创编故事。

(4)家长进课堂，《我和茶有个约会》

邀请有茶艺特长的家长进课堂，为幼儿普及茶文化。

确定家长进课堂活动内容及流程。

活动开展：

a. 介绍茶文化的相关知识。(茶的种类、茶具等)

b. 家长示范茶道操作流程：第一道，净手和欣赏器具；第二道，烫杯温壶；第三道，茶叶入壶；第四道，洗茶；第五道，冲泡；第六道，春风拂面；第七道，封壶；第八道，分杯；第九道，分壶；第十道，奉茶。

请个别幼儿尝试泡茶，家长亲自指导。

幼儿为老师奉茶。

家长及教师进行活动总结。

3. 主题活动汇报

主题活动结束后，利用下午接园时间，将本次主题活动幼儿的收获，向家长作以简单汇报。

反思评价

本次主题活动利用幼儿天生对自然的好奇心，以幼儿最熟悉、最感兴趣的树叶为主题，幼儿进行自主发现、探索，有意识地启发和引导，让幼儿对周围的事物、现象感兴趣。为幼儿提供了亲近自然的机会，进一步感受与欣赏大自然的美。

(作者：马幸幸　单位：西北农林科技大学幼儿园)

四、各种各样的纸

设计意图

在我们的生活中有各种各样的纸，有彩色的蜡光纸、有薄薄的毛边纸、有光滑的纸、有粗糙的纸……它们有着自己不同的特性，也有着相同的特点：易燃、易撕、易湿、易皱等。在平常与幼儿的交流与观察中收集到有关幼儿许多关于纸的疑问与话题。本次活动着重让幼儿在玩中体验、感知、发现各种纸的不同特性。

活动目标

1. 探索、发现生活中纸的多样性及特征。
2. 了解纸在生活中的多种用途，感受纸及纸制品给人们生活带来的方便。

基本结构

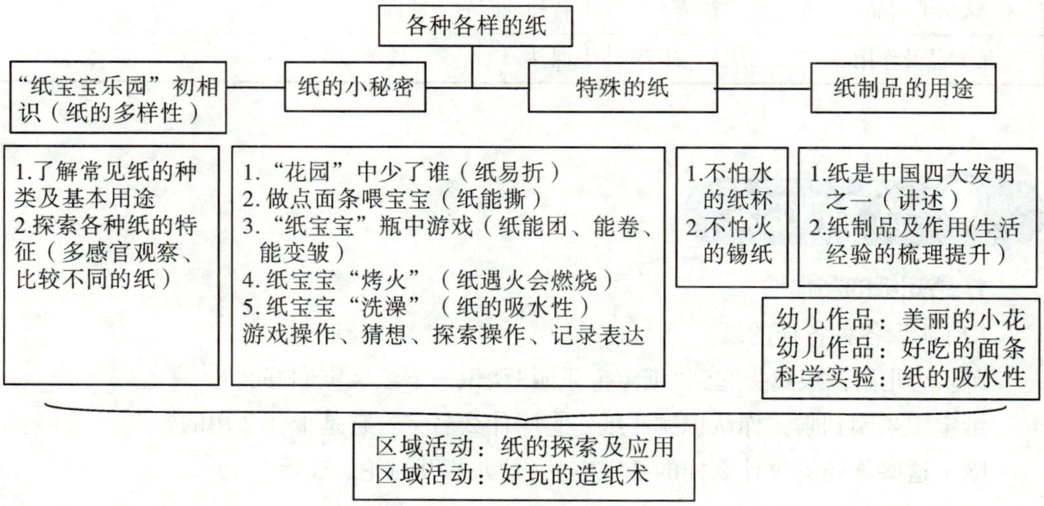

图 10-4-1 《各种各样的纸》主题活动基本结构设计示意图

整合准备

表 10-4-1 《各种各样的纸》教育领域整合与支持准备一览表

活动名称	领域类别	活动准备
“纸宝宝乐园”初相识	综合活动	各种类型的纸：A4 打印纸、皱纹纸、宣纸、纸巾、牛皮纸、卡纸、折纸、卫生纸等 各种纸制品：纸币、信封、奖状、报纸、纸盒、纸袋、纸杯、图书等
各种纸的特征	综合活动	各种类型的纸
花园中少了谁	艺术、科学	篱笆、彩色折纸、胶水 记录纸
做点面条喂宝宝	艺术、科学	宝宝玩偶、碗、纸
纸宝宝变小了	健康、科学	透明瓶子、纸
纸宝宝烤烤火	科学、健康	打火机、一小盆水、白纸
纸宝宝洗澡	科学、语言	1. 水槽(带彩笔水)、同样长度的纸巾、打印纸、牛皮纸的长条 2. 记录纸
不怕水的纸杯	科学、语言	纸杯、水
不怕火的锡纸	科学、语言	打火机、锡纸
认识纸制品	语言	各种纸制品、课件
纸制品及作用	语言、社会	课件

活动过程

1. 感知纸的多样性

(1)认识各种各样的纸。

师：幼儿们，跟我一起到“纸宝宝乐园”认识一下纸宝宝们好么？

纸宝宝乐园到啦，你认识哪些纸？它叫什么名字？它是干什么用的？

除了这些你还见过什么样的纸宝宝？(幼儿相互讨论、交流)

(2)感知各种纸的特征

请几名幼儿说一下自己选的纸宝宝是什么样子的。小朋友们发现了纸宝宝那么多的秘密，现在老师请你们再到纸宝宝乐园，看一看摸一摸里面的纸宝宝，你还能发现纸宝

宝的什么秘密，看谁发现的秘密最多。(引导幼儿发现纸表面的颜色、亮度、及手触摸的感觉不同，有的光滑、有的粗糙等)(音乐)

集中交流：你发现它们有什么不同？

教师小结：小朋友真聪明。纸是各种各样的，有不同的颜色，有的大有的小，有的厚有的薄，有的软，有的硬，有的光滑，有的粗糙，有的有光泽，有的暗淡一些。“纸宝宝”不光有这些特征，它还有许多秘密呢！下面，我们来玩几个游戏来看看“纸宝宝”到底有什么秘密。

2. 教师为幼儿提供材料，引导幼儿通过实验探索纸的特性(秘密)

(1)实验一：花园中少了谁？

师：小花园到了，呀！漂亮的小花哪儿去了？请小朋友想想办法，只用这些纸怎样做小花？(启发幼儿可以折小花。)

请幼儿从自己的小筐里拿出折纸，折小花并黏到图上。

教师总结：小朋友通过折小花知道了“纸宝宝”的第一个秘密就是：纸能折。

(记录纸一，把幼儿折的小花展示其中)

(2)实验二：做点“面条”喂宝宝。

师：小花园那么美，宝宝在这里唱歌跳舞真开心，玩饿了，小朋友们快帮帮小朋友做些面条吧，只有这些纸，怎样帮助宝宝变出面条呢？

启发幼儿用撕的办法变出面条，并喂给宝宝。

教师总结：小朋友通过撕面条，发现了“纸宝宝”的第二个秘密：纸能撕。

(记录纸二，把幼儿撕的面条展示其中)

(3)实验三：“纸宝宝”变小了。

教师出示一个透明的空瓶子和几张白纸。

师：“纸宝宝”要到瓶子里玩一玩，怎么办？谁来帮帮它？

启发幼儿说出：把纸卷起来或把纸团起来。

教师总结：纸团起来之后，你发现纸怎么了？(变皱了)，我们又发现了“纸宝宝”秘密是：纸能卷，能团，能变皱。

(4)实验四：“纸宝宝”烤烤火。

师：“纸宝宝”想烤烤火会怎么样？我们一起试验一下。

教师演示把纸点着，然后放入水盆里，幼儿观察得出结论：纸能燃烧。

教师总结：纸遇到火会燃烧，所以小朋友看书、玩纸不能靠近有火的地方，还有就是不能随便玩火。

(5)实验五：“纸宝宝”去洗澡。

教师出示打印纸、纸巾、牛皮纸。首先出示一小盆带颜色的水和三种纸。

师：“纸宝宝想洗个澡，他会怎么样？”

让幼儿猜想与操作：小朋友猜一下这三个纸宝宝跳到水里会怎么样？

(记录纸一，记录幼儿猜想)

师：仔细看好哦，然后将你的发现告诉大家，看谁观察得最仔细。

（记录纸二，记录实验结果）

教师总结：我们又发现“纸宝宝”一个秘密：纸能吸水。

3. 认识了解生活中特殊的纸及其用途

师：刚才我们知道了纸的几个小秘密，我又有一个问题了，所有的纸都怕水吗？（出示纸杯）

师：你们看，这是什么？你在哪里看见过？它是用来干什么的？

师：纸杯是用经过特殊加工的纸做成的，它是一种纸制品。它既硬又不容易吸水，用它喝水、喝茶都很方便。你还知道哪些纸制品不怕水？

师：那是不是所有的纸都会燃烧呢？

（出示锡纸）

师：今天老师还带来了这种纸，你们见过吗？在哪里看见过？那么这种纸遇到火会不会燃烧呢？让我们来看实验。

（教师用打火机点燃锡纸）

师：燃起来了吗？因为这种锡纸不易燃烧，所以用它包着食物烧烤，不仅可以将食物烧熟，而且可以不让汤汁漏出来，使食物的味道更鲜美。

师：老师这里还有一种纸，（出示复写纸）可是我不知道它有什么秘密，请小朋友下课之后自己去玩一玩，看一看，摸一摸，然后来告诉我，它有什么秘密，好吗？

4. 了解纸制品在生活中的用途，结束，延伸活动

（1）认识纸制品。

师：小朋友，你们知道纸最早是谁发明的吗？纸是我们中国人最早发明的，我们中国人是很聪明的。看，（出示图书、扇子、包装盒等纸制品）这些都是纸做的物品，所以叫纸制品。

（2）引导幼儿说出日常生活中纸的应用：你知道哪些纸制品？它们是干什么用的？

（3）出示一些纸制品，让幼儿了解更多的纸制品给人们生活中带来的方便。

师：我们的生活离不开纸，那我想请小朋友到你的生活中去找一找，还有哪些物品是用纸做的？纸对我们有什么帮助呢？你还想发明出什么样的纸有利于我们的生活呢？相信聪明的你们一定会找到答案的。

反思评价

本次主题活动以幼儿为主体，通过为幼儿创设宽松自由的探索空间，充分发挥幼儿的自主性，使幼儿在直接观察、直接操作、具体表现的活动中，逐步深入了解纸的特性，进而完善其认知结构。

（作者：肖春辉　单位：山东省肥城市安驾庄镇中心幼儿园）

第十一章 大班区域主题案例

一、管道大玩家

设计意图

生活中的管子无处不在。当这些管子呈现在幼儿面前时，很快引起了幼儿们玩耍的热情。于是，专门设计了本次探秘管子更多玩法的区域主题活动。

活动目标

1. 认识生活中常见的管子及特征，了解管子在生活中的用途。
2. 对生活中的管子感兴趣，尝试运用眼、耳、手等多种感官探索管子游戏并体验活动的乐趣。
3. 幼儿能在管道游戏中积极地提出问题、大胆猜想验证，并运用自己喜欢的方式解决问题。
4. 能够大胆地运用自己喜欢的方式对管子进行装饰和创作。
5. 幼儿能够借助各种资源大胆设计、制作管道玩具，并能进行合作游戏。

基本结构

表 11-1-1 《管道大玩家》主题活动基本结构设计一览表

子主题	主要活动
管道可以怎么玩？	可以怎么玩？
	1. 骑大马 2. 管道钻洞 3. 听筒传话 4. 潜望镜 5. 吹泡泡
	我来试一试
	1. 管子拼插 2. 管道传球 3. 软管拔河 4. 小管拼字母 5. 软管跳绳 6. 管道流沙 7. 吸管编手链

续表

子主题	主要活动
生活中还有哪些管道？	金属管道
	1. 暖气管道 2. 小区锻炼的器械管道 3. 万花筒 4. 拉杆箱的拉杆
	塑料管道
	1. 酸奶吸管；2. 灯管；3. 洗衣机排水管；4. 灭火器的管子；5. 针筒；6. 输液管子；7. 大桥上的灯柱；8. 笔筒和笔芯；9. 喷水枪；10. 加油站的加油管；11. 汽车的尾气管；12. 公园浇小草的喷水管
	纸质管道
	1. 手纸卷筒 2. 薯片筒
这些管道有什么用？	人体管道
	1. 血管——运输养分；2. 肠道——排除垃圾；3. 耳道——传声；4. 呼吸道——呼吸空气，排除废气；5. 泪腺——流泪，清洁眼睛
	植物管道
	1. 叶脉——运输养分 2. 根——吸收水和养分

整合准备

表 11-1-2 《管道大玩家》教育领域整合与支持准备一览表

活动类别	活动名称	领域类别	活动准备
亲子活动	生活中的管子有哪些	综合	调查表、画、笔、“各种各样的管子”环境
	管子大搜集	社会、科学、语言	分类盒、收集过程的照片或视频
	管子有什么用	社会、语言、科学	各种实物管子、课件、笔、纸
	管道玩具大制作	综合	各种长短粗细不同的 PVC 管子、三通、电锯、钉子、打孔器

续表

活动类别	活动名称	领域类别	活动准备
探索活动	不一样的声音——电话听筒	科学	不同材质的管子、纸杯、各种线，不同距离远近的电话墙环境
	管道传球接龙	综合	大小粗细长短相同的 PVC 管子若干、小弹珠球、记录的纸笔、秒表
	不一样的赛车道	科学、社会	玻璃、金属、塑料等不同材质的软硬管车道，小汽车、猜想验证记录单、笔
	小管里的泡泡世界	科学	粗细不同的吸管、调制好的泡泡水、盛泡泡水的器皿、香香泡泡店环境
	管管测量室	科学、数学	不同刻度的细管、绿萝、豆苗、蒜苗等，笔
	管道房屋高又高——拼插	科学、美术	不同类型的直管、弯头、三通若干、拼插的场地
	管道种植乐园	科学	打孔 PVC 直管、弯头、种子、尺子、观察记录、笔
	怎样让管道水流到种植园地来	科学、社会、语言	室外种植园、粗细能对接的管道、盛水的小碗、小壶、小桶、小组记录单、笔
	特殊的管道	科学、语言	各种叶脉明显的叶子、人体血管、气管图，放大镜
制作活动	管道娃娃	美术	各种各样的管子、水彩笔、各种适宜做服饰、头发的废旧材料、作品展台
	管管打击乐	音乐、社会	小指挥、郊游音乐、不同材质的各种管子、盆、勺等
	美丽的管道花托	美术	与花盆粗细相适应的 PVC 管子、毛笔、丙烯、罩衣
	吸管手链	美术	吸管、串珠、手链绳子、珠宝店环境
	管道一家人	美术、社会	不同 PVC 管子材料、彩笔、彩砂、各种纸、扭扭棒、扣子、眼睛、胶枪等材料
户外活动	拔河比赛	健康	拔河软管、哨子、拔河场地、裁判
	管道运动趣味多	健康	管道平衡木、管道悬垂梯子、管道障碍物等

活动过程

1. 管道可以怎么玩

(1)问题引发，自主思考。引导幼儿搜集和查找多种多样的管道材料，组织讨论：这是什么管道？可以怎样玩？

(2)问题引发问题，引发讨论。例如：在制作管道电话的问题中，询问幼儿制作过程中又引发出了怎样制作电话更好玩？如何打电话？等一系列的问题。

(3)引导幼儿在合作中解决问题。鉴于幼儿不再满足于简单的拼接传球，引导幼儿探索立体的、变换不同形状的插接管道，实现新型方式的拼接传球。

(4)引导幼儿猜想与验证。例如：引导幼儿利用沙、纸球、水等不同物体在管道中的滚动游戏让幼儿初步感知与了解水的流动性的特点。在“管道大排泄”试验中，针对为什么水不会堵的问题和困惑，引导幼儿通过上网、询问、调查等多种途径验证了自己的猜想是否正确。

2. 生活中还有哪些管道？

(1)引导幼儿自行组成和加入家庭组、幼儿园组和户外组。每组幼儿都利用自己的自由时间去寻找和发现生活中的管道。

(2)引导幼儿进行大胆猜想，有目的地进行记录、统计，验证自己的猜想和假设。例如：引导幼儿发现人体和植物的特殊管道——血管、叶脉，并请保健医生制作课件进行人体管道的讲解。

3. 这些管道有什么用？

(1)引导幼儿发现公园里的喷水管、夏都大桥的路灯，家门口器械单杠，家里的洗衣机进水管，玩具喷水枪，加油站的加油管，爸爸汽车的尾气管等。

(2)引导幼儿猜想着爸爸汽车的尾气管是像我们一样呼气的，血管是心脏里流出来的营养，夏都大桥的柱子是能照亮的灯……幼儿自主猜想管道的多样性。

反思评价

本次主题活动以“管道可以怎样玩”的问题为切入点，引发新的游戏生长点，以点连线，以线成网，不断丰富和完善主题问题网络。同时在主题活动中，依据大班幼儿的年龄特点和学习方式，通过区域游戏和问题情景的创设，引发幼儿在问题中积极动手动脑，进行自主猜想、探索和验证，在小组合作共同学习中不断地发现问题，迎接挑战，推动主题游戏不断地发展和完善，引领幼儿进一步自主地解决自己的问题，从而不断促进幼儿相应的情感、态度、能力、知识和经验得到提升。

(作者：张晓雪 林红云　单位：北京市延庆区第二幼儿园 北京市延庆区张山营学校)

二、好玩的拼版

设计意图

“拼版”是幼儿日常生活中较为常见的玩具。本次活动拟利用拼版作为幼儿游戏的对象，通过幼儿自由的尝试，体验拼版的各种玩法，从而培养其创新意识，发展他们的创造性思维，让幼儿在玩中学，学中玩。

活动目标

1. 拼版的多种玩法，初步尝试助跑跨跳的基本技能；
2. 在游戏中发展下肢的协调性。
3. 积极参与活动中，体验玩拼版的乐趣。

基本结构

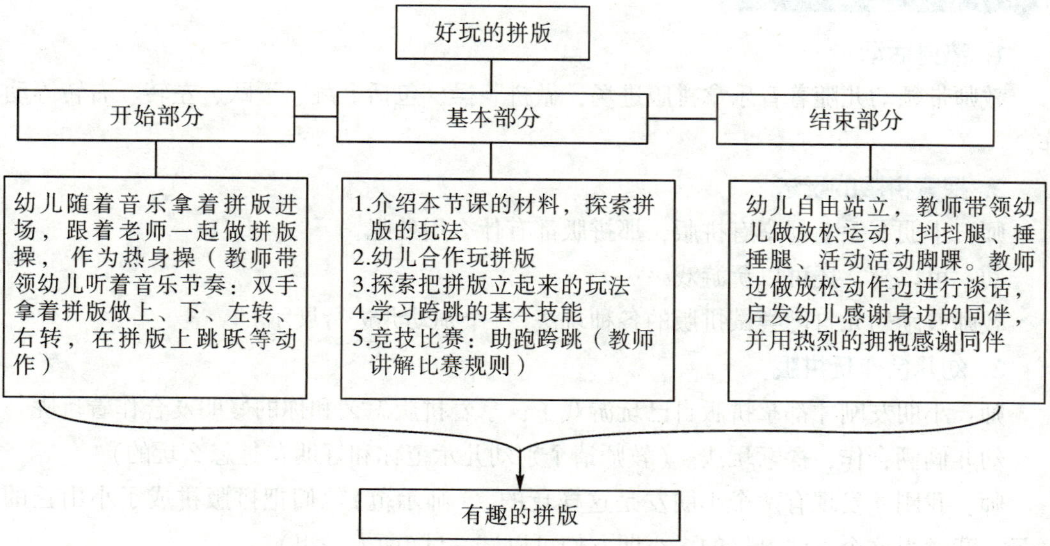

图 11-2-1 《好玩的拼版》主题活动基本结构设计示意图

整合准备

表 11-2-1　《好玩的拼版》教育领域整合与支持准备一览表

活动名称	领域类别
趣味七巧板	科学(数学)
小拼版变变变	游戏活动
动物拼版	科学
有趣的螺丝拼版	科学
格子布	艺术
搭建城堡	科学(数学)
形状拼版	科学(数学)
我和拼版一起玩	健康
我的拼版房子	语言
垫子乐翻天	健康
认识地垫	科学
变废为宝	社会

活动过程

1. 热身活动

教师带领幼儿随着音乐拿拼版进场，做拼版操，包括上跳、下跃、左转、右转等动作。

2. 探索拼版的玩法

师：小朋友手上都拿有拼版，那拼版都有什么用处呢？

幼：可以坐，还可以玩游戏……

教师鼓励幼儿自己尝试拼版的各种玩法。(个别幼儿进行展示)

3. 幼儿合作玩拼版

师：小朋友刚才都拿拼版自己玩游戏了，拿着拼版怎么和你的好朋友合作着玩呢。

幼儿俩俩合作，探索玩法。(教师请个别幼儿示范你和好朋友是怎么玩的)

师：我刚才发现有两个小朋友是这样玩的，(师示范)他们把拼版拼成了小山丘的样子，我觉得这个方法挺好的，小朋友们可以试一试(两人一组)。

4. 探索把拼版立起来的玩法

师：小朋友真棒，俩俩合作把拼版都变成小山丘了，那我们怎么过小山丘呢？

幼儿自由探索。

师：我刚才发现有几个小朋友是跨跳过去的，觉得挺好的，大家可以学一学。

5. 学习跨跳基本技能

师：我们把小山丘摆成两列，请大家站成两队。

幼儿练习跨跳的基本技能。

教师示范：怎样跳得更高、更远，而且不碰到我的小山丘呢？

教师小结：先要助跑一段距离后，后腿蹬地，前腿使劲抬起来，这样你就会跨跳得很远。

幼儿再次练习。

6. 竞技比赛

助跑跨跳。（教师讲解比赛规则）

教师小结：这一组小朋友为什么这么快？（合作、懂规则、打气、加油）

7. 放松活动

师：刚才我们和拼版玩了这么多游戏，现在我们放松放松。

幼儿自由站立，教师带领幼儿做放松运动，抖抖腿、捶捶腿、活动活动脚踝。

教师边做放松动作边进行谈话，启发幼儿感谢身边的同伴，并用热烈的拥抱感谢同伴。

反思评价

本次主题活动所有环节都围绕“拼版”而整合推进，较好地锻炼了幼儿的运动技能，发展了身体动作的协调能力和灵活性，体验了“一物多玩”的快乐，也增强了幼儿战胜困难的自信心。

（作者：李倩　单位：西安市灞桥区水岸东方幼儿园）

三、有趣的皮影戏

设计意图

“皮影戏”是中国传统民间艺术中的瑰宝。基于大班《我是中国人》的主题背景，针对幼儿对民间传统艺术中的“皮影戏”颇感兴趣，引导幼儿开展了本次活动。

活动目标

1. 让幼儿初步探究对传统皮影戏的成像的初步认知。
2. 初步感知光与影的变换关系。
3. 体验与同伴合作的乐趣。

基本结构

1. 亲子活动：参观皮影戏。
2. 欣赏活动：五花八门的皮影戏。
3. 系列区域活动。

整合准备

表 11-3-1 《有趣的皮影戏》教育领域整合与支持准备一览表

活动类别	活动名称	领域类别	活动准备
亲子活动	参观皮影戏	综合	活动联系
欣赏活动	五花八门的皮影戏	综合	视频准备
区域活动	皮影舞	音乐、表演	舞蹈照片欣赏
	画一画	美术	镜子、纸笔
	制作皮影小人	建构、美术	制作材料
	我的皮影戏	美术、语言	手电筒、纸笔、幕布等
	有趣的光影游戏	科学	手电筒、幕布

活动过程

1. 家园共筑

活动初期，通过班级门口“家长园地”、微信群等方式，让家长了解目前我们正在进行的这一活动项目，依托家委会的帮助，联系了七宝皮影厂的皮影戏团队前去进行亲子活动，亲身体验皮影戏的传统艺术魅力。

2. 环境熏陶

将皮影舞蹈的照片贴在小舞台区域，给幼儿进行欣赏和模仿改编；将各种各样皮影小人的图片贴在制作区域内，供幼儿观赏，在制作中找寻灵感和提示。

3. 区域活动(以“皮影戏”各大元素为主)

(1)支持幼儿与材料的互动

在探索区投放手电、卷尺等探索工具，还创设了幕布的环境，幼儿在自主探索、熟悉工具一段时间后对于这些工具的使用已有一定经验，特别是对于“光和影”的探索有了一定的了解，于是当幼儿对“皮影戏”感兴趣后，还投放了几个提线木偶，满足了幼儿对于皮影戏的兴趣。

(2)支持生生互动，促经验层层递进

在整个系列综合开展的过程中，幼儿对于皮影戏的制作和表演也是越发成熟，而且都是基于幼儿的兴趣和内在动力。为了更好地表演皮影戏，幼儿对于“光和影”的探索也是循序渐进的，从一开始把玩手电到照着提线木偶，再到表演皮影戏发现光影关系，交流分享中幼儿生生互动解决了光影距离的问题，为之后更好地表演打下基础，同时也积累了关于光影的运用和知识，这远远比传授幼儿相关知识更能使其内化。

(3)支持自主制作，满足操作需求

在美工区投放了系列综合扣和木棍，幼儿为了更好地制作美观的影人，自主探索运用这些材料制作了更精美的影人，说明教师在这个综合系列中是观察者、推动者，给幼儿创设一个轻松和谐的环境，投放可操作性强的材料满足幼儿美术创作的需求。

(4)拓展演绎，提升满足

跳一跳。在有了充分的美术表现后，幼儿的肢体表现也可以加入进去。幼儿欣赏皮影人舞蹈，教师可以在小舞台后提供皮影舞蹈的照片、音乐，让幼儿欣赏相关表演，自编自选皮影舞蹈的动作、队形、音乐等。

演一演。幼儿在自制各种人物、道具之后，自发地在幕布后面表演《孙悟空》、《星座》等自编的皮影戏故事。

(5)回归生活，真实体验

邀请相关民间艺术家进校园来给幼儿表演，“非遗进校园”系列，让幼儿能真正看到一场精彩的“皮影戏”。

组织幼儿进行一次亲子系列综合活动，参观“七宝皮影艺术馆”。到皮影戏体验馆进行更深入的制作皮影小人的体验。

带领幼儿编排“影人”舞蹈，将幼儿的表演录像放入成长档案。

反思评价

本次主题活动大力支持幼儿了解了“影人”的制作过程，自己也尝试制作与表演，积累了一些关于“光和影”的经验知识，也更有国家情怀、自主发展、合作参与等意识。

（作者：张晴　单位：上海市嘉定新城实验幼儿园）

四、我要上小学了

设计意图

大班幼儿们即将离开幼儿园，他们既有对幼儿园、老师、同伴的不舍，又有对小学这个地方的好奇与憧憬，三年的朝夕相处构成了人生初始最动人的画面。因此，在大班的最后一个阶段设计了“我要上小学”的主题活动，希望通过活动让幼儿们对小学能有所了解，学做一名出色的“小学生”。

活动目标

1. 珍惜自己在幼儿园的生活经历，通过回忆谈话、制作纪念册、学唱毕业歌等形式，表达自己的离园之情及对老师的谢意。

2. 让幼儿意识到自己是一名即将上小学的大班小朋友，激发他们向往小学的欲望和热爱幼儿园、热爱老师的情感。

3. 使幼儿初步了解小学生上课、学习的基本情况，了解应该为入小学做好哪些准备工作，激发幼儿做一名小学生的强烈愿望。

4. 能大胆表现自己毕业在即的感受和体会，展现个人的能力和才艺。

5. 发挥主人翁意识，积极参与活动，体验自信，感受快乐。

基本结构

主要包括：学前准备、甜蜜回忆、我心中的小学，我的祝福等四大版块。以甜蜜回忆引出：我的幼儿园、我的快乐时光和我的毕业照。从学前准备引出：学习用品准备，生活的准备和课间10分钟。

整合准备

表 11-4-1　《我要上小学了》教育领域整合与支持准备一览表

活动名称	领域类别	活动准备
我心中的幼儿园	综合活动	生活经验
幼儿园的美好回忆	美术	生活经验、水彩笔、纸张
我的毕业照	社会	生活经验
参观小学	综合活动	教师组织好幼儿
小学与幼儿园的不同	社会	生活经验
小学与幼儿园的不同	语言、艺术	笔、纸
上小学的准备	综合活动	生活经验：一年级的哥哥姐姐来谈话
我的学习用品	手工	废旧物品、胶棒
课间 10 分钟	综合活动	生活经验

活动过程

1. 教师以“快要上小学了”展开谈话活动并提问

引导幼儿说一说小学与幼儿园的不同，还可以让小朋友画自己心目中的小学。（有的画了红旗，有的画了操场，有的画了学校的大门，但很多小朋友画的都很像幼儿园，只有大门像小学）这是为什么呢？原来每次在路上只能看到小学大门，却不能进入小学。这一举动让幼儿很失望，又让幼儿感受到小学的神圣，参观学校的活动自然而然地排到计划上。他们想研究的问题很多：我想看看小学的教室是怎样的；我想看看小学的老师是怎样的；我想看看他们是怎样上课的；我要看看他们的玩具；我想知道他们在哪里吃饭……

许许多多的问题提出来了，看到幼儿们的兴趣一下子高涨起来，老师可以追问：“这么多问题，在短时间参观内怎么一个个地研究呢？”（幼儿争议着自己最想研究的活动）

2. 主题墙饰深入

在教师引导下，幼儿们带着各自的任务迫切地走进了小学的大门，针对性地展开了他们的调查，回来后他们兴奋地交谈，并用绘画方式记录了自己的研究发现：小学和幼儿园厕所不同，分男、女；小学生一人一张课桌，课桌下面有抽屉，可以放书包；幼儿园都是女老师，小学里有男老师；小学生下课自主活动，幼儿园小朋友在老师带领下进行活动；小学生读的书都是汉字，幼儿园小朋友看的是图画书；小学里有小队长、中队长、大队长，幼儿园有值日生；小学生里有单独的寝室，幼儿园的午睡室和活动室连在一起；小学里分一年级、二年级、三年级……幼儿园是小班、中班、大班；小学里的操场大，幼儿园操场小。当墙面作为作品展示空间出现在幼儿面前时，是一种信息的传递。这种信息作用于幼儿头脑中碰撞出新的生活经验，看到自己的成果能够与更多的小朋友分享，他们是多么激动和开心。

3. 主题墙饰的延伸

在体验小学生活后，幼儿们自愿地要求背小书包，还相互比较学习用品功能。可以让有学习用具的幼儿带来带给大家欣赏，这样会得到很多幼儿的响应。教师可以提问："除了带来的，你们还要准备哪些呢？"在幼儿们七嘴八舌的议论中，又拉开了"上小学我要准备什么"的主题墙创设的帷幕：我要准备铅笔、橡皮、卷笔刀；我要准备小闹钟，可以叫我起床，不会迟到；我哥哥读书有校服，我妈妈也会给我准备的；我要准备尺子、课本……许多能想到的学习用品，我们有的提倡小朋友带实物，有的提倡小朋友做手工投放在区域活动中。基于以上的问题，我们又衍生出另外的一个问题，"要上小学了我准备好的本领"。因为有了前期参观和了解的经验，幼儿们对于此问题很快总结出了结论：我已经认识了许多汉字；我已经会写自己的名字；我有棒棒的身体；我会自己穿衣、叠被、吃饭；我已经学会了扫地和擦桌子。在老师的帮助下，幼儿们将自己的想法用图画和简单的文字记录下来，张贴在主题墙适当的位置。

反思评价

本次主题活动以主题墙创设为载体来了解幼儿的真实想法，引导幼儿自己设计"了解小学"的方案并大胆实践，并通过主题墙设计来表达丰富的情感，体验着幼儿园生活的快乐以及与老师、同伴之间的情谊，用各种形式表达了对幼儿园的留恋和对小学的向往，为幼儿园生活留下了难忘的一页。

（作者：陈胜　单位：北京市延庆区康庄幼儿园）

第十二章 通用区域主题案例

一、糖果小屋

设计意图

糖果是幼儿生活中比较常见的而且最爱的食品之一。根据小班幼儿的年龄特点，创设了《糖果小屋》这一主题区域活动，让幼儿运用各种感官，通过观察、尝试、参与、合作，主动探索，从而获得直接经验。

活动目标

1. 认识各种各样的糖果，了解其种类和用途，能用多种感官(味觉、嗅觉、视觉等)表达所见糖果的形状、味道等特点。

2. 品尝和分享糖果，体验分享的快乐，并能用语言、绘画等方式进行表达。

3. 知道并遵守不乱扔糖纸、及时刷牙漱口等卫生行为规则，养成良好的卫生习惯。

4. 了解糖果的制作方法，尝试运用太空泥、皱纹纸等制作糖果，发展幼儿团、压、拧等技能。

基本结构

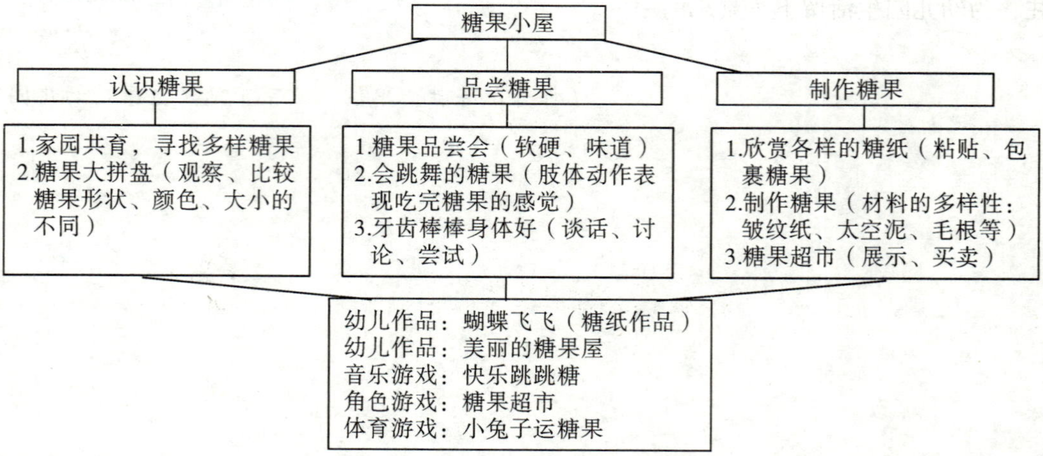

图 12-1-1 《糖果小屋》主题活动基本结构设计示意图

整合准备

表 12-1-1 《糖果小屋》教育领域整合与支持准备一览表

活动名称	活动领域	活动准备
糖果乐园	科学	1. 活动前，家长和幼儿一起搜集各种各样的糖果 2. 根据糖果的软硬、大小等特点，准备多样的糖果 3. 装糖果的大盘子一个，每小组一个小盘子
糖果品尝会	社会	1. 各种不同种类的食用糖(白糖、冰糖、软糖、水果糖等) 2. 活动前幼儿洗手
糖宝有话说	语言、健康	1. 故事表演《糖宝有话说》 2. 幼儿自带小镜子、牙齿模型 3. PPT 课件
糖纸大变身	艺术	1. 多样的糖纸若干 2. 胶棒、彩笔等美工材料每人一份
好吃的棒棒糖	艺术(手工)	太空泥、皱纹纸、糖纸等手工制作材料
糖果排排坐	科学(计算)	1. 相同种类的糖果按照 1、2、3 的数量准备好，如：1 个棒棒糖，2 块水果糖、3 块牛奶糖 2. 数字圆点卡片幼儿人手一套
糖宝宝哪去了	科学	糖果(白砂糖、水果糖、大奶糖等不同种类的糖若干)、水、实验器皿
快乐跳跳糖	艺术(音乐)	1. 活动前期幼儿已有对跳跳糖的了解 2. 跳跳糖音乐
糖宝找影子	科学	1. 前期和幼儿一起在户外玩找影子游戏，积累经验 2. 糖宝捉迷藏的背景图一张 3. 根据背景图的影子准备相应的糖果若干
糖果超市	综合	1. 和家人走进超市，尝试自己选商品、付款，积累购物经验 2. 多样的糖果若干 3. 钱币、购物筐等超市用品若干
糖果精灵舞会	艺术(表演游戏)	1. 多样的糖果、糖果纸若干 2. 供幼儿装饰的服饰若干 3. 表演区的基本材料

活动过程

1. 家园共育

(1)活动前期，请家长带领幼儿一起走进超市，认识多种多样的糖果。鼓励幼儿自主完成选择物品、付款的购物环节。

(2)鼓励选择自己喜欢的2~3种糖果带到幼儿园，和大家一起分享。

(3)搜集一些自己喜欢的糖纸和糖果盒。

2. 环境支持

选择形状各异，造型可爱的糖果、漂亮的糖纸或果盒等材料，师幼共同打造“糖果小屋”主题墙，为幼儿活动提供环境支持。

3. 物质资源

美工区投放短吸管、太空泥、皱纹纸、报纸、剪刀、胶棒等美工材料，幼儿通过剪一剪、捏一捏、揉一揉，制作出“诱人”的糖果；

语言角投放《没有牙齿的大老虎》《牙齿的故事》《神奇糖果店》等绘本故事，通过阅读幼儿知道了“带魔法”的糖果以及吃糖之后要及时刷牙等一些健康小知识；

角色区作为“糖果小屋”实施的主要区域，主要投放幼儿制作和搜集的多样的糖果和便于买卖的超市的一些相关操作材料，如：钱币、收银台、置物架等。幼儿结合已有的购物经验，很好地融入主题活动中。

4. 区域活动

(1)“糖果乐园”——幼儿自由操作、探索，感知糖果的多样性。创设“糖果乐园”情景，提供丰富的材料供幼儿自由感知，按照自己的意愿自主探索。活动中，教师及时介入，通过谈话，唤醒幼儿已有生活经验，认识 棒棒糖、QQ 糖、彩虹糖、水果糖等，了解糖果的颜色、大小和形状的不同。之后，引导幼儿通过捏一捏和给糖果分类，感知糖果的软硬。同时利用游戏“魔法变变”帮助幼儿认识了几种特殊的糖果，如：嘟笛糖、跳跳糖、泡泡糖等。

(2)“糖果品尝会”——幼儿品尝糖果，感知变化。幼儿分别从形状、大小、味道等几个方面分别介绍自己吃到的糖果。鼓励幼儿和同伴分享自己的感受。结合幼儿的发现，通过小实验“糖宝宝不见了”，幼儿了解糖在水中的变化，并知道同样的糖果不同的水温、同样的水温不同的糖果，它们的变化速度是不一样的。

(3)“糖宝有话说”—— 对幼儿进行健康教育。“糖对人体的作用是什么?”“糖果好吃我们能不能多吃?吃完糖果后要做什么?”通过谈话讨论，幼儿了解糖对人体的作用，知道要适度地吃糖，懂得吃完糖后要用正确的方法刷牙漱口。

(4)“糖纸大变身”——幼儿装饰糖果小屋。废旧的糖纸洗干净，晒干后可以大变身，鼓励幼儿用拧一拧、揉一揉等方法，将糖纸变身，尝试打扮糖果小屋。

(5)“美味的糖果”——幼儿手工大比拼。糖果加工厂里准备太空泥、短吸管、糖纸、报纸、皱纹纸、胶棒、剪刀等材料，供幼儿制作糖果。同时提供瓶盖、压花器等作为模具，引导幼儿运用团、搓、压、捏等技巧制作各种形状、不同花纹的糖果。将做好的糖果放在展示柜上，幼儿欣赏评价。

(6)“糖果精灵舞会”——幼儿糖果时装秀。教师利用幼儿制作的手工作品——糖果，来装扮活动室，幼儿在家长的帮助下，用糖果或糖纸把自己打扮成“糖果精灵”的摸样，随着音乐的节拍，尽情地展现自己。

反思评价

本次主题活动主要从“认识—品尝—制作”三个方面来实施，充分体现“幼儿自主”理念，让幼儿在自己看、自己说、自己想、自己做的过程中，锻炼自己，发展自己，提升自己。以游戏作为幼儿获取知识的途径，以丰富幼儿的操作材料为基点，充分发挥幼儿的自主性，在自由探索、自由操作中获取知识，习得经验。

（作者：庞庆民　单位：山东省肥城市实验幼儿园）

二、玩转露露瓶

设计意图

露露瓶作为生活中常见的废旧材料，幼儿熟悉、便于收集和加工整理，而且相比较其他易拉罐，露露瓶更加结实耐用，材料具有安全性、开放性优势，幼儿可以充分发挥想象空间一物多玩，还可以与其他材料有机融合在一起，通过露露瓶的多种“创意变身”，幼儿在与材料的互动、幼儿间的互动中，培养他们的自主意识、探究能力、创造能力、合作能力等综合能力的发展。

活动目标

1. 积极培育幼儿的动手操作和建构能力。
2. 促进幼儿的艺术创造与表现能力。
3. 提升幼儿科学探究能力。

基本结构

主要通过“家园共情、自主拼搭、超级变身、玩转区域”四个阶段展开活动，让幼儿在自主、合作、探究的融洽氛围中成长。

整合准备

表 12-2-1 《玩转露露瓶》教育领域整合与支持准备一览表

活动类别	活动名称	活动领域	活动准备
家园共情	超级保龄球	亲子游戏（户外）	露露瓶若干、篮球 2 个
	我是跨栏小高手		露露瓶若干、1.2 米纸棍 8 根
自主拼搭	魔幻城堡	建构游戏	露露瓶若干、建构木质积木、奶粉罐
	最美社区		露露瓶若干、建构木质积木、奶粉罐

续表

活动类别	活动名称	活动领域	活动准备
超级变身	露露瓶的旅行	语言领域	PPT课件、露露瓶
	露露瓶拼图	科学领域	露露瓶若干、A4纸或彩纸、彩笔、剪刀、胶棒、废旧杂志彩图
	露露瓶玩偶	艺术领域	露露瓶若干、亮光纸、即时贴、剪刀、胶棒、毛线、碎花布等
	梅花桩、坐墩、沙发	综合领域	露露瓶若干、透明胶带、即时贴、纸箱板或硬泡沫板、PPT
玩转区域	小小建筑师	绘画区	幼儿拼搭照片、建筑PPT、彩笔、图画纸
	转转乐　拼拼看	益智区	露露瓶、双面胶、画稿、剪刀
	百变露露瓶	美工区	露露瓶、美工辅助材料
	玩偶一家	表演区	露露瓶玩偶、表演区小舞台
	钓鱼小达人	特色区	露露瓶小鱼、自制鱼钩、小磁铁
	我的地盘我做主	建构区	露露瓶若干、建构木质积木、奶粉罐
	综合大挑战	户外区	用露露瓶加工的梅花桩、跨栏、保龄球等做游戏道具、球、呼啦圈等

活动过程

1. 亲子游戏　家园共情

通过家园联系栏、班级微信群、致家长一封信等形式，邀请家长来参加“露露瓶专题亲子游戏——《超级保龄球》、《我是跨栏小高手》等”，在亲子参与游戏的过程中感受和体验露露瓶变身游戏道具给大家带来的竞技性快乐，再以活动小结的形式召开小型家长会，让家长了解生活中的废旧材料在幼儿园发挥的变废为宝的独特魅力，特别是幼儿们初玩露露瓶的精彩瞬间和区域初步投放露露瓶的无限创意PPT图片，争取家长的理解和支持，充分利用家长资源，收集足够幼儿使用的露露瓶，为后面活动的开展提供必要的保障。

2. 自主拼搭　合作建构

将足量的露露瓶投放在积木建构游戏中，由幼儿组合拼搭，合作建构。无论是自主拼搭，还是主题拼搭童心世界的《魔幻城堡》、幼儿身边的《最美社区》……幼儿在自主建构中发展，在体验探究中提高，在合作交流中共享，游戏结束后回到活动室将“小小建筑师”的创意画下来。

3. 超级变身 创意连连(以露露瓶“创意巧利用”为主)

(1)露露瓶的旅行

通过前两个阶段“亲子游戏”和“拼搭建构”，幼儿已经熟悉了露露瓶材料，并喜欢上了与它做朋友，结合 PPT，教师以故事《露露瓶的旅行》，激发幼儿探索欲望，启发幼儿探寻：露露瓶还可以怎么玩？用幼儿熟悉的动画片《百变马丁》引发幼儿思考：露露瓶还可以怎么变？将幼儿发散思维后的创意想法进行归纳整理，梳理出可实施、易组织、有代表性的活动逐一开展，对于在园不适宜的可以将幼儿想法告知家长，进行亲子实践。

(2)露露瓶拼图

将旧杂志彩图或幼儿绘画作品(如：交通工具、动植物、蔬果、人物、风景等)裁剪成与露露瓶等高大小，围绕瓶子一周后交叠处粘贴双面胶，做成一个圆柱形，取下来用剪刀裁成等宽或渐宽的圆圈条，按顺序依次套在瓶体上，旋转每个圆圈条打乱顺序，再凭记忆和观察，拼回原来的图片形象。

(3)露露瓶玩偶

投放辅助材料，开放美工区，结合 PPT，幼儿欣赏饮料瓶玩偶、纸筒玩偶、提线玩偶等，充分利用辅助美工材料和废旧材料(如：毛线、布条、无纺布等)制作露露瓶玩偶，提示幼儿可以小组合作制作一组《玩偶一家》，或者为某个故事制作角色玩偶，为表演区丰富创意道具。

(4)班级小搭档

鼓励幼儿与老师一起利用露露瓶为班级区角、户外游戏组装物品骨架，如小沙发、小坐墩、梅花桩等，再用泡沫板、纸箱板包裹起来，最后用即时贴粘贴在表面，还可以让幼儿剪贴或记号笔绘画等形式美化自制的“班级新成员”。

4. 玩转区域　快乐无限(以露露瓶“区域空间开放”为主)

将露露瓶在一段时间内投放在不同的区域，供幼儿长期重复使用。每个区域的活动照片及时保留并做好观察记录，活动结束后及时召开总结家长会，为下个主题区域活动的开展做好准备。附：区域投放图 12-4-1。

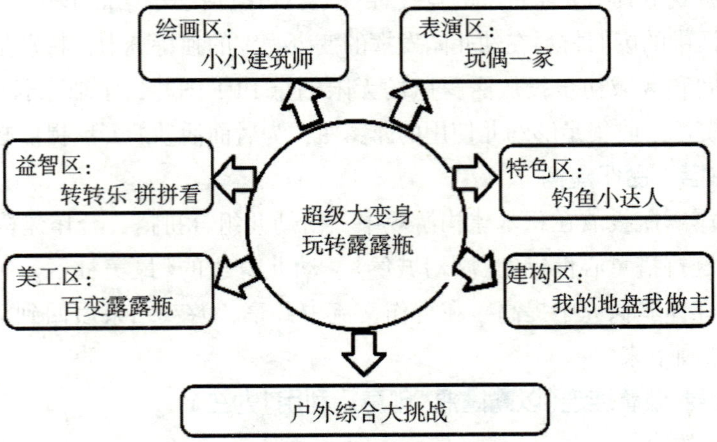

图 12-4-1　区域投放设计示意图

例如特色区《钓鱼小达人》可以这样组织活动：用露露瓶和磁铁组合做小鱼(或露露瓶拉环朝上做鱼嘴)，用磁铁做垂线鱼钩(或自制小铁钩)，幼儿将装饰好的小鱼放在“水池”内(用即时贴粘在地面上圆形区域或方形区域)，幼儿在池边规定时间内看谁掉的小鱼多，可以特指钓 X 颜色小鱼，锻炼幼儿手眼协调和平衡能力；还可以借助《小猫钓鱼》的故事故意干扰幼儿钓鱼(教师扮作一会蜻蜓飞来了，一会蝴蝶飞来了)，看大班幼儿谁的专注力更强。

反思评价

本次主题活动从幼儿兴趣点出发，因地制宜开展活动，按照“亲子游戏 家园共情；自主拼搭 合作建构；超级变身 创意连连；玩转区域 快乐无限”四个阶段循序渐进推进实施，使幼儿的自主意识、创新能力、思维能力、合作与共享意识、专注力、探究意识都有进一步的发展。

(作者：郭文杰　单位：山东省泰安市肥城市实验小学幼儿园)

三、泥巴的故事

设计意图

幼儿喜欢玩沙玩水，幼儿园的沙水区也成了幼儿们每日活动的必去之地，在一次幼儿玩沙活动中我们发现可利用价值的资源——泥巴。幼儿在玩沙过程中深挖出了一块胶泥，幼儿们兴奋地说挖出了宝藏都围过来看，不知谁不小心把“宝藏”一脚踩扁了，幼儿尝试把它变圆，乐乐小朋友拿起来在手中使劲团了团，泥巴稍微有点圆了，小朋友高兴地欢呼雀跃“分我一块宝藏，分我一块宝藏……”于是幼儿们把一块大胶泥分成了许多小块，有的在做小皮球，有的在做饼干，玩得不亦乐乎。由此可以看出胶泥的可塑性很强，那么在生活中也一定有利用的价值，所以何不以“泥巴”为主题开展一些教育活动呢？在这种想法的驱动下，我们开始查找相关资料，研究泥巴可开展的活动，由此便生成了这个主题的系列活动——泥巴的故事。

活动目标

1. 感知胶泥的特性，体验自由创作的快乐。

2. 能运用捶打、揉捏等多种基本技能，塑造物体的外形完成作品，发展幼儿的想象力和动手能力。

3. 学习泥塑和彩绘的基本方法。

基本结构

1. 科学活动：好玩的泥巴
2. 艺术活动：泥塑
3. 科学活动：豆子发芽了
4. 艺术活动：蜘蛛的故事
5. 建构活动：我们是小小建筑师

整合准备

表 12-3-1 《泥巴的故事》教育领域整合与支持准备一览表

活动类别	活动名称	领域类别	活动准备
科学活动	好玩的泥	科学领域	各种泥及工具
区域活动	和泥	艺术领域(美术)	各种泥及工具
	摔泥碗	艺术领域(美术)	泥、水等
	溅泥花	艺术领域(美术)	泥、水等
	神奇的泥画	艺术领域(美术)	胶泥及工具
	好玩的泥塑	艺术领域(美术)	胶泥及工具
	我们的泥巴房子	艺术领域(美术)	胶泥及工具
	我们的幼儿园	艺术领域(美术)	胶泥及工具
科学活动	种豆子	科学领域	豆子、泥巴
	种子发芽了	科学领域	豆子、泥巴
	蜘蛛的故事	科学领域	蜘蛛实物、多媒体
区域活动	我设计的蜘蛛网	艺术领域(美术)	胶泥及工具
社会活动	好吃的月饼	社会领域	多媒体
音乐活动	八月十五打月饼	艺术领域(音乐)	多媒体
区域活动	一起来做月饼吧	艺术领域(美术)	模具、胶泥

活动过程

1. 好玩的泥巴

教师带领幼儿到泥巴区参观，激发幼儿的兴趣，让幼儿自主选择玩泥巴工具，进行自由创作，幼儿刚开始把泥巴团圆、压扁，制作成饼干、汤圆、小山、沙发等。

2. 泥塑

幼儿们玩泥巴，慢慢开始捏自己心中所想的物品、小动物等。教师和幼儿一起搜集有关泥的资料，观察了解泥塑、陶艺制品，激发幼儿的创作欲望，并对创作的泥塑作品进行涂色、彩绘等。

3. 豆子发芽了

教师和幼儿一起讨论种子发芽需要哪些生长环境和泥盆里的种子为什么会发芽等问题。教师和幼儿一起种豆子，有的放在水里，有的放在湿泥里，有的放在干土里，有的放在阴暗处，有的放在阳光处，有的放在冰箱里，通过进行实验观察幼儿们知道了豆子发芽需要温度、湿度和阳光等一些自然要素。

4. 蜘蛛的故事

教师指导幼儿通过查阅资料，一起讨论过后，用绘画的形式将想法画在纸上，再把这些绘画故事张贴在墙上，让幼儿们相互了解蜘蛛的生活习性和不同形状的蜘蛛网。

5. 我们是小小建筑师

教师引导幼儿用泥巴来制作“我的世界”。通过不断改造，幼儿们建造的房子一次比一次结实，一次比一次高大，说明他们能从一次次的建造中总结经验，进行别出心裁的创作。

活动反思

泥土在大自然中随处可见，玩泥巴使幼儿感到快乐。本次主题活动之前，教师和幼儿一起收集材料，准备物品，让幼儿在操作中自发地发现问题，提出问题，从而学习解决问题。

（作者　董娇　张红霞　单位：山西省运城市芮城县条山街幼儿园）

四、明星照相馆

设计意图

以幼儿对相片特别是照相活动非常感兴趣为教育契机，设计此区域主题活动。

活动目标

1. 让幼儿能创造性地使用游戏材料，培养其人际交往能力。
2. 让幼儿了解照相馆的流程和基本玩法。
3. 学会协商分配角色，能与同伴联合游戏，增强幼儿的规则意识。

基本结构

1. 谈话活动：制定参观计划。
2. 参观活动：参观照相馆。
3. 数学活动：10 以内数的点数。
4. 区域活动：照相馆开业啦，我搭建的照相馆，我的画像等。

整合准备

表 12-4-1 《明星照相馆》教育领域整合与支持准备一览表

活动类别	活动名称	领域类别	活动准备
谈话活动	制定参观计划	社会	幼儿照片
参观活动	参观照相馆	综合	师幼共同制定参观计划、照相机、安全要求等
数学活动	10 以内数的点数	科学	10 以内点数卡片、雪花片等

续表

活动类别	活动名称	领域类别	活动准备
区域活动	照相馆开业啦	综合	接待室、化妆室、摄影室等
	我搭建的照相馆	建构、美术	幼儿设计的照相馆图片
	我的画像	美术	绘画纸、笔、小镜子等
	相片的故事	语言	幼儿全家福、旅游照片等
	钱从哪里来	科学	自动取款机、钱币等
	漂亮的相框	艺术	废旧自然物、双面胶、剪刀等

活动过程

(1)参观照相馆，熟悉游戏流程

“如何进行游戏，都需要哪些工作人员呢?”“这些工作人员，他们是如何工作的?”这关系到幼儿究竟掌握了多少相关经验，直接决定游戏水平，可幼儿都在摇头。结合幼儿当前的认知经验，我们带领幼儿来到了照相馆进行参观。晓晓自愿扮演顾客，让大家观察照相馆的叔叔阿姨是如何工作的：开票——化妆——换衣服(道具)——拍照，这原来是叔叔阿姨的照相工作流程。

参观后，教师组织幼儿进行了讨论，现场进行了总结、模仿和练习，强化了照相工作流程，为幼儿的游戏提供保障。

(2)准备游戏材料，创设游戏情境

“照相还得付钱呢，没有钱怎么去照相呢?”幼儿自己发现了一个关键问题。原来，照相也是一种买卖关系，货币是必须的游戏材料。于是，我和幼儿一起制作“取款机”、“钱币”等。

结合幼儿的现有水平，我引导幼儿和家长共同制作不同面值的钱币，让部分不认识钱币的幼儿在生活中进行了反复的认识，在游戏中进行了引导。幼儿通过从自制的“取款机”里取钱，就逐步认识了不同面额的钱币。

开业还需要做哪些准备？我们又讨论。有的小朋友提出要有工作牌，好让大家知道你是干什么的；有的说要有优惠卡，让大家知道来照相馆照相；还有的说，要有大的广告牌，好让过往的行人都知道。于是，我组织幼儿开始在美工区做准备工作，有的绘画工作牌，有的制作优惠卡，还有的幼儿和老师一起制作大的广告牌。

(3)解决游戏问题，自主快乐游戏

“明星照相馆开业啦。”幼儿在班上奔走相告。第一天，照相馆里就挤满了人，可照相馆里人员太多，工作无法正常进行。其他区域的幼儿寥寥无几，我们又和幼儿商量，进入“明星照相馆”的游戏规则，——有序拍照，人数有限制。“冲突”总算平息了，幼儿愉快地进行着游戏。

反思评价

本次活动让幼儿积极参与环境创设，参与材料投放，支持幼儿主动解决问题，有效促进了幼儿学习与发展。

（作者：王桂霞　单位：北京市延庆区第五幼儿园）

五、悦读节

设计意图

为了使幼儿养成多读书、乐读书、读好书的习惯，真正体验“我读书、我快乐、我成长”，设计开展本次活动。

活动目标

1. 激发幼儿读书兴趣，培养良好读书习惯，提高幼儿欣赏文学作品的能力。
2. 为家长提供相互交流平台，丰富家长育儿经验，促进亲子关系。

基本结构

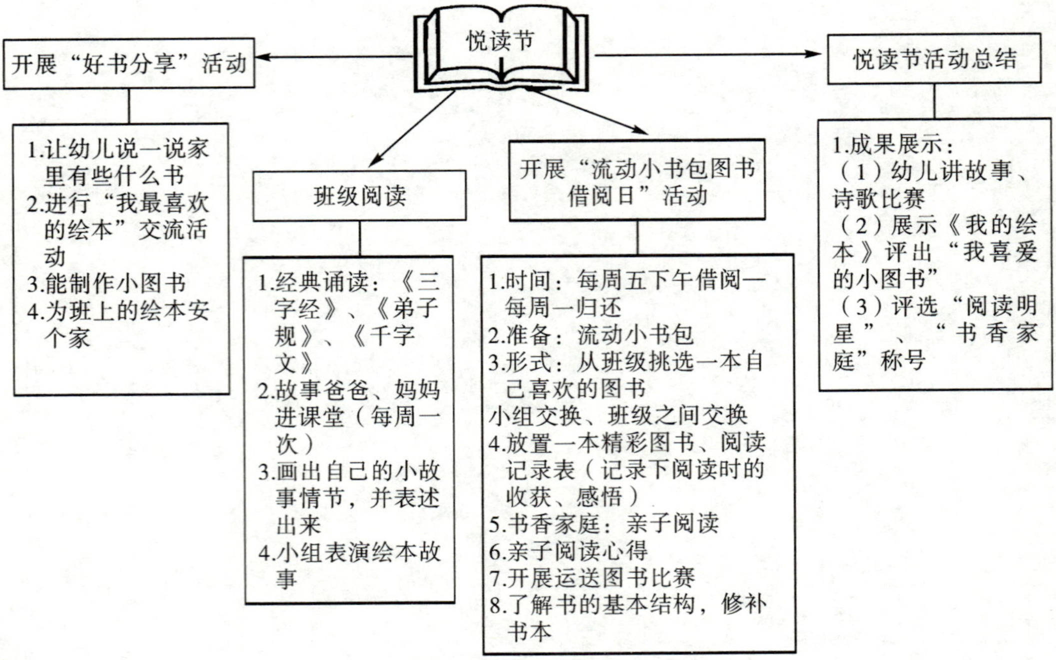

图 12-5-1 《悦读节》主题活动基本结构设计示意图

整合准备

表 12-5-1 《悦读节》教育领域整合与支持准备一览表

活动名称	领域类别	活动准备
我的小图书	语言、社会	每人可以从家里带 1~3 本绘本回园分享
我最喜欢的绘本	语言	经验准备：能简单说出自己喜欢的绘本内容
我的绘本	艺术	彩色的小折纸，每人 6 张，订书机和钉，彩色蜡笔
绘本的家	科学	标有数字的绘本、标有数字的书架
中华经典	语言、社会	《三字经》《弟子规》《千字文》课件
故事爸爸、妈妈进课堂	语言、社会	家长自带要讲的绘本或需要的道具
我的小故事	艺术	画纸、蜡笔、彩色笔
我是小小表演家	艺术	情景、服装道具
谈谈我家读书的趣事	语言、社会	经验准备：说说和爸爸妈妈看书时一些有趣的事
运送图书比赛	健康	场地、图书、哨子
书是我的好朋友	语言、社会	剪刀、胶纸、订书机和钉
幼儿讲故事、诗歌朗诵比赛	语言、社会、艺术	朗诵的音乐、选手编号等

活动过程

1. 创设环境

（1）在班级阅读区中，每周根据幼儿的喜好投放适量的绘本，并在阅读区四周粘贴幼儿在园阅读图书的照片、亲子阅读的照片、还粘贴了古人读书的照片或粘贴该周投放的绘本带图简介，并设有每周“我最喜欢的绘本”投票栏，通过环境重点突出的布置，让幼儿对阅读区感兴趣，愿意在阅读区阅读。在走廊地方设置一角展示幼儿或和爸爸妈妈阅读的照片，激发幼儿和家长的阅读兴趣。

2. 家园共育

（1）各班通过《致家长的一封信》、微信群等方式，让家长了解悦读节的流程。

(2)发动故事爸爸、妈妈进课堂。

(3)鼓励家长和幼儿养成每天共同悦读15~25分钟的阅读习惯。

(4)组织家长开展“亲子阅读心得”评比活动，并邀请部分家长、以无记名方式投票评比。

(5)展示活动成果，开展幼儿讲故事、朗诵诗歌比赛，展示幼儿作品《我的绘本》。

3. 区域活动

(1)科学区：各级投放适合本班年龄特点的科学绘本。

(2)美工区：提供材料让幼儿制作自己心目中的绘本。

(3)语言区：收集幼儿带回来的绘本，让幼儿共同分享或讲述绘本。

(4)表演区：提供相应的故事服装、头饰，指导幼儿进行角色表演。

反思评价

本次活动以家园合作为主线，结合《3—6岁儿童学习与发展指南》为幼儿创设自由、宽松的语言交往环境，鼓励与支持幼儿与成人、同伴交流，让幼儿想说、敢说、喜欢说并能得到积极回应，特别是为幼儿提供了丰富、适宜的低幼读物，在餐前和餐后经常和幼儿一起看图说、讲故事，有利于培养幼儿阅读兴趣和良好的阅读习惯，提升其语言表达能力。

(作者：骆燕萍　李洁萍　单位：广东省清远市阳山县第一幼儿园　指导教师：李红丽)